지방선거와
강원도민의 정치의식

- 도지사 선거 편

지방선거와 강원도민의 정치의식

- 도지사 선거 편

지은이 김원동
초판 1쇄 발행 2019년 12월 30일

펴낸곳 도서출판 따비
펴낸이 박성경
편집 신수진
디자인 이수정

출판등록 2009년 5월 4일 제2010-000256호
주소 서울시 마포구 월드컵로28길 6(성산동, 3층)
전화 02-326-3897
팩스 02-6919-1277
메일 tabibooks@hotmail.com
인쇄·제본 영신사

ISBN 978-89-98439-76-7 93330
값 17,000원

이 도서의 국립중앙도서관 출판예정도서목록(CIP)은 서지정보유통지원시스템 홈페이지
(http://seoji.nl.go.kr)와 국가자료종합목록 구축시스템(http://kolis-net.nl.go.kr)에서
이용하실 수 있습니다. (CIP제어번호 : CIP2019049771)

지방선거와
강원도민의 정치의식

– 도지사 선거 편

김원동 지음

따비

서문

또 한 해가 저물어갑니다. 늦가을 어느 날 문득 세월의 무게가 엄습해왔습니다. 올해도 이곳저곳 오가며 바쁘게 산 것 같은데 정작 손에 잡히는 건 없는 듯해 마음이 스산했습니다. 이렇듯 하루살이처럼 허둥대며 살다 불현듯 그날과 맞닥뜨리게 되는 것은 아닐까 하는 생각에 조바심도 났습니다. 그동안 이런저런 핑계로 미루어두었던 작업들을 하나씩 정리해야겠다는 생각에 이르러서야 비로소 가을의 상념과 작별할 수 있었습니다. 어찌 보면, 평범한 결론을 확인한 채 감상에서 일상의 현실로 복귀한 한나절이었는지 모르겠습니다.

작년에 진행하다 중단했던 집필 작업을 끝내는 일부터 시작하기로 하고 출판사에 연락을 했습니다. 주제는 우리나라 지방선거의 역사적 변천 과정 속에서 강원도지사 선거의 결과들을 집중적으로 되짚어보고, 그것을 토대로 강원도민의 투표행태와 정치의식을 이해해보려는 것이었습니다. 그 결과물이 바로 이 책입니다.

생각해보면, 선거의 유형과 내용은 참으로 다양한 것 같습니다. 초·중·고등학교 반장 선거, 대학교 학생회장 선거, 총장 선거, 친목회 회장 선거, 동문회 회장 선거, 향우회 회장 선거, 아파트단지 동대표 선거에서 보듯, 꼽자면 헤아릴 수 없을 정도로 계속 등장하는 게 선거니까요. 성장기는 물론이고 학교를 졸업하고 특정한 지역에 정착하고 나서도 선거는 각자의 소속 집단과 특징에 따라 제각각 고유한 족적과 기억을 남깁니다.

그중에서도 정치적 선거는 개인이나 집단 또는 세대가 평생에 걸쳐 보편적으로 경험하게 되는 대표적인 선거 유형이라고 할 수 있습니다. 물론 민주화된 사회를 전제로 한 얘깁니다. 민주주의가 억압받는 시기에는 시민이 나서서 직접선거권의 쟁취와 확장을 위해 지난한 사투死鬪를 벌여야 했습니다. 수많은 이들의 용기와 희생에 힘입어 확보된 정치적 선거권에 안도安堵하기도 전에 저조한 투표율이 새로운 사회적 쟁점으로 부상하는 걸 보면 묘한 역사의 역설을 실감하게 됩니다. 우리도 어느새 우리 주변을 맴돌며 주기적으로 유권자로서의 권리 행사와 의무 이행을 촉구하는 선거에 익숙해졌습니다.

그렇다면, 지역 주민들이 지역의 대표를 직접 선출하는 지방선거 제도는 우리 사회에서 과연 어떤 역사적 궤적과 특징을 보여왔을까요? 해방 이후 전개된 외형적 변화의 틀을 단순화해보면, 지방의회의원 직선제가 집권세력의 정치적 계산에 의해 위로부터 전격 도입되어 시행되다 오랜 기간 중단되었고, 1995년 각급 지방자치단체장 선거와 함께 전면적으로 재도입되었습니다. 그에 비해 지방자치단체장에 해당하는 공직들은 직위에 따라 직선제, 간선제, 임명제가 뒤섞인 형태로 운영되다 장기간 임명제를 거쳐 지방의회의원 선거와 마찬가지로 1995년 이후 주민 직선제로 모두 개편되었습니다.

선거의 관점에서 보면, 지방선거제도의 도입 문제는 우리의 현대 정치사에서 대통령 선거나 국회의원 선거만큼 비중 있는 정치적 쟁점으로 부각되지는 못했습니다. 무엇보다도 1945년 독립 이후 권위주의 정권의 잇따른 장기집권으로 인해 국민적 시선이 중앙정부를 상대로 한 대통령 직선제의 관철로 모일 수밖에 없었기 때문입니다. 게다가, 지방의원 직선제는 이승만 정권에서 집권세력의 정치적 의도에 따라 하향식으로 일찍이 도입된 터라 민주화운동의 요구 대상으로서 의미를 상당 기간 갖기 어려웠습니다. 지방선거제도는 5·16 군사쿠데타 전까지는 그나마 지속되었으나 이후 중단되었고, 1995년 6월 27일 30여 년 만에 새롭게 모습을 드러냈습니다.

이후 2018년 6·13 지방선거로 통산 7회의 연혁을 기록하면서 지방선거와 지방자치에 대한 지역 주민들의 관심과 기대는 이제 예전 같지 않습니다. 지역 주민들이 지방자치와 지방선거의 중요성에 좀 더 주목하게 된 데에는 특히 '자립적 지방화'를 강조한 노무현 정권의 국정기조가 일조했다고 볼 수 있습니다. 이명박 정권과 박근혜 정권으로 이어지면서 주춤했던 '지역균형 발전'과 '지방분권' 정책이 문재인 정권에 와서 잠시 조명을 받는가 싶더니 2020년 4월 총선을 앞두고 다시 내던져진 느낌입니다. 그럼에도 불구하고, 지방선거는 민주주의의 지평이 대폭 확장되기 시작한 지난 20여 년 사이에 지역 주민들의 정치의식을 담는 중요한 선거로서 의미를 갖기에 이르렀습니다. 강원도 역시 예외는 아닙니다.

하지만 지역 주민들의 정치의식을 이해하기 위해 지방선거로 대상을 좁힌다 해도 문제는 그리 간단치 않습니다. 지방선거에도 여러 유형과 등급이 있기 때문입니다. 이를테면, 광역자치단체장 선거, 기초자치단체장 선거, 광역의회의원 선거, 기초의회의원 선거 등이 그것입니다. 이러한 각급 지방선거마다 제각각 지역 주민들의 표심이 실립니다. 선거 시점의 지역 현안, 대내외적 갈등의 내용과 성격, 정세, 전국적인 정치적 쟁점, 정당의 지역 장악력, 후보들의 학연·혈연·지연·경력·개인적 역량·품성·상대적 경쟁력 같은 갖가지 변수들의 영향력이 각 시기별 선거에 어떻게 작용하느냐에 따라 표심이 갈립니다. 이런 관점에서 보면, 강원도민의 정치의식은 강원도지사 선거, 강원도의회의원 선거, 도내 18개 시장·군수 선거, 시·군의회의원 선거의 결과들을 비교, 종합해봐야 그 전체적인 윤곽을 파악할 수 있을 것입니다.

여기서는 강원도민의 정치의식의 변화와 특징을 총체적으로 이해하기 위한 작업의 일환으로 강원도지사 선거를 택했습니다. 지방선거의 주요 유형 중 가능한 한 도지사선거 한 가지에 집중하려 한 데는 이유가 있었습니다. 각급 선거의 서로 다른 배경과 특수성을 간과한 채 한 연구에서 이를 뒤섞어 논의하다 보면 산만해지기 쉽고, 도민들의 정치의식에 내재해 있는 특징과 변화의 흐름을 일관성 있게 포착하지 못할 공산이 크다고 보았기 때문입니다. 말하자면, 각급 선거 유형별로 연구 성과들을 꾸준히 축적해가고, 그렇게 누적된 연구 성과들을 종합적으로 분석하려는 장기적 접근이 필요하다고 본 것입니다. 개별 선거 하나만 해도 세부적으로 검토해야 할 복잡한 사안들이 뒤얽혀 있는 경우가 많기 때문입니다. 결국 시간이 걸리고 품이 많이 들겠지만 그렇게 해야 구체적이고 생동감 있게 현실을 담아낼 수 있다는 게 출발선에서의 생각이었습니다. 강원도지사 선거에 주목한 데에는 또 다른 이유도 있었습니다. 도민들은 대개 기초자치단체장 선거나 도의원 선거, 시·군의원 선거보다 도지사 선거에 더 큰 관심이 있다는 상식적 판단 때문입니다. 이 같은 인식 아래 이 연구에서는 강원도민의 정치의식을 가늠해보기 위한 접근 방법으로 강원도지사 선거에 초점을 맞췄습니다.

책의 구성과 토대

이 책은 서문과 3개의 부에 분산된 7개의 장으로 구성되어 있습니다.

제1부에서는 해방 이후 이승만 정권에서 처음 실시된 1952년 지방선거부터 1995년 6·27 지방선거까지를 다룬 2개의 장을 배치했습니다.

이 두 개의 글은 강원도에 국한된 것이라기보다는 전국 단위에서 시행된 지방선거 전체를 연구 대상으로 한 것입니다. 이 연구의 주된 목적이 강원도지사 선거 결과와 도민의 정치의식에 대한 이해에 있음에도 이를 제1부로 배치한 것 역시 의도가 있었습니다. 해방 이후 제1회 전국동시지방선거 시점까지 거의 반세기에 이르는 지방선거의 역사와 제1회 전국동시지방선거 그 자체에 대한 개괄적 이해는 이 연구의 배경 지식으로 요긴하다고 생각했기 때문입니다. 우리나라 지방선거의 역사적 변천 과정과 특징을 전체적으로 파악하고 있어야 이번 연구의 본령에 해당하는 강원도지사 선거의 구체적 맥락과 의미도 거시적 안목에서 이해할 수 있으리라고 본 것입니다.

이런 관점에서 1장에서는 제1회 시·읍·면의회의원 선거와 도의회의원 선거부터 1991년 기초의회의원과 광역의회의원 선거까지를 살펴보았습니다. 1장은《지방자치와 지역발전》에 실렸던 저자의 "한국의 지방선거와 지방자치"를 토대로 한 것입니다. 원래 원고에는 없던 그림과 사진을 추가하고 일부 내용을 수정했습니다.

2장은 제1회 전국동시지방선거인 6·27 지방선거를 집중 분석한 내용입니다. 2장은 대우재단의 공동연구보고서 중 저자가 집필했던 것으로, 지방선거의 역사에서 6·27 지방선거가 갖는 역사적 의의를 고려해 이 책에서 별도의 장으로 설정했습니다. 1장과 마찬가지로 그림과 사진을 추가했습니다.

제2부에서는 제1회 전국동시지방선거부터 2018년 6·13 지방선거까지 7회에 걸쳐 실시된 전국동시지방선거와 한 차례의 강원도지사 보궐선거를 분석한 3개의 장을 순차적으로 배열했습니다. 도내 각급 지방선거의 결과들에 대한 검토 내용도 조금씩 들어 있습니다만 도지사 선거를 주로 다루었습니다.

3장에서는 제1회부터 4회까지의 전국동시지방선거 결과들을 분석하면서 그에 내포된 도민 정치의식의 특징들을 도출해보려 했습니다. 이 글은 강원사회연구회의 공동작업인《전환기의 강원사회: 10년의 변화와 전망》에 발표했던 저자의 "강원도민의 정치의식—강원도지사 선거 결과 분석을 중심으로"에 토대를 둔 것으로서 그림과 사진을 추가하면서 일부 내용을 수정, 보완한 것입니다.

제4장은 2011년 치러진 4·27 강원도지사 보궐선거를 분석한 것입니다. 이 글은 G1강원민방에서 지원한 공동연구인《2011 강원도: 지역의식, 엘리트 충원구조, 그리고 정치성향》에 들어 있는 4·27 강원도지사 보궐선거에 관한 저자의 글과 그것을 발전시켜 발표했던 저자의 논문 "강원도민의 투표행위와 정치의식—4·27 강원도지사 보궐

선거를 중심으로"를 다시 종합적으로 재검토하면서 수정, 보완한 것입니다. 4장이 다른 장들보다 상대적으로 길어진 데에는 이유가 있습니다. 강원도민의 정치의식을 다각도로 조명하기 위해 체계적인 조사를 하고 싶었지만 늘 마음뿐이었습니다. 그러던 차에 도 전역의 도민을 대상으로 한 경험적 조사에 근거해 이를 살펴볼 호기가 G1강원민방의 재정 지원으로 주어졌던 것입니다. 물론 아쉽게도 이후로 그와 유사한 기회를 확보하지는 못했습니다. 그래서 당시 실시한 조사 결과들을 통해서라도 도내 유권자들의 목소리를 좀 더 풍성하게 전달하고 싶어 4장에 좀 더 많은 지면을 할애했습니다.

5장은 가장 최근에 실시된 2018년 6·13 지방선거 결과를 살펴본 것입니다. 저자의 논문 "강원도 6·13 지방선거 결과를 통해 본 유권자 투표성향의 변화와 전망—강원도지사 선거 결과를 중심으로"를 수정, 보완한 것입니다. 강원도지사 선거에 역점을 두되 강원도와 전국 수준에서 6·13 지방선거의 전체적인 윤곽을 파악할 수 있게 하는 데 신경을 썼습니다. 또 강원도지사 선거를 연속선상에서 이해할 수 있게 앞서의 장들에서 빠졌거나 일부만 다룬 제5회와 6회 전국동시지방선거, 4·27 도지사 보궐선거에 대한 내용들도 필요한 대목에서 보충했습니다.

제3부에는 해방 이후 최근까지 지방선거의 전체적인 흐름 속에서 강원도지사 선거와 그 특징을 회고하고, 강원도민의 향후 표심을 전망하는 2개의 장을 두었습니다.

6장은 이번에 새로 집필한 장으로서, 1952년부터 2018년까지 시행된 지방선거 과정에서 지방의회의원과 지방자치단체장의 선임 방식, 그리고 역대 광역자치단체장 선거 당선자의 정당별·성별 분포와 특징을 개괄한 것입니다. 6장은 강원도지사 선거 결과를 중심으로 도민의 정치의식을 결론적으로 정리해보기 위한 마지막 7장의 예비적 고찰로서의 의미 또한 내포하고 있습니다.

7장에서는 제1회 전국동시지방선거부터 2018년 6·13 지방선거 시기까지의 지방선거, 국회의원 선거, 대통령 선거에서의 전국 대比 강원도 투표율 비교, 역대 강원도지사 선거 결과 등을 통해 강원도민의 정치의식의 특징을 정리하고, 향후 표심을 전망해보았습니다.

도움을 주신 분들께

작은 책이지만 여기에 실은 글들의 초고를 쓰고 보완하는 과정에서 저자는 주변의 연구자들과 여러 기관의 관계자들로부터 큰 빚을 졌습니다.

이 책을 구성하는 개별 장들의 연구 계기를 만들어주셨던 분들이 먼저 생각납니다. 대우재단 과제의 연구책임자 박준식 교수님, 강원사회연구회의 편집자 이종민 교수님, G1강원민방의 박용수 전임 사장님, G1강원민방 과제의 연구책임자 이태원 교수님, 강원대학교 한국사회과학연구(SSK) 사회통합연구센터의 유승호 교수님 그리고 김문조 교수님의 따뜻한 배려를 기억합니다. 연구 자료의 확보 과정에서도 도움의 손길이 있었습니다. 선거와 같은 주제를 다룬 책인 데다 그마저 밋밋한 글과 통계 수치로만 채워지면 너무 딱딱할 것 같아 저자는 그림과 사진 자료들을 이 책의 적소에 포함시키려 신경을 썼습니다. 선거 관련 사진들과 관련해서는 강원도민일보사의 김중석 사장님, 서영 국장님, 이미숙 부장님, 그리고 국가기록원의 차지현 님의 조언과 정성을 새겨두고 싶습니다. 강원도선거방송토론위원회에 참여해온 인연으로 저자가 요청할 때마다 마다치 않고 각종 선거통계자료집을 구해준 위원회의 최기성 과장님을 비롯한 직원 여러분에게도 고마움을 전합니다. 간간이 접해온 선거방송의 참여 경험도 연구에 유익했습니다. 후보자초청 선거방송토론회의 사회자로서 후보자들의 정견을 직접 확인하고 현장감을 체득할 기회를 마련해준 도내 방송사와 신문사, 특히 G1강원민방의 허인구 사장님과 김형기 보도국장님을 비롯한 언론사 관계자들께 감사드립니다.

이 책은 2017년 정부(교육부)의 재원으로 한국연구재단의 지원을 받아 수행된 연구물(NRF-2017S1A3A2066149)입니다. 이번에도 이 책의 출판을 흔쾌히 수락해준 도서출판 따비의 박성경 대표와 까다로운 교정과 편집 작업에 최선을 다해준 신수진 편집장이 없었다면 이 책은 빛을 보기 힘들었을 것입니다. 고맙습니다.

저자와 가장 가까운 거리에서 일상의 가치와 소중함을 수시로 일깨워주는 아내 김정일金靜日 씨와 두 딸 세현, 세인에 대한 고마움도 함께 적어두고 싶습니다.

2019년을 마무리하며

김원동

· 차례 ·

서문 · · · · · · · · · · 5

| 제1부 |

한국의 지방선거
: 1952년 지방선거에서 1995년 지방선거까지

1장 한국의 지방선거와 지방자치 · 21
2장 6·27 지방선거 결과 분석과 지방자치 · 52

| 제2부 |

강원도지사 선거와 도민의 정치의식

3장 강원도지사 선거와 도민의 정치의식
　　: 제1~4회 전국동시지방선거 분석 · 87
4장 강원도 4·27 도지사 보궐선거에서의 투표행위와 도민의 정치의식 · · · · · 132
5장 강원도의 6·13 지방선거 결과와 도민의 투표성향 · · · · · · · · · · · · · · · · · · 185

| 제3부 |

강원도지사 선거의 회고와 전망

6장 지방선거의 개괄과 광역자치단체장 선거의 특징 · 223
7장 투표율과 강원도지사 선거를 통해 본
　　강원도민의 정치의식과 표심 전망 · 233

참고문헌 · · · · · · · 248
찾아보기 · · · · · · · 259

· 표 차례 ·

표 1-1 | 제1회 시·읍·면의회 및 도의회의원 선거 결과 … 24
표 1-2 | 제2회 시·읍·면의회의원, 시·읍·면장, 서울특별시의회·도의회의원 선거 결과 … 28
표 1-3 | 제3회 4대 지방선거 결과 … 36
표 1-4 | 1991년 기초의회와 광역의회의원 선거의 투표율 … 42
표 1-5 | 1991년 광역의회의원 선거 당선자의 정당별 분포 … 44
표 2-1 | 1995년 6·27 지방선거와 직전 주요 선거들의 지역별 투표율 비교 … 58
표 2-2 | 6·27 지방선거의 광역자치단체장 선거 결과 … 63
표 2-3 | 6·27 지방선거의 기초자치단체장 정당별 당선자 분포 … 65
표 2-4 | 6·27 지방선거의 광역의회의원 당선자의 정당별 분포 … 67
표 2-5 | 6·27 지방선거의 정당별 당선자 분포 … 69
표 3-1 | 지방선거(1~4회)의 전국 및 강원도 성별·연령별 투표율 … 91
표 3-2 | 제1회 지방선거의 정당별 전국 당선자 분포 … 94
표 3-3 | 제1회 지방선거의 강원도 내 정당별 당선자 분포 … 97
표 3-4 | 제1회 강원도지사 선거 후보자 기본 정보 … 98
표 3-5 | 제1회 강원도지사 선거 후보자의 선거구별(시·군별) 득표율 … 100
표 3-6 | 제2회 지방선거의 정당별 전국 당선자 분포 … 104
표 3-7 | 제2회 지방선거의 강원도 내 정당별 당선자 분포 … 105
표 3-8 | 제2회 강원도지사 선거 후보자 기본 정보 … 107
표 3-9 | 제2회 강원도지사 선거 후보자의 선거구별(시·군별) 득표율 … 110
표 3-10 | 제3회 지방선거의 정당별 전국 당선자 분포 … 112
표 3-11 | 제3회 지방선거의 강원도 내 정당별 당선자 분포 … 113
표 3-12 | 제3회 강원도지사 선거 후보자 기본 정보 … 114
표 3-13 | 제3회 강원도지사 선거 후보자의 선거구별(시·군별) 득표율 … 116
표 3-14 | 제4회 지방선거의 정당별 전국 당선자 분포 … 118
표 3-15 | 제4회 지방선거의 강원도 내 정당별 당선자 분포 … 119
표 3-16 | 제4회 강원도지사 선거 후보자 기본 정보 … 120
표 3-17 | 제4회 강원도지사 선거 후보자의 선거구별(시·군별) 득표율 … 122
표 4-1 | 제5회 강원도지사 선거 후보자 기본 정보 … 133
표 4-2 | 조사 대상자의 사회인구적 특성 … 144
표 4-3 | 4·27 강원도지사 보궐선거 후보자 기본 정보 … 145
표 4-4 | 4·27 도지사 보궐선거에 대한 관심 정도와 투표 여부 … 153
표 4-5 | 4·27 도지사 보궐선거에서의 지지 후보 선택 기준 … 154
표 4-6 | 4·27 도지사 보궐선거에서 후보에 대한 정보 입수와 능력 판단에 도움이 되었던 요소 … 156
표 4-7 | 매니페스토운동에 대한 인지 여부와 인지 매체 … 157
표 4-8 | 매니페스토운동이 후보의 공약 확인과 이해에 도움을 준 정도 … 158
표 4-9 | 매니페스토운동에 대한 인지 여부에 따른 투표 유무 … 160
표 4-10 | 강원도민의 정치성향에 대한 도민들의 평가 … 164
표 4-11 | 자신의 정치성향에 대한 평가 … 165
표 4-12 | 도민의 정치성향별 4·27 도지사 보궐선거에서의 투표 여부 … 166
표 4-13 | 정치성향에 따른 매니페스토운동 인식 여부 … 167
표 4-14 | 도민의 정치성향에 따른 지지 후보 선택의 첫 번째 기준 … 168
표 4-15 | 4·27 보궐선거와 이전 도지사 선거의 차이점에 대한 도민의 정치성향별 견해 … 169
표 4-16 | 강원도의 야당 성향 지역으로의 정착 평가에 대한 도민의 정치성향별 견해 … 170
표 4-17 | 유능한 비강원도 출신 후보에 대한 도민의 정치성향별 지지 의사 … 171

표 4-18 | 도지사 후보가 갖추어야 할 요건의 중요도에 대한 도민의 정치성향별 평가 … 172
표 4-19 | 성·연령·학력·가구 월수입에 따른 정치성향 … 174
표 4-20 | 성·연령·학력·가구 월수입에 따른 매니페스토운동에 대한 인지 여부 … 176
표 4-21 | 성·연령·학력·가구 월수입에 따른 투표 유무 … 177
표 4-22 | 강원도의 야당 성향 지역으로의 정착 평가에 대한 성·연령·학력·가구 월수입별 견해 … 178
표 5-1 | 제7회 전국동시지방선거의 전국 대비 강원도 내 정당별 당선자 분포 … 191
표 5-2 | 제6회 전국동시지방선거의 전국 대비 강원도 내 정당별 당선자 분포 … 194
표 5-3 | 제7회 지방선거에서의 비례대표 광역의회의원 선거의 정당별 득표율 … 198
표 5-4 | 강원도 비례대표 광역의회의원 선거에서의 정의당(민주노동당) 득표율 (제3~7회) … 200
표 5-5 | 강원도지사 선거 후보자 선거구별(시·군별) 득표율 (제5~7회) … 202
표 5-6 | 제6회 강원도지사 선거 후보자 기본 정보 … 205
표 5-7 | 제7회 강원도지사 선거 후보자 기본 정보 … 207
표 6-1 | 지방의회의원과 지방자치단체장의 선임 방식 (1952~1991년) … 225
표 6-2 | 역대 광역자치단체장 선거 당선자의 정당별·성별 분포 … 230
표 7-1 | 강원도의 전국 대비 주요 선거 투표율 추이 비교 (1995~2018년) … 235
표 7-2 | 전국동시지방선거의 강원도 18개 시·군별 투표율 … 237
표 7-3 | 전국동시지방선거의 강원도 18개 시·군의 투표율 순위 (제1~7회) … 238
표 7-4 | 전국동시지방선거에서의 역대 강원도지사 선거 1, 2위 후보 득표율 (제1~7회) … 242

· 그림 차례 ·

그림 1-1 | 제1회 시·읍·면의회와 도의회의원 선거의 정당별·단체별 당선자 분포 … 24
그림 1-2 | 제2회 시·읍·면의회의원, 시·읍·면장,
　　　　　 서울특별시의회·도의회의원 선거의 정당별·단체별 당선자 분포 … 29
그림 1-3 | 제3회 4대 지방선거의 정당별·단체별 당선자 분포 … 37
그림 1-4 | 1991년 기초의회의원과 광역의회의원 선거의 투표율 … 42
그림 1-5 | 1991년 기초의회의원과 광역의회의원 선거 당선자의 직업 분포 … 47
그림 2-1 | 1995년 6·27 지방선거와 직전 주요 선거들의 지역별 투표율 추이 … 59
그림 2-2 | 6·27 지방선거의 광역자치단체장 선거 결과 … 64
그림 2-3 | 6·27 지방선거의 기초자치단체장 정당별 당선자 분포 … 66
그림 2-4 | 6·27 지방선거의 광역의회의원 당선자 전체의 정당별 분포 … 68
그림 3-1 | 지방선거(1~4회)의 전국 및 강원도 투표율 비교 … 91
그림 3-2 | 제1회 지방선거의 정당별 전국 당선자 분포 … 94
그림 3-3 | 제1회 지방선거의 강원도 내 정당별 당선자 분포 … 97
그림 3-4 | 제1회 강원도지사 선거 개표 최종 결과 … 98
그림 3-5 | 제1회 강원도지사 선거 후보자의 선거구별(시·군별) 득표율 … 101
그림 3-6 | 제2회 지방선거의 정당별 전국 당선자와 강원도 당선자 분포 비교 … 105
그림 3-7 | 제2회 강원도지사 선거 개표 최종 결과 … 109
그림 3-8 | 제2회 강원도지사 선거 후보자의 선거구별(시·군별) 득표율 … 111
그림 3-9 | 제3회 지방선거의 정당별 전국 당선자와 강원도 당선자 분포 비교 … 113
그림 3-10 | 제3회 강원도지사 선거 개표 최종 결과 … 114
그림 3-11 | 제3회 강원도지사 선거 후보자의 선거구별(시·군별) 득표율 … 117
그림 3-12 | 제4회 지방선거의 정당별 전국 당선자와 강원도 당선자 분포 비교 … 119
그림 3-13 | 제4회 강원도지사 선거 개표 최종 결과 … 121
그림 3-14 | 제4회 강원도지사 선거 후보자의 선거구별(시·군별) 득표율 … 123
그림 4-1 | 제5회 강원도지사 선거 개표 최종 결과 … 134

그림 4-2 | 4·27 강원도지사 보궐선거 개표 최종 결과 … 146
그림 4-3 | 4·27 강원도지사 보궐선거의 후보별 18개 시·군 득표율 … 150
그림 4-4 | 4·27 도지사 보궐선거에 대한 관심 … 152
그림 4-5 | 4·27 도지사 보궐선거에 대한 관심 정도와 투표 여부 … 153
그림 4-6 | 4·27 도지사 보궐선거에서의 지지 후보 선택 기준 … 154
그림 4-7 | 4·27 도지사 보궐선거에서 후보에 대한 정보 입수와 능력 판단에 도움이 되었던 요소 … 156
그림 4-8 | 매니페스토운동에 대한 인지 여부 … 157
그림 4-9 | 매니페스토운동에 대한 인지 매체 … 158
그림 4-10 | 매니페스토운동이 도움이 되지 않았던 주된 이유 … 159
그림 4-11 | 매니페스토운동에 대한 인지 여부에 따른 투표 유무 … 160
그림 4-12 | 엄기영에서 최문순으로 지지 후보를 변경한 가장 큰 이유 … 161
그림 4-13 | 4·27 도지사 보궐선거가 이전 도지사 선거와 달라진 점 … 162
그림 4-14 | 후보들 중 가장 유능한 비강원도 출신 후보의 도지사 당선 가능성 … 163
그림 4-15 | 후보들 중 가장 유능한 비강원도 출신 도지사 후보에게 투표할 의향 … 163
그림 4-16 | 강원도민과 자신의 정치성향에 대한 평가 … 165
그림 4-17 | 도민의 정치성향에 따른 지지 후보 선택의 첫 번째 기준 … 168
그림 4-18 | 강원도의 야당 성향 지역으로의 정착 평가에 대한 도민의 정치성향별 견해 … 170
그림 4-19 | 유능한 비강원도 출신 후보에 대한 도민의 정치성향별 지지 의사 … 171
그림 4-20 | 강원도민의 정치의식 변화를 설명하기 위한 개념적 분석 틀 … 182
그림 5-1 | 제7회 전국동시지방선거의 전국 대비 강원도 내 정당별 당선자 분포 … 192
그림 5-2 | 제6회와 제7회 지방선거에서 강원도의 정당별 당선자 분포 비교 … 195
그림 5-3 | 제7회 지방선거에서의 비례대표 광역의회의원 선거의 정당별 득표율 … 199
그림 5-4 | 강원도 비례대표 광역의회의원 선거에서의 정의당(민주노동당) 득표율 (제3~7회) … 200
그림 5-5 | 강원도지사 선거 후보자 정당별 득표율 (제5~7회) … 203
그림 5-6 | 제6회 강원도지사 선거 후보자 득표율 … 205
그림 5-7 | 제7회 강원도지사 선거 후보자 득표율 … 207
그림 6-1 | 지방의회의원과 지방자치단체장의 선임 방식(1952~1991년) … 226
그림 6-2 | 역대 광역자치단체장 선거 당선자의 정당별·성별 분포 … 231
그림 7-1 | 강원도의 전국 대비 주요 선거 투표율 추이 비교 … 236
그림 7-2 | 전국동시지방선거의 강원 18개 시·군의 투표율 평균 순위 (제1~7회) … 239

· 사진 차례 ·

사진 1-1 | 제2회 지방선거의 투표소 내 투표 장면(의정부) … 30
사진 1-2 | 제3회 전국 시·읍·면장 선거의 투표 장면 … 33
사진 2-1 | 김영삼 대통령의 지방선거 관련 담화 발표 … 55
사진 2-2 | 서울시장 선거의 민주당 조순 후보 선거유세 … 56
사진 3-1 | 6·27 지방선거의 강원도 각급 선거 입후보자의 벽보 게시 장면(춘천 지역) … 95
사진 3-2 | 6·27 강원도지사 선거의 이상룡 후보자 정당연설회 … 96
사진 3-3 | 6·27 지방선거의 강원도지사 후보 초청토론회 … 102
사진 3-4 | 6·4 강원도지사 선거에서의 김진선 후보의 거리 유세 … 108
사진 4-1 | 보궐선거 민주당 강원도 선대위 해단식에서의 최문순 당선자 모습 … 147
사진 5-1 | 강원도선거관리위원회의 6·4 지방선거 비행선 홍보 … 193

제1부

한국의 지방선거

: 1952년 지방선거에서
1995년 지방선거까지

1장

한국의 지방선거와
지방자치

지방자치는 연구의 초점과 방향에 따라 여러 측면에서 접근이 가능한 매우 복합적인 연구 대상이다. 이를테면, 지방자치단체의 구조, 지방자치단체의 기능과 사무, 지방재정, 지방자치와 민주주의, 지방자치단체 상호간의 관계, 주민자치정책, 각국 지방자치 비교, 지방자치 이론, 지방선거 같은 다양한 세부 주제에 초점을 둔 탐색이 가능하고 또 실제로 이루어져왔다(조창현, 1991; 한국지방자치학회, 1995; 윤용희, 1995; 김주원 외, 2019). 1장에서는 1995년 제1회 전국동시지방선거가 실시되기 직전까지 있었던 일련의 지방선거 과정과 결과를 개관하고, 그에 근거해 우리의 지방자치가 갖는 의미와 과제를 되새겨보려 한다.

이승만 정권기의 지방선거: 과정과 결과

정부 수립 이후 1949년 7월 4일 법률 제32호로 지방자치법이 제정·공포되었으나 건국 초의 국내외 정세 불안과 치안 미확보, 전쟁 등을 이유로 지방자치는 실시되지 않았다. 그러던 중 이승만 정권은 전쟁 중인 1952년 4월 25일과 5월 10일 전격적으로 제1회 시·읍·면의회의원 선거와 도의회의원 선거를 분리 실시했다(손봉숙, 1991; 한국지방자치연감 편찬위원회, 1992; 한국지방자치학회, 1995). 당시 한 언론은 특히 4월 25일 선거를 두고 '민주 발전을 위한 획기적인 조치'이자 '내 고장의 융성과 국가 장래의 발전을 위한 선거'라고 보도했다. 또 선거 직후 내무부장관은 지방선거에 관한 담화에서 이번 선거로 '대한민국의 민주정치의 토대가 완성'되었다고 하면서 국민에게 사의와 경의를 표했다(《조선일보》, 1952. 4. 24, 1952. 4. 26, 1952. 4. 30). 우리나라 지방자치 역사상 최초의 지방선거라는 역사적 의의에 주목한 언론과 정부의 이런 평가에도 불구하고 그 선거는 여러 가지 이유에서 만족스럽지 못했다. 전시戰時 상황으로 인해 일부 지역의 선거가 연기된 가운데 불완전하게 치러진 선거였을 뿐만 아니라, 무엇보다도 선거를 주도한 집권층의 동기가 순수하지 못했기 때문이다.*

---

* 이승만 정권이 전쟁 중에 지방선거를 갑작스럽게 실시했던 이면에는 지방의회의원들을 정권 유지의 침병으로 활용하려는 정치적 계산이 깔려 있었다. 당시 국회에서 열세였던 이승만 측은 국회를 통한 간선으로는 이승만의 재선을 장담할 수 없다고 판단했고, 그 대응책을 직선제 개헌에서 찾고자 했다. 하지만 대통령 직선제를 핵심으로 한 정부 측의 개헌안은 국회에서 압도적인 표차로 부결(1952년 1월 18일)되었고, 이에 이승만 측은 거듭 대통령 담화 등을 발표하면서 불법적인 국회의원 소환운동과 개헌안 부결 반대운동을 전개했다. 이로 인한 정부와 국회의 대치정국 속에서 이승만 측은 관제 민의운동官製民意運動을 끌어갈 전국적인 주요 세력 기반의 확충 방안에 골몰했고, 지방의회의 구성이라는 전략을

선거 결과 중 주요 특징을 살펴보면, 시·읍·면의회의원 전체의 경우 직종별로는 농업 종사자가 가장 많았다. 정당·단체별로는 무소속 비중이 42.6%였던 데 비해 제1야당이었던 민국당은 0.2%에 불과했고, 자유당은 25.3%였다. 하지만 당시 친여세력으로 간주되던 국민회(15.0%), 한청(16.2%), 노총(0.1%) 등의 의석을 자유당과 합산했을 경우에는 전체 시·읍·면의회의원의 약 60%가 여권이었다고 볼 수 있다. 도의회의원의 경우, 직종별로는 역시 농업의 비중이 가장 컸으며, 정당·단체별로는 자유당이 48.0%로 가장 비중이 컸고, 무소속 27.8%, 민국당 1.3%였다. 도의회의원의 경우에도 친여계였던 국민회(10.5%), 한청(11.1%), 노총(0.7%)의 의석을 자유당 의석과 합치면, 여권이 약 70%로 도의회 전체를 장악한 셈이었다(〈표 1-1〉과 〈그림 1-1〉; 중앙선거관리위원회, 1973a; 손봉숙, 1991).

이처럼 이승만 정권의 의도대로 마침내 친여세력들로 구성된 4년 임기의 지방의회는 집권세력의 중대한 정치적 현안이었던 대통령 직선제 개헌을 위한 전위대의 역할을 톡톡히 수행해냈다. 예컨대, 지방의회의원들은 전시의 임시수도 부산에서 1952년 6월 11일 전국의 지방의회의원을 대표하는 1,500여 명의 의원들이 참석한 가운데 전국지방의회대표자대회를 개최했다. 이 대회에서 지방의회의원들은 민의

도출해냈다. 이와 같이 이승만의 대통령 재선과 이를 위한 직선제 개헌안의 관철이라는 정치적 목적하에, 지방자치의 여건이 갖추어지지 않은 전시였음에도 불구하고 지방선거가 추진되었던 것이다. 결국 1952년 선거는 전시라는 시대적 조건으로 인해 시·읍·면 선거의 경우, 전선과 인접한 한강 이북 지역과 계엄령이 선포된 전북의 지리산 일대 8개 면이, 또 도의회 선거에서는 미수복 지역이 많던 경기도·강원도 및 서울특별시, 그리고 치안 문제가 있던 지리산 주변의 4개 군이 제외된 가운데 치러졌다(《동아일보》, 1952. 2. 18, '사설'; 동아일보 사설편찬위원회, 1977: 278-279; 한국지방행정사 편찬위원회, 1987: 2,232; 손봉숙, 1991).

표 1-1 | 제1회 시·읍·면의회 및 도의회의원 선거 결과

의회 선거 내용	투표율 (%)	당선자 수 (명)	정당별·단체별 당선자 분포				당선자의 직업 분포				선거일
			자유당	제1 야당	무소속	기타	농업	상업	공업	기타	
시·읍·면 의회 전체	91	17,544	4,444 (25.3)	35 (0.2)	7,469 (42.6)	5,596 (31.9)	15,358 (87.5)	732 (4.2)	407 (2.3)	1,047 (6.0)	
시의회	80	378	114 (30.2)	7 (1.9)	172 (45.5)	85 (22.4)	105 (27.8)	75 (19.8)	42 (11.1)	156 (41.2)	1952. 4. 25
읍의회	88	1,115	274 (24.6)	7 (0.6)	430 (38.6)	404 (36.2)	608 (54.5)	189 (17.0)	85 (7.6)	233 (20.9)	
면의회	93	16,051	4,056 (25.3)	21 (0.1)	6,867 (42.8)	5,107 (31.8)	14,645 (91.2)	468 (2.9)	280 (1.7)	658 (4.1)	
도의회	81	306	147 (48.0)	4 (1.3)	85 (27.8)	70 (22.9)	156 (51.0)	14 (4.6)	48 (15.7)	88 (28.7)	1952. 5. 10

주: ( ) 안의 숫자는 백분율(%).
자료: 중앙선거관리위원회(1973a); 한국지방행정사 편찬위원회(1987).

그림 1-1 | 제1회 시·읍·면의회와 도의회의원 선거의 정당별·단체별 당선자 분포

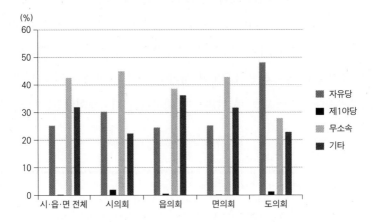

民意에 맞지 않는 국회 해산과 새로운 총선거 실시를 강력히 요구했다. 6월 13일부터는 사흘간이나 국회 해산을 요구하는 관제 데모에 연일 참여했다(《조선일보》, 1952. 6. 13;《동아일보》, 1952. 6. 14, 1952. 6. 16; 손봉숙, 1991: 31-32). 대통령 직선제를 핵심 내용으로 담고 있던 이른바 '발췌개헌안'이 통과(1952년 7월 4일)되는 과정에서 지방의회의원들은 민주주의나 지역 발전은 아랑곳하지 않고 관제 민의운동의 선봉장 역할을 하느라 여념이 없었다.

이러한 파행 속에서 첫 번째 지방의회가 지방선거에 의해 구성되고, 시·읍·면장이 각급 지방의회에서 간선제로 선출되면서 지방자치 시대의 막이 올랐다. 불안했던 서막이 예고라도 된 듯, 이승만 정권은 장기집권 구상에 따라 지방자치법을 계속 개정했고, 그로 인해 지방자치는 1950년대 내내 제 궤도에 들어서지 못했다. 제1대 지방의회가 자신에게 부여된 자치단체장에 대한 불신임 의결권을 이용해 자치단체장을 빈번하게 해임·교체하자, 이승만 정권은 이를 명분 삼아 시·읍·면장과 동·이장의 주민 직선제, 지방의회의원과 시·읍·면장의 3년 임기제 및 의회의 자치단체장에 대한 불신임 의결제도 폐지 등을 골자로 한 지방자치법개정안을 1956년 2월 국회에서 통과시켰다(한국지방자치학회, 1995). 이는 1956년 5월 15일의 정·부통령 선거를 목전에 둔 시점에서 자치단체장에 대한 지방의회의 우위 상태를 반전시키고 이를 통해 강력한 중앙집권적 대선 채비를 갖추기 위한 조치였다.

1956년 정·부통령 선거가 전대미문의 '사사오입 개헌四捨五入改憲' 파동*까지 야기하며 실시되었음에도, 이승만은 이 선거에서 70.0%를

---

* '사사오입 개헌' 파동이란 이승만의 장기집권을 도모하기 위해 '초대 대통령에 한해 3선

획득하는 데 그쳤고, 무난히 당선될 것으로 예상되었던 자유당 이기붕 후보를 제치고 야당이었던 민주당 장면 후보가 부통령에 당선되었다.* 정·부통령 선거 결과에 크게 당혹한 이승만 측은 눈앞에 닥친 지방선거제도의 재고에 돌입했다. 정·부통령 선거에서 드러난 민심의 향배는 제2회 지방선거를 규정대로 총선의 형태로 치를 경우 자유당 측이 지방의회의원과 자치단체장, 특히 후자를 당시 확보하고 있던 수준만큼도 유지할 수 없을 것으로 보였기 때문이다. 5개월 전에 개정된 지방자치법 부칙은, 늦어도 8월 15일까지는 선거를 실시하고 그때까지 임기가 만료되지 않은 자는 선거 전일까지 그 임기가 만료된 것으로 간주하고 총선거를 일괄 시행하도록 규정하고 있었다. 자유당은 선거일 전까지 임기가 끝나지 않은 사람은 법정임기 만료 시까지 그 임기를 인정하고 그해 8월 지방선거에서는 제외한다는 내용의 지방자치법 3차 개정안을 내놓았다. 야당 의원들이 이 법안의 위법성을 강력하게 주장하며 모두 퇴장한 가운데, 7월 8일 국회에서는 자유당 의원만으로 표결을 강행해 이 개정안을 통과시켰다. 이 법안의 통과로 기득권을 인정받은 지방의회의원은 전체의 1%에 불과했지만 시·

제한 조항을 철폐한다'는 것을 핵심 내용으로 한 헌법 개정안의 통과 과정을 둘러싸고 벌어진 일련의 사태를 의미한다. 이 과정에서도 지방의회의원들은 헌법 개정안의 통과를 촉구하는 결의문을 전달하고, 상경하여 이의 관철을 위한 운동에 동참했다. 사사오입 개헌 파동에 대한 좀 더 자세한 개관은 김도현(1981: 76-80)과 한길사 편집실(1981: 428-432)을 참조하라.
* 이승만의 지지율은 1952년 제2대 정·부통령 선거에서 획득했던 74.6%보다 오히려 하락했다. 1956년 정·부통령 선거에서, 특히 서울에서는 선거 직전 급서한 신익희 후보의 추모표로 보이는 무효표가 40.4%나 나왔다. 또 서울에서는 부통령 장면 후보가 45만여 표를 획득함으로써 9만 5,000여 표를 얻은 이기붕 후보를 현격한 표차로 눌렀다(중앙선거관리위원회, 1973(a); 안철현, 1995). 이러한 선거 결과는 정부와 자유당에 대한 민심 이반이 심화되고 있었음을 보여준 하나의 실례다.

읍·면장은 60%나 되었다. 결과적으로 시·읍·면장의 경우에는 전체의 40%만을 대상으로 제2회 지방선거가 실시되었다(손봉숙, 1991: 39-42; 한국지방자치학회, 1995: 62-64).

이승만 정권의 정략에 따라 지방자치법이 2차, 3차에 걸쳐 개정된 연후에 비로소 국민은 불완전하게나마 제2회 지방선거를 맞이했던 셈이다.* 국민의 냉담한 시선을 뒤로한 채 마침내 1956년 8월 8일 시·읍·면의회의원 선거와 시·읍·면장 선거, 그리고 8월 13일 도의회의원 선거가 실시되었다(〈표 1-2〉와 〈그림 1-2〉).

우여곡절 끝에 치러진 제2회 지방선거는 선거 과정에서도 국민들에게 크나큰 실망을 안겨주고 말았다. 교묘한 관권 개입과 공공연한 폭력행사 같은 다양한 방법을 동원해 정부와 여당이 야당 입후보자들의 선거운동을 적극 저지했기 때문이다. 이를테면, 선거 관련 공무원들이 야당계 입후보자의 등록 서류 접수를 회피하거나 반환하는 방식으로 입후보자의 등록을 봉쇄하기도 했고, 공포 분위기를 조성해 입후보자에게 선거 직전에 사퇴를 강요하곤 했다.** 그로 인해 여

---

* 1956년 8월 선거는 한국전쟁으로 연기되었던 지역들을 포함한 최초의 전국적 지방선거였을 뿐만 아니라 시·읍·면장의 주민 직선이 이루어진 선거였다는 점에서 분명히 이전에 비해 진일보한 것이었다. 하지만 개정된 지방자치법은 서울특별시와 도道의 장을 임명제로 했고, 지방자치단체의 구성요원을 국가공무원으로 규정함에 따라 지방공무원의 활동 분야가 매우 협소했고, 지방고유사무보다 국가위임사무에 중점을 두어 지방자치단체를 관치행정의 대행기관화했으며 지방자치단체의 행위를 중앙정부의 과도한 감독 아래 두었다. 이런 점들로 인해 자치정신은 지방자치법 그 자체에 의해 상당히 구속되어 있었다(《경향신문》, 1956. 8. 10. '사설').
** 이 선거에서 무투표 당선자의 비율이 매우 높았던 점도 결코 이와 무관하지 않았던 것으로 보인다. 처음 실시되는 서울시의회의원 선거에서는 무투표 당선자가 한 명도 없었지만 제2회 시·읍·면의회의원 선거에서는 전체 당선자의 28.9%(1952년 제1회 선거 때는 19.0%), 도의회의원 선거에서는 10%가 무투표로 당선되었다(한국지방행정사 편찬위원회, 1987: 2233-2265). 한편, 관권 선거에도 불구하고 정부는 8월 지방선거가 공명정대하게 치러졌다고 강

표 1-2 | 제2회 시·읍·면의회의원, 시·읍·면장, 서울특별시의회·도의회의원 선거 결과

선거 내용	투표율 (%)	당선자 수 (명)	정당별·단체별 당선자 분포				당선자의 직업 분포				선거일
			자유당	제1야당	무소속	기타	농업	상업	공업	기타	
시·읍·면 의회 의원		16,954	11,490 (67.8)	342 (2.0)	4,852 (28.6)	270 (1.6)	14,854 (87.6)	1,175 (6.9)	323 (1.9)	602 (3.6)	
시의회 의원	79.5	416	157 (37.7)	54 (13.0)	177 (42.5)	28 (6.7)	141 (33.9)	117 (28.1)	58 (13.9)	100 (24.0)	1956. 8. 8
읍의회 의원		990	510 (51.5)	57 (5.8)	391 (39.5)	32 (3.2)	553 (55.9)	252 (25.5)	83 (8.4)	102 (10.3)	
면의회 의원		15,548	10,823 (69.6)	231 (1.5)	4,284 (27.6)	210 (1.4)	14,160 (91.1)	806 (5.2)	182 (1.2)	400 (2.6)	
시·읍·면장		580	292 (50.3)	10 (1.7)	267 (46.0)	11 (1.9)	507 (87.4)	24 (4.1)	5 (0.9)	44 (7.6)	
시장	86.6	6	2 (33.3)	–	4 (66.7)	–	–	–	–	6 (100.0)	1956. 8. 8
읍장		30	8 (26.7)	1 (3.3)	20 (66.7)	1 (3.3)	21 (70.0)	4 (13.3)	2 (6.7)	3 (10.0)	
면장		544	282 (51.8)	9 (1.7)	243 (44.7)	10 (1.8)	486 (89.3)	20 (3.7)	3 (0.6)	35 (6.4)	
서울특별시· 도의회의원	86.0	437	249 (57.0)	98 (22.4)	83 (19.0)	7 (1.6)	214 (49.0)	75 (17.2)	50 (11.4)	98 (22.4)	
서울특별시 의회의원	75.0	47	1 (2.1)	40 (85.1)	5 (10.6)	1 (2.1)	2 (4.3)	7 (14.9)	7 (14.9)	31 (66.0)	1956. 8. 13
도의회의원	86.8	390	248 (63.6)	58 (14.9)	78 (20.0)	6 (1.5)	212 (54.3)	68 (17.4)	43 (11.0)	67 (17.2)	

주: ( ) 안의 숫자는 백분율(%).
자료: 중앙선거관리위원회(1973a); 한국지방행정사 편찬위원회(1987).

변함으로써 실소를 자아냈다. 한 종합일간지에 보도된 다음과 같은 선거 관련 기사는 선거에 임하는 정부의 태도를 잘 보여준다. "이 내무장관은 13일 아침 기자단과의 회견석상에서 '8·8 지방선거가 질서정연하게 원만히 끝난 데 대해 기쁘게 생각한다'고 말하면서, '등록방해 사건'이나 '입후보자 사퇴강요 사건' 등은 사실을 조사해보니 그런 일이 없었다고 내무

그림 1-2 | 제2회 시·읍·면의회의원, 시·읍·면장, 서울특별시의회·도의회의원 선거의 정당별·
단체별 당선자 분포

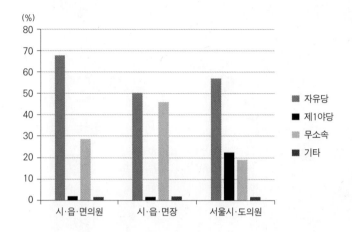

당과 야당계 인사의 출마자 비율이 처음부터 크게 차이가 났다. 입후
보자들 중 숫자상으로 단연 우위였던 무소속 입후보자들의 상당수
는 유권자들의 눈을 피해 무소속으로 입후보한 여당계 인사들이었다.
이런 요인들로 인해 1956년 8월 지방선거, 특히 8월 8일 선거는 자유
당과 친여계의 압승으로 끝났다. 지역별로는 같은 해에 있었던 5·15
정·부통령 선거 때와 마찬가지로 도시보다는 농어촌으로 갈수록 여
당 지지도가 두드러진 '여촌야도與村野都'의 투표 행태를 드러냈다(〈표

장관인 이(익흥) 씨는 말하였다. 이어서 동장관은 '지방선거'에 있어 경찰은 엄정중립을 견지
하고 있다고 말한 후 자유 분위기는 보장되었다는 것을 강조하였다. 그리고 동장관은 '만약
등록방해 사건이 없었다면, 지난번 부산에서 민주당 측이 집단등록을 기도했을 때 관계직
원이 행방불명이 되어 등록사무를 집행하지 않은 사실을 어떻게 보는가'라는 기자의 질문
에 '그 당시 선거관계 사무원이 사무실에 있을 때 〈뻐스〉에 다수인이 승차하고 도착하였으
므로 무슨 〈테로〉단인가 하여 잠시 자리를 피했던 것이다'라고 말함으로써 기자회견 장소인
내무장관실은 한때 폭소가 그치지 않았다"(《경향신문》, 1956. 8. 14).

사진 1-1 ㅣ 제2회 지방선거의 투표소 내 투표 장면(의정부)

자료: 국가기록원.

1-2)과 〈그림 1-2〉). 여권은 선거 방해와 관권 동원에 의해 8월 8일 선거에서 압도적 우위를 보였다. 하지만 8월 13일 서울시의회의원 선거에서만큼은 야당인 민주당이 전체 의석의 85%를 차지하는 압승을 거뒀다. 지방의 민심이 관권에 의해 왜곡되었던 것과는 대조적으로, 관권의 개입이 상대적으로 적은 상태에서 서울시민들이 정부·여당에 대한 정치적 불신과 무언의 항변을 투표를 통해 자유롭게 표출한 결과였다(《경향신문》, 1956. 8. 10. '사설', 1956. 8. 12. '사설', 1956. 8. 15. '사설', 1956. 8. 16. '사설').

　제2회 지방선거에 이어 1958년 5월 2일에는 제4대 총선이 있었다. 5·2 총선에서 자유당은 막대한 경찰력을 투입해 각종 선거부정을 서

슴지 않았다. 그럼에도, 자유당은 제3대 국회 때보다 10석이 줄어든 126석을 얻었고 제1야당인 민주당은 79석을 획득했다.* 2년 전의 5·15 정·부통령 선거에 이어 정부와 자유당에 대한 민심이반이 다시 한 번 입증된 셈이었다(조선일보사, 1992: 18; 안철현, 1995; 김영명, 1994: 199-200). 정부·여당이 관권을 동원해 지방선거에서 압승을 거두고 같은 방법으로 5·2 총선에 대비했음에도 제4대 총선은 자유당의 참패와 만주당의 부상으로 귀결되었던 것이다.

1958년 10월 2일에 치러진 대구시장 선거에서는 민주당 후보가 압도적인 표차로 당선되어 자유당에게 또다시 큰 충격을 안겼다. 1959년에는 부산과 마산을 비롯한 전국 26개 시 가운데 15개 시장의 임기가 끝나고, 상당수의 읍·면장 임기도 만료될 상황을 앞두고 있었다. 자유당은 일련의 지방선거에서 일방적으로 승리할 가능성이 희박하다는 판단을 내렸다. 무엇보다, 1958년 5·2 총선에서 야당의 진출이 대도시에서 현저했다는 점이 그런 판단의 근거가 되었다. 자유당은 지방행정조직을 관권으로 확실하게 장악하기 위한 방법으로 자치단체장의 임명제를 골자로 하는 지방자치법의 4차 개정을 서둘렀다.

---

* 1954년 제3대 총선에서 자유당은 국회의원 총 의석 203석 중 114석을 차지했다. 그러나 제3대 국회의 개원 직후 자유당은 3선 개헌을 목표로 무소속 의원 67명 중 34명을 회유, 입당시킴으로써 3분의 2선인 136석을 확보했다. 그런데 이제 다시 일부 의석을 상실함으로써 국회 내에서의 여권의 입지가 축소되었던 것이다. 반면에 1954년 총선 당시 제1야당이었던 민국당이 획득한 의석은 불과 15석이었으나 민주당의 결성 이후 47석으로 늘어났고, 1958년 제1야당 민주당의 의석은 79석으로 더 늘어났다. 한편, 1958년 총선은 무소속의 퇴조(제3대 총선에서의 68석에서 제4대 총선에서는 27석으로 축소됨)와 군소 정당의 몰락이라는 특징도 지닌 선거였다. 결국 이전과는 달리 5·2 총선은 전체 의석의 54.1%를 점유한 자유당과 33.9%를 차지한 민주당의 양당체제로 정당체계의 재편을 가져온 선거이기도 했다(조선일보사, 1992: 16-18; 안철현, 1995; 김영명, 1994: 199-200).

다시 말해, 자치단체장인 시·읍·면장의 직선제를 채택한 지 불과 2년 만에, 그것도 자치단체장 당선자의 임기가 끝나기도 전에 이를 다시 임명제로 갑자기 전환하고자 했던 것이다. 이는 곧 닥칠 정·부통령 선거(1960년 3월 15일)에 대비해 자치단체장을 여권 인사들로 채울 필요가 있다고 생각했기 때문이다. 자유당은 마침내 1958년 12월 24일 시·읍·면장의 임명제, 지방의회의원 임기의 3년에서 4년으로의 연장, 자치단체장에 대한 불신임제 채택, 의장단에 대한 불신임제 폐지 등을 내용으로 하는 지방자치법 개정안을 국회에서 날치기 통과시켰고, 이틀 뒤인 12월 26일에는 이를 법률 제501호로 공포했다. 개정된 이 지방자치법에 의한 제3회 지방선거는 1960년 8월 실시될 예정이었다(한국지방자치학회, 1995; 이종수, 1995; 김영명, 1994).

이와 같이 이승만 정권에게는 처음부터 지방자치 이념 같은 것은 안중에도 없었고 오로지 장기집권과 정권 연장을 위한 정치적 수단으로서의 지방자치제도가 있을 뿐이었다. 따라서 지방자치법은 정세 판단에 따라 번번이 개정되었고, 그에 준거해 여러 형태의 지방선거들이 파행적으로 치러졌다.

장면 정권기의 지방선거: 과정과 결과

이승만 정권 말기에 이렇듯 무리하게 개정된 지방자치법은 4·19 혁명으로 이 정권이 붕괴되자 실효를 보지 못하고, 다시 5차 개정을 맞았다. 1960년 7·29 총선으로 성립된 제5대 국회에 제출된 제5차 지방자치법 개정안은 같은 해 11월 1일 법률 제563호로 공포되었다. 다섯

사진 1-2 | 제3회 전국 시·읍·면장 선거의 투표 장면

자료: 국가기록원.

번째로 개정된 지방자치법의 핵심 내용은 서울특별시장, 도지사, 시·
읍·면·동·이장 등의 전체 지방자치단체장에 대한 주민 직선제였다. 지
방자치 역사상 처음으로 완전 자치의 형식을 갖춘 지방자치법이 마련
되었던 것이다. 이 새로운 지방자치법에 따라 1960년 12월 12일 서울
특별시 및 도의회의원 선거가, 12월 19일에는 시·읍·면의회의원 선거
가, 12월 26일에는 시·읍·면장 선거가, 그리고 12월 29일에는 서울특
별시장 및 도지사 선거가 각각 실시되었다(한국지방자치학회, 1995; 한국
지방행정사 편찬위원회, 1987; 안철현, 1995).

먼저 지방의회의원 선거를 보면, 제1회 시·읍·면의회, 제2회 시·읍·
면의회, 제2회 서울특별시·도의회의원 선거의 경우 무투표 당선율이

각각 19%, 28.9%, 10.1%였던 데 비해, 제3회 지방의회의원 선거에서는 무투표 당선자가 한 명도 없었다. 투표율의 경우에는 제1회 지방선거의 시·읍·면의회의원 선거(91%)와 도의회의원 선거(81%), 제2회 지방선거의 시·읍·면의회의원 선거(79.5%)와 서울특별시·도의회의원 선거(86.0%)에 비해 제3회 지방선거의 시·읍·면의회의원 선거(78.9%)와 서울특별시·도의회의원 선거(67.4%)의 투표율이 상대적으로 저조했다. 이는 지방자치단체장의 투표율에서도 마찬가지였다. 즉 제2회 시·읍·면장 선거의 투표율은 86.6%였지만 제3회 지방선거의 시·읍·면장과 서울특별시장, 도지사 선거 투표율은 각각 75.4%, 38.8%였다. 이처럼 투표율이 낮았던 주된 이유는 선거 결과를 쉽게 예측할 수 있었고, 지방선거를 치른 계절이 겨울철이었으며, 연이은 선거*와 민주당 신·구파 간의 싸움**에 유권자들이 싫증을 느꼈기 때문이었다(한국지방

---

* 보궐선거나 재선거를 제외하고 제1공화국 출범 이래 이때까지를 통틀어볼 때 1960년은 한 해 동안 전국적인 선거가 가장 많이 치러진 해였다. 즉, 1960년에는 각기 다른 날짜에 실시된 네 차례의 지방선거, 3·15 부정선거, 7·29 총선 등 모두 여섯 번의 선거가 있었다. 12월 12일 제3회 지방선거의 시발점인 서울특별시·도의회의원 선거가 실시된 직후부터 이전에 비해 매우 저조해진 투표율에 대한 우려의 목소리가 컸었다. 당시 유력한 한 언론지 보도에 의하면, 1960년 봄부터 이어진 선거, 정치 혼란의 장기화, 그에 따른 정치 불신과 절망이 생활고의 가중과 맞물려 유권자들의 선거 혐오증을 불러일으켰고, 그 결과가 낮은 투표율로 나타났다고 한다. 이 언론사는 뒤이은 지방선거에서도 낮은 투표율이 계속될 경우 지방의회의원과 자치단체장의 질적 향상을 기대하기 어렵고, 결국 민주정치를 위한 선거가 정치의 봉건화에 기여하는 격이 되고 말 것이라고 경고했다. 요컨대, 선거에서의 높은 기권율이 민주정치를 그 토대부터 붕괴시킬 수 있다는 점을 환기시키면서 언론은 4대 지방선거의 벽두부터 선거에 대한 국민과 정부 측의 관심 회복과 유권자의 적극적인 투표 참여를 강력하게 촉구하고 나섰다(《경향신문》, 1960. 12. 13. '사설', 1960. 12. 27. '사설', 1960. 12. 29. '사설').

** 7·29 총선에 의해 집권한 민주당(제2공화국의 장면 정권)은 이전부터 내연해온 결코 간단치 않은 문제를 지니고 있었다. 이는 민주당의 결성 시점에서부터 연유한 것이었다. 사사오입 개헌 파동 직후인 1954년 11월 29일 야당 측 의원들은 강력한 대여투쟁의 전개를 위한 범야당연합전선으로서 '호헌동지회護憲同志會'라는 원내교섭단체를 발족시켰고, 이를 기

행정사 편찬위원회, 1987; 손봉숙, 1991; 〈표 1-1〉, 〈그림 1-1〉, 〈표 1-2〉, 〈그림 1-2〉, 〈표 1-3〉, 〈그림 1-3〉).

특히 민주당 신·구파 간의 파벌싸움에 대한 유권자들의 염증은 정당별·단체별 당선자 분포에 그대로 반영되었던 것으로 보인다. 줄곧 격화되어온 당내 파벌대립으로 결국 분당이 선언되고,[***] 신파 중심의 '민주당'(여당)과 구파 중심의 '신민당'(야당) 간의 대결 형태로 1960년 지방선거가 치러졌다. 그 결과, 민주당과 신민당의 두 정당이 차지한 의석의 합이 전체 의석의 50%를 넘은 경우는 전체 10개 선거 중 절반에 불과했다(〈표 1-3〉과 〈그림 1-3〉). 심지어 민주당은 집권한 지 불과 몇 달밖에 되지 않았음에도 시장 선거와 도지사 선거를 제외한 나머지 8개 선거에서 모두 패했다(장성훈, 2011: 86). 민주당과 신민당은 서울특별시와 도, 그리고 시장 선거 수준에서 그나마 양당제의 모양새를 간신히 갖춘 정도였고, 그 외의 대다수 선거에서는 무소속이 압도

반으로 원 내외의 야당세력 전체를 규합하는 단일정당의 결성을 추진했다. '민주당'은 바로 이 호헌동지회를 모체로 산고 끝에 1955년 9월 18일 탄생한 정당이었다. 그런데 민주당 결성 과정에는 양대 주축 세력이 있었다. 그 한 줄기는 한민당·민국당에서 배태된 신익희·조병옥·김도연·윤보선·백남훈 등이었고, 또 다른 한 줄기는 민주당으로의 확대개편 과정에서 새로이 합류한 장면·곽상훈·박순천·정일형 등이었다. 이처럼 민주당은 이후 '민주당 구파'라고 불리는 전자와 '민주당 신파'로 지칭되는 후자의 양대 파벌로 구성된 정당이었다. 자유당을 상대로 한 투쟁 방법이나 당직 배분, 주요 정당 정책의 결정 같은 여러 중요한 사안을 둘러싸고 구파와 신파가 대립, 갈등을 빚음으로써 민주당은 처음부터 계속 내분에 휩싸였다. 불행히도 구파와 신파는 역사적인 7·29 총선 때도 파벌갈등을 그대로 드러내고 말았다. 그간의 악화된 감정 속에서 7·29 총선을 치르게 된 신·구 양파는 당의 공천자보다는 자파의 입후보자를 밀기에 여념이 없었을 뿐만 아니라 급기야는 선거 도중에 분당론이 터져 나왔다. 신·구파 간의 이러한 알력은 집권 이후에도 계속되었다(중앙선거관리위원회, 1973b: 223-227;《경향신문》, 1960. 12. 26; 안병만, 1990; 김호진, 1990; 김태일, 1990).

[***] 민주당 구파 측은 1960년 10월 13일 신당 발족을 정식으로 선언했고, 같은 해 11월 8일 '신민당발기준비위원회'를 구성함으로써 민주당 발족 이후 '반독재투쟁' 5년 1개월 만에 민주당과 완전 결별하기에 이르렀다(《경향신문》, 1960. 12. 26).

표 1-3 | 제3회 4대 지방선거 결과

| 선거 내용 | 투표율 (%) | 당선자 수 (명) | 정당별·단체별 당선자 분포 | | | | 당선자의 직업 분포 | | | | 선거일 |
			민주당 (여당)	신민당 (야당)	무소속	기타	농업	상업	공업	기타	
서울특별시· 도의회의원	67.4	487	195 (40.0)	70 (14.4)	216 (44.4)	6 (1.2)	228 (46.8)	50 (10.3)	10 (2.1)	199 (40.9)	
서울특별시 의회의원	46.2	54	19 (35.2)	17 (31.5)	17 (31.5)	1 (1.9)	5 (5.6)	10 (18.5)	3 (5.6)	36 (66.7)	1960. 12. 12
도의회의원	71.8	433	176 (40.6)	53 (12.2)	199 (46.0)	5 (1.2)	225 (52.0)	40 (9.2)	7 (1.6)	161 (37.2)	
시·읍·면 의회의원	78.9	16,851	2,781 (16.5)	325 (1.9)	13,688 (81.2)	57 (0.3)	14,418 (85.6)	1,320 (7.8)	148 (0.9)	965 (5.7)	
시의회의원	62.6	420	129 (30.7)	45 (10.7)	238 (56.7)	8 (1.9)	102 (24.3)	104 (24.8)	29 (6.9)	185 (44.0)	1960. 12. 19
읍의회의원	77.5	1,055	142 (13.5)	39 (3.7)	872 (82.7)	2 (0.2)	561 (53.2)	262 (24.8)	28 (2.7)	204 (19.3)	
면의회의원	83.7	15,376	2,510 (16.3)	241 (1.6)	12,578 (81.8)	47 (0.3)	13,755 (89.5)	954 (6.2)	91 (0.6)	576 (3.7)	
시·읍·면장	75.4	1,467	332 (22.6)	21 (1.4)	1,110 (75.7)	4 (0.3)	1,242 (84.7)	51 (3.5)	7 (0.5)	167 (11.4)	
시장	54.6	26	12 (46.2)	5 (19.2)	9 (34.6)	–	1 (3.8)	5 (19.2)	2 (7.7)	18 (69.2)	1960. 12. 26
읍장	72.7	82	23 (28.0)	3 (3.7)	56 (68.3)	–	49 (59.8)	5 (6.1)	–	28 (34.1)	
면장	81.6	1,359	297 (21.9)	13 (1.0)	1,045 (76.9)	4 (0.3)	1,192 (87.7)	41 (3.0)	5 (0.4)	121 (8.9)	
서울특별시장· 도지사	38.8	10	6 (60.0)	3 (30.0)	1 (10.0)	–	1 (10.0)	–	–	9 (90.0)	
서울특별시장	36.4	1	1 (100.0)	–	–	–	–	–	–	1 (100)	1960. 12. 29
도지사	39.1	9	5 (55.6)	3 (33.3)	1 (11.1)	–	1 (11.1)	–	–	8 (88.9)	

주: ( ) 안의 숫자는 백분율(%).
자료: 중앙선거관리위원회(1973a); 한국지방행정사 편찬위원회(1987).

그림 1-3 | 제3회 4대 지방선거의 정당별·단체별 당선자 분포

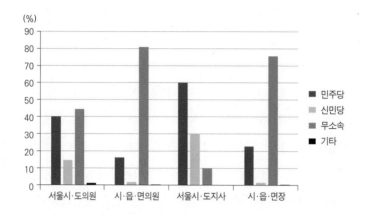

적 우세를 보였던 것이다.*

　이와 같이 네 차례로 나뉘어 치러진 1960년 지방선거는 유권자의 무관심에 따른 낮은 투표율, 민주당과 신민당의 저조한 득표율, 그리고 무소속의 전반적 강세라는 특징을 보이며 막을 내렸다. 집권 이후 더욱 치열해진 민주당 신·구파 간의 권력싸움과 분당, 및 그로 인한 집권여당의 통치력 부족 등이 정치와 대의제도에 대한 국민의 근본적 불신과 절망을 야기했기 때문이다.

---

* 일련의 지방선거에서 민주당과 신민당에 대해 보여준 유권자들의 반응은 대체로 냉담했다. 예컨대, 1960년 12월 12일 치러진 첫 단계의 지방선거에서 안정세력을 요구하는 여당의 호소와 건전야당 육성을 외치는 야당의 구호를 유권자들은 모두 외면했다. 12·12 선거 직후 언론 또한 정치와 대의제도에 대한 신뢰를 실추시킨 원인이라고 판단했던 민주당 신·구파 간의 싸움을 질타했고, 양당의 대국민사과를 촉구했다. 국리민복國利民福을 위한 정책 대결 없이 권력싸움에만 혈안이던 여야의 실태는 이후 실시된 또 다른 12월의 지방선거들에서도 양당의 부진을 야기한 근본 원인이 되었다(《경향신문》, 1960. 12. 14, 1960. 12. 28, 1960. 12. 30. '사설').

지방자치제의 동면과 새로운 전환의 움직임

제2공화국의 지방자치제는 시동 후 불과 몇 개월 만에 1961년 5·16 군사쿠데타의 발발로 중단되는 운명에 처하고 말았다. 쿠데타에 성공한 군사혁명위원회가 즉각 포고령 제4호(1961년 5월 16일)를 통해 지방의회를 해산시키고, 이어서 '지방자치에관한임시조치법'을 제정하여 지방자치단체의 자치권을 법적으로 무효화하는 조치를 취했기 때문이다. 같은 해 9월 1일 제정된 '지방자치에관한임시조치법'은 군郡을 지방자치단체로 하는 '군 자치제' 도입을 통해 읍·면을 군의 단순한 하부기관으로 전환하여 읍·면 자치제를 폐지했고, 지방자치단체의 장을 국가공무원으로 충원하는 '임명제'로 바꿨다. 또 시·군의회의 권한은 시장·군수가 도지사의 승인을 받아 수행하도록 했고, 직할시·도의회의 권한은 시·도지사가 내무부장관의 승인을 받아 행사하도록 했으며, 서울특별시의회의 권한은 서울시장이 국무총리의 승인을 받아 행사하도록 했다(한국지방자치학회, 1995).* 비록 임시조치라고는 하지만, 지방의회의 권한을 지방자치단체장에게 위임하고 그 자치단체의 장을 다시 중앙정부가 임명제 국가공무원으로 충원하게 함으로써, 군사정권은 지방자치제의 존립 근거를 원천적으로 제거했던 것이다.

1962년 개정된 제3공화국 헌법에서도 지방자치의 기본원칙은 크게 바뀌지 않았다. 다만 지방의회의 구성 시기와 지방자치단체장의 선임 방법을 법률로 정하도록 규정했다. 하지만 그 후 관련법을 제정하지

---

* 이외에도 '지방자치에 관한 임시조치법'의 주요 내용에는 직할시 제도의 도입(1963년 부산시의 정부 직할시 승격)과 서울특별시를 국무총리 직속으로 변경하는 조치(1963년 12월 14일) 등이 담겨 있었다(한국지방자치학회, 1995: 69).

않음으로써 지방의회 선거는 실시되지 않았고, 조례 제정이나 예산 승인과 같은 지방의회의 기능을 상급 행정기관이 대행함으로써 각급 지방자치단체들은 법률상으로만 존재한 채 실질적으로는 그저 중앙 정부의 일선기관과 같은 기능을 수행했다. 1972년 12월 27일 개정된 '유신헌법'은 부칙 제10조에 지방의회의 구성을 "조국 통일이 이루어질 때까지 구성하지 아니한다"고 규정했고, 그에 따라 지방자치법 중 관계 조문이 폐지되었다(이종수, 1995; 한국지방자치학회, 1995). 요컨대, 제3공화국이든 제4공화국이든 할 것 없이 박정희 정권 시기는 지방자치제의 동면기冬眠期 자체였다.

1980년 10월 27일 '제5공화국 헌법'은 부칙에서 지방의회를 지방자치단체의 재정자립도를 감안해 순차적으로 구성하고 그 구성 시기는 법률로 정한다고 규정함으로써 오랜만에 지방자치제에 관한 논의의 물꼬를 텄다. 실제로 1984년 제5공화국 정부는 1987년 상반기 중에 지방자치제를 실시하겠다고 공언하는가 하면, 1985년에는 지방자치제 실시 연구위원회를 구성하기도 했다. 그렇지만 대통령 임기가 끝날 때까지도 제5공화국 정부는 지방자치제를 실시하지 않았다. 1987년 6월항쟁 대처 방안의 일환으로 발표한 6·29 선언에서 집권여당은 지방자치제의 실시를 공약했고, 이후 집권한 노태우 정권은 '제6공화국 헌법'에서 시·군·자치구의회를 우선 구성한 뒤 시·도의회를 구성하되 구체적인 사항은 법률에 위임한다고 규정함으로써 종래의 지방자치 실시에 관한 유보조항을 폐지했고, 이에 따라 지방자치법을 개정했다. 여당 단독으로 의결해 1988년 4월 6일 공포된 지방자치법은 특별시·직할시의 구를 지방자치단체의 종류에 포함시켰고, 지방자치단체의 종류를 광역자치단체(특별시·직할시·도)와 기초자치단체(시·군·자치구)

라는 2종으로 규정했으며, 지방자치단체의 구성 형태로 '기관대립형'*
을 채택했다. 또 지방의회와 지방자치단체장에 대한 주민 직선제를 도
입했고, 광역 단위의 선거에 한해 정당추천제를 채택했다. 여기서 한
걸음 더 나아가 시·군·구의회를 1989년 4월 30일 이내에 구성하고 그
후 2년 내에 시·도의회를 구성하도록 규정했다.

  그러던 중 1988년 4·26 총선에서 '여소야대' 국회가 조성되었다. 평
화민주당·통일민주당·신민주공화당의 이른바 '야3당'은 정부·여당이
시·군·구의회의 법정 구성 기일을 지키지 않을 조짐을 보이자 지방자
치법 개정안을 국회에 제출, 이듬해 3월 통과시켰다. 그러나 광역자치
단체장과 광역의회의원 선거를 기초자치단체장과 기초의회의원 선거
보다 먼저 실시하고, 읍·면·동장까지 모두 직선제로 한다는 내용을 담
고 있던 지방자치법 개정 법률안은 노태우 대통령의 거부권 행사로
무산되었다. 그렇지만 노태우 정권은 당시 야권 주도의 '청문회정국'에
서 기초의회 구성의 법정 기일 위반, 지방자치법 개정안에 대한 거부
권 행사 등으로 인해 국회 안팎의 비판에 직면하게 되었다. 노태우 정
권은 5공 청산 문제로 교착상태에 빠진 정국 타개의 한 방편으로 지
방의회의원 선거를 1990년 6월 30일 이내에, 그리고 지방자치단체장
선거를 1991년 6월 30일 이내에 실시하기로 하는 새로운 지방자치법
개정안에 어쩔 수 없이 합의했다(조성대, 2011). 하지만 이 개정안에 따

---

* 우리나라의 지방자치법에서는 기관 상호간의 견제와 균형을 통해 지방행정의 책임성을
도모한다는 취지 아래 지방자치단체의 구성 형태로 '기관대립형'을 선택했다. '기관통합형'
과는 대조적으로 지방자치단체의 '의결기능'과 '집행기능'을 분리시켜 별개의 기관에 부여
하는 방식인 기관대립형 조직 형태에서는 지방의회의 권한 확대와 전문성 제고를 토대로
지방자치단체장에 대한 생산적 통제력을 확보할 수 있는 방안의 모색이 중요한 과제로 제
기된다(최계영, 2013).

른 지방자치 실시는 1990년 2월의 3당 합당으로 다시 연기되었다. 여야는 극한 대립으로 치달았고, 지방자치 문제는 다시 겉돌았다.

그러다 같은 해 12월 11일 여야가 기초자치단체 선거에서의 정당 추천 배제, 광역자치단체 선거에서의 정당 추천 허용, 지방의회의원 선거의 1991년 상반기 중 실시, 그리고 지방자치단체장 선거의 1992년 상반기 중 실시에 합의하기에 이르렀다. 그 같은 합의에 기초해 지방자치법 개정안과 지방의회의원 선거법안 및 지방자치단체장 선거법안이 12월 15일 국회에서 통과되고, 12월 31일 공포됨으로써 실로 30여 년 만에 지방의회의원 선거를 다시 치르게 되었다(이종수, 1995; 한국지방자치학회, 1995; 현대사회연구소, 1992).*

1991년 지방선거는 두 단계로 나뉘어 실시되었다. 우선 기초의회의원 선거인 시·군·구의회의원 선거가 3월 26일에, 그리고 광역의회의원 선거인 시·도의회의원 선거가 6월 20일에 각각 실시되었다. 1991년의 지방선거에서 드러난 주요 결과와 그 특징을 살펴보면 다음과 같다.

30여 년 만에 빛을 본 선거였지만, 1991년 지방선거는 무엇보다 '낮은 투표율'로 특징지어진 선거였다. 기초의회의원 선거와 광역의회의원 선거 모두 60%에도 못 미치는 투표율을 보였기 때문이다. 이는 종래의 지방선거 중 1960년 서울특별시장과 도지사 선거 투표율을 제외한다면, 지방선거 역사상 가장 저조한 기록이었다(〈표 1-1〉, 〈표 1-2〉, 〈표 1-3〉, 〈표 1-4〉).** 그런 가운데서도 투표율의 지역별 분포를 보면,

---

* 지방자치법의 개정을 비롯하여 지방자치제의 실시를 둘러싸고 전개된 일련의 정치과정에 관한 보완적 논의에 관해서는 전상인(1997)을 참조하라.
** 1991년 지방선거에서 드러난 이러한 낮은 투표율은 이 시기 이전의 중앙선거와 비교해보면 더욱 저조한 기록이었음을 알 수 있다. 이를테면, 1985년 제12대 총선의 투표율은

표 1-4 | 1991년 기초의회와 광역의회의원 선거의 투표율 (단위: 백분율)

	서울	부산	대구	인천	광주	대전	경기	강원	충북	충남	전북	전남	경북	경남	제주	평균
기초의회의원	42.3	49.7	44.4	42.6	50.8	49.1	52.2	68.7	64.9	67.3	65.2	69.4	70.2	64.5	70.1	55.0
광역의회의원	52.4	57.7	53.0	53.9	55.5	59.4	55.4	68.5	65.7	68.9	63.5	65.6	68.7	64.8	74.7	58.9

출처: 현대사회연구소(1992).

그림 1-4 | 1991년 기초의회의원과 광역의회의원 선거의 투표율

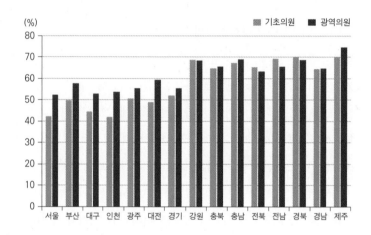

중소 도시와 농촌 지역보다는 서울을 비롯한 대도시 지역의 투표율이 상대적으로 낮은 이른바 '도저촌고都低村高'의 특징을 드러냈다(〈표 1-4〉, 〈그림 1-4〉 참조).

84.6%였고, 1987년 제13대 대선의 투표율은 89.2%였으며, 1988년 제13대 총선의 투표율은 75.8%였다. 1950~60년대의 총선 및 대선과 이 시기의 지방선거를 비교해보더라도 이와 동일한 경향을 엿볼 수 있다(조선일보사, 1992; 백종국, 1992). 이와 같이 중앙선거에 비해 지방선거에 대한 유권자들의 저조한 관심은 1991년의 지방선거에서도 그대로 나타났다.

이와 같이 1991년 지방선거가 낮은 투표율과 도저촌고의 투표 경향을 보였던 데에는 몇 가지 이유가 있었다. 우선, 선거에 임하는 정부의 태도에 문제가 있었다. 정부가 공명선거를 앞세워 규제 강화를 비롯한 억압적 선거 분위기를 주도했기 때문이다. 이러한 분위기는 후보자와 유권자 간의 접촉 자체를 조심스럽게 만들었고, 결과적으로 후보자를 잘 파악하지 못하게 된 유권자의 선거 무관심을 증폭시키는 데 일조했다. 방송의 경우, 선거 관련 보도의 초점을 과열·불법 양상에 맞춤으로써 유권자의 정치 혐오증을 유발했고, 이 또한 유권자들의 선거 외면에 크게 작용했던 것으로 보인다(한정일, 1992).

저조한 투표율과 더불어 1991년 지방선거 결과의 요체는 한마디로 집권여당인 '민주자유당의 압승'에 있었다. 기초의회의원 선거의 경우에는 선거법상 정당추천제가 허용되지 않았지만 민주자유당(이하 민자당)의 추계 자료에 의하면, 당선자의 당적은 민자당 49.8%, 평민당 18.2%, 민주당 0.8%였다. 이러한 민자당 압승 경향은 광주와 전남·전북을 제외하면 전국적으로 공통된 것이었다. 게다가, 31.2%에 달하는 무소속 당선자의 상당수가 친여 성향의 인물들로 판단되었기 때문에 이들까지 감안한다면 기초의회의원의 약 75%가 여권 인사들이었다고 볼 수 있다. 야당인 평민당 또한 이러한 추정을 인정했다. 즉, 평민당의 자체 분석에서 드러난 자기 계열의 당선자 숫자는 전체 의석의 약 19%였다(《한겨레》, 1991. 3. 28;《동아일보》, 1991. 3. 27; 한정일, 1992; 김영래, 1991).

정당 공천하에 실시된 광역의회의원 선거의 경우에서도 집권여당인 민자당은 전체 의석의 65.1%를 차지함으로써 압도적 우위를 보여주었다. 기초의회의원 선거에 뒤이어 광역의회의원 선거에서도 광주

표 1-5 │ 1991년 광역의회의원 선거 당선자의 정당별 분포

구분	의원 정수	민자당	신민당	민주당	공명 민주당	민중당	무소속	계
합계	866	564 (65.1)	165 (19.1)	21(2.4)		1(0.1)	115 (13.3)	866 (100.0)
서울	132	110	21	1				132
부산	51	50		1				51
대구	28	26					2	28
인천	27	20	1	3			3	27
광주	23		19				4	23
대전	23	14	2	1			6	23
경기	117	94	3	2			18	117
강원	54	34		1		1	18	54
충북	38	31		2			5	38
충남	55	37		4			14	55
전북	52		51				1	52
전남	73	1	67				5	73
경북	87	66		5			16	87
경남	89	73	1				14	89
제주	17	8					9	17

주: ( ) 안의 숫자는 백분율(%).
출처: 현대사회연구소, 《한국지방자치연감 1993》(1992).

와 전남·전북을 제외한 모든 지역에서 여당 압승 경향이 나타났다. 특히 서울을 비롯한 대도시 지역에서마저 민자당이 압승을 거둔 것은 매우 이례적이었다(《표 1-5》).*

---

* 그런 가운데서도 1991년 지방선거는 호남 대 비호남의 대결 구도에 따른 '호남의 고립화'

이와 같이 1991년 지방선거에서 집권여당이 압승할 수 있었던 데에는 다음과 같은 몇 가지 주요 요인이 있었던 것으로 보인다.

첫째, 앞서 지적한 저조한 투표율의 원인들이 민자당 압승을 야기한 요인으로도 작용했다. 이를테면, 규제 강화 위주의 엄격한 선거법은 억압적 선거 분위기의 조성과 선거 외면을 야기한 요인이었을 뿐만 아니라 지명도가 낮은 야권 인사들이 유권자들에게 자신을 알릴 기회를 갖지 못한 채 선거를 치르게 만든 요인이기도 했다. 이것은 자연히 기존의 지명도와 자금 및 조직력의 측면에서 유리한 위치에 있던 친여 성향의 지역 유지들이 대거 당선되게 하는 여건이 되었던 셈이다. 이와 마찬가지로 과열불법 선거에 초점을 둔 선거 보도관행도 정치 불신과 함께 유권자들의 선거 불참, 특히 개혁지향적·친야적 성향을 지닌 젊은 유권자 층의 기권을 유도함으로써 결과적으로 여권의 승리에 일조했다.

둘째, 3당 합당, 광역의회의원 선거의 야당 공천 과정에서의 금품수수설, 수서사건 등으로 인한 기존 정당과 정치권 전체에 대한 유권자들의 불신이 집권여당의 완승을 초래했다. 정치권 전반에 대한 유권자들의 혐오가 정당보다는 '인물 위주의 선거'를 하도록 작용했기 때문이다. 야권보다는 여권의 입후보자들이 대체로 자질 면에서 우위였기 때문에 인물 위주의 투표 분위기는 결국 여권의 선거 승리를 가능하게 한 요인으로 작용했다.

셋째, 지방선거 기간 전후에 있었던 언론의 친여적인 보도 경향도

로 특징지어지는 지역균열 양상을 재현했다. 다시 말해, 호남에 기반을 둔 신민당이 광주와 전남·전북 지역에서 확고한 우위를 보인 데 비해 영남을 비롯한 여타 지역에서는 집권여당인 민자당이 뚜렷한 강세를 보였던 것이다(안청시·김만흠, 1992).

여당의 완승에 크게 기여했다. 예컨대, 기초의회의원 선거 직전의 '청와대 경제대책회의의 생중계 방송', 광역의회의원 선거 직전의 '정원식 총리서리 폭행사건에 대한 집중적인 보도', '야당 후보 공천 과정에서의 금품수수설에 대한 계속된 보도' 등이 그것이다.

넷째, 시국에 대한 불안 심리도 집권여당의 승리에 주효했다. 강경대 군 치사사건을 계기로 연이어 전개된 대규모 시위와 분신사건, 유서 대필사건, 정원식 총리서리 폭행사건 등에서 보듯, 특히 광역의회의원 선거 직전에 현저했던 혼미한 정국이 유권자들의 안정 희구 심리를 자극함으로써 집권여당의 지지를 유도했던 것이다(한정일, 1992; 안청시·김만흠, 1992; 권해수, 1995).

한편, 기초의회의원과 광역의회의원의 직업 분포는 그간의 산업화에 따른 직업구조의 변화가 의원 선거에 투영되었음을 보여준다.* 이를테면, 1950년대와 1960년의 시·읍·면의회의 경우, 농업 종사자가 당선자 전체의 85%를 상회했지만 1991년 기초의회에서 농업 종사자는 약 4분의 1로 대폭 감소했고, 상업과 공업을 비롯한 여러 직종 종사자들의 지방의회 진출이 상대적으로 증가했음을 알 수 있다(〈그림 1-5〉; 김영래, 1991).

지금까지 살펴보았듯이, 1991년 지방선거는 지방자치제의 오랜 동면기를 경과하고 1980년대의 산고를 거쳐 실시된 것이었음에도 불

---

* 우리나라의 산업별 종사자 분포를 보면, 1970년까지도 제조업 종사자와 3차산업 종사자가 각각 13.2%, 35.2%였던 데 비해 농림수산업 종사자의 비중은 전체 취업자의 과반수(50.4%) 정도였다. 하지만 1990년의 직업구조는 1차산업 종사자, 2차산업 종사자 및 3차산업 종사자의 비율이 각각 18.3%, 27.3%, 54.4%로 나타나 산업화에 따른 농업 종사자의 격감과 여타 직종 종사자의 확대 양상을 보였다(노동청, 1974; 노동부, 1994).

그림 1-5 | 1991년 기초의회의원과 광역의회의원 선거 당선자의 직업 분포

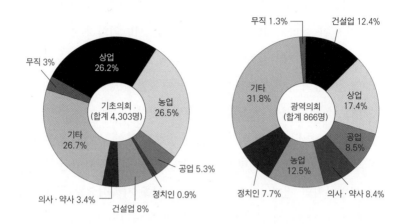

자료: 현대사회연구소, 《한국지방자치연감 1993》(1992).

구하고 그 결과는 여러 측면에서 아쉬움을 남겼다. 지방의회 선거가 유권자들의 관심을 끌지 못했을 뿐만 아니라 호남을 제외한 전 지역에서 집권여당의 압승으로 지방자치단체의 행정부에 대한 견제 내지 통제 기능을 제대로 실현할 수 없게 되는 결과를 보였기 때문이다. 이 같은 상황의 전개에는 야권 인사의 지방자치단체장 진입을 불가능하게 만들었던 노태우 정권의 조치도 일조했다. 노태우 정권은 선거의 법정 선거 공고일 일주일 전에 민자당 주도하에 새로운 법정 기일을 담은 지방자치법 개정 법률안을 국회에서 통과시켰다. 제14대 총선(1992년 3월 24일)과 제14대 대선(1992년 12월 18일)을 앞두고 지방자치단체장 선거 실시에 부담을 느낀 노태우 정권이 마침내 1992년 1월 지방자치단체장 선거 연기를 발표함으로써 단체장 선거

의 법정 기일인 1992년 6월 30일이 정부에 의해 지켜지지 않았던 것이다(유재원, 1994; 이종수, 1995). 결국 노태우 정권에서의 지방자치제는 '임명직'인 지방자치단체장을 '선출직'인 지방의회가 견제하도록 만든 절름발이식 지방자치였다. 선거 결과, 호남을 제외한 모든 지역에서 집권여당이 압승함으로써 그나마 제한된 지방자치의 의의마저도 제대로 살리지 못하는 상황이 조성되었다.

하지만 1992년 대선을 거쳐 1993년 2월 김영삼 정권이 출범하자 총선과 대선 과정에서 '지방자치의 전면적 실시'를 공약했던 집권여당이 지방자치의 전면적이고 즉각적인 실시를 지속적으로 주장해온 야당과 함께 지방자치 관련법 개정 작업에 들어갔다. 여야는 논란 끝에 지방자치단체장 선거를 비롯한 4대 지방선거를 1995년 6월 27일 동시에 치른다는 것을 핵심 내용으로 하는 지방자치법 개정 법률안을 1994년 3월 통과시켰다. 마침내 4대 지방선거의 법적 토대가 마련된 것이다. 같은 해 12월 정기국회에서는 직할시의 명칭을 광역시로 바꾸고, 지방자치단체장의 연속 재임을 3기로 제한하는 규정을 담은 또 한 번의 지방자치법 개정*이 단행되었다(유재원, 1994; 이종수, 1995).

---

* 1994년 12월 20일 개정되어 법률 제4789호로 공포된 지방자치법에 의하면, 지방자치단체는 (1) 서울특별시와 광역시 및 도, (2) 시와 군 및 구(특별시와 광역시의 관할구역 안의 구를 의미함)의 2종으로 대별된다. 광역자치단체와 기초자치단체로 각각 불리는 이들 지방자치단체에는 집행기관으로서의 '지방자치단체의 장'인 특별시장, 광역시장, 도지사, 시장, 군수 및 구청장을 두게 했다. 지방자치법은 또한 지방자치단체에 주민의 보통·평등·직접·비밀선거에 의해 선출되는 지방의회의원들로 구성되는 지방의회를 두도록 했다(현대사회연구소, 1995).

맺음말

지방자치의 토대인 지방선거와 지방자치법 개정 과정은 우리의 지방자치 역사가 중앙정치의 연장선 위에서 일방적으로 전개되어왔음을 보여준다. 이승만 정권은 지방자치를 철저하게 장기집권과 정권 연장의 수단으로 활용했고, 민주당 정권기의 지방자치는 시동 후 불과 몇 개월 만에 군사쿠데타로 중단되는 불운을 겪었다. 박정희 정권은 지방자치제의 시행 근거 자체를 무력화했고, 전두환 정권은 지방자치의 변죽만 울리다 막을 내렸다. 노태우 정권은 지방자치를 경색 정국 타개와 정부·여당의 민주화 이미지 제고를 목적으로 이용했고, 그나마 정권 말기가 되어서야 지방의회의원 선거를 통한 부분적 지방자치를 실시했다. 김영삼 정권 출범 이후 여야의 논란 끝에 4대 지방선거가 1995년 6월 27일 전국적으로 동시에 실시되었다. 본격적인 지방자치 시대가 개막되었던 것이다.

이처럼, 그간의 지방자치는 야당이나 재야의 요구를 반영했다기보다는 주로 집권여당에 의한 정권 유지나 정국 수습을 위한 정략적 차원에서 내용과 시행 여부가 규정되어왔다. 지방자치법의 개정 동기, 거듭된 개정, 저조한 지방선거 투표율 등이 이를 웅변해준다. 특히, 이승만 정권기의 지방자치는 집권세력에 의한 정치적 동원의 성격이 짙었고, 박정희 집권기에는 아예 긴 동면에 들어가기도 했다. 중앙집권적 권위주의 정권은 지방사회에 자치행정과 민주적 정치 공간이 깃들 여지를 가능한 한 허용하지 않으려 했고, 부득이한 경우에도 그 범위를 최소화하고자 했다. 그렇다고 지방의 시민사회가 중앙정부와 정치권에 맞서 지방자치의 이념 실현과 법적·제도적 장치의 마련을 관철시킬 수 있을 만큼 성장한 단계도 아니었다. 1987년 6월 민주화 항쟁을 전후로 전국적으로 시민사회가 활성화되기 시작했지만, 지방자치의 다양한 쟁점을 집중 조명하고, 현실적 대안을 도출하는 성과를 낳기에는 좀 더 시간이 필요했다. 이 같은 정치사회적 환경 속에서 강력한 집권여당은 야당과 시민사회를 억압, 압도하는 가운데 지방자치의 문제에서도 자신의 의지를 주도적으로 관철시켜왔다. 해방 이후 1990년대 중반까지 지난 50여 년간 지방정치 자체의 활성화나 국가적·지역적 수준에서의 민주화 실현 또는 지역사회의 발전과 같은 지방자치의 근원적 목표들이 거의 구현되지 못한 데에는 이런 역사적 배경이 있었다.

이 같은 지방자치의 흐름에서 한자리를 점했던 1990년대 중반 시점에서 무엇보다 절실했던 것은 지방자치 이념의 확고한 재정립이었던 것으로 보인다. 지방분권의 전통과 시도가 미약한 가운데 강요되어온 중앙정부 주도의 국가 발전 이데올로기가 지역 간 불균등 발전과 지방사회의 소외, 그리고 관치행정에 의한 시민사회의 예속 가능성을 심화시켜왔음을 부인할 수 없던 시기였기 때문이다.* 이런 점에서 지역

---

* 여기서 강조하려는 것은 중앙집권체제는 비민주적인 데 반해 지방분권에 기초한 지방자치는 민주화와 지역균형 발전을 보증한다는 식의 탈脫맥락적인 단순 인과론이 아니다. 유럽의 경우, 근대·국민국가로의 통합 초기에 지역사회를 민주화시켰던 것은 지방자치가 아니라 오히려 중앙집권체제로의 보편화였다. 지방 귀족과 유지들이 비민주적으로 지방자치체를 구성해 지역사회를 장악한 가운데 자신들의 기득권 유지를 위한 논리로 내세웠던 것이 지방자치였기 때문이다(김만흠, 1994). 지방자치의 발전 과정과 민주주의 및 지역 발전과의 상호관계는 오랜 지방자치의 전통을 가진 구미 국가들도 나라별로 편차가 적지 않고, 제3세계 국가들은 서구 국가들과 또 다르다는 점에 유의해야 한다. 이에 대한 보다 자세한 논의들을 위해서는 특히 다음 글들을 참조하라. 김만흠, 1994; 윤용희, 1995; 조창현 1991; 장노순, 1994; Edward G. Goetz and Susan E. Clarke, 1993; Chris Pickvance and Edmond Preteceille, 1991; Joachim Jens Hesse, 1991; J. A. Chandler, 1993; Michael

시민과 공동체가 중심이 되어 지방자치의 비전을 공유하고 지역 내외로 확산시키면서 지역 간 연대 전략을 확립하는 것이 당시로서는 가장 시급한 과제였다고 할 수 있다. 그러한 과정에서 일구어질 지방자치 문화의 정착이야말로 개별 지역과 주민이 주체가 되어 지방선거와 지방자치의 여건을 성숙시키고, 지구화·정보화 시대에 적극 대응하면서 '지방화 시대'를 열어갈 첫걸음이었을 것이기 때문이다.

Keating, 1991; Alan Norton, 1994.

2장

6·27 지방선거 결과 분석과
지방자치

문제 제기

우리의 지방자치 역사를 돌아보면, 여기에는 상당 기간 집권세력에 의해 정치적으로 이용되고 왜곡되어온 어두운 역사의 그늘이 드리워 있다. 정부 수립 이후 1949년 7월 4일 지방자치법이 제정되었지만 건국 초의 정세 불안과 치안 유지, 전쟁 등을 구실로 실시되지 않았다. 그러다 첫 지방의회의원 선거가 전시 중인 1952년 급작스럽게 실시되었다. 이유가 있었다. 그것은 당시 이승만 대통령의 직선제 개헌안을 관철시키기 위해 전국적인 민의운동의 구심세력을 확보하려는 정치적 의도에서 비롯된 것이었다. 다시 말해, 중앙정치에서의 세勢 불리로 개헌안에 제동이 걸렸던 이승만 정권은 국회에서의 열세 만회와 이승만의 재선을 위한 정치적 교두보의 한 축을 지방정치 무대에서 구축하고자 했던 것이다. 이승만 정권은 그 뒤로도 지방자치의 이상을 구현하려 노력하기보다는 수차례에 걸쳐 지방자치법을 개정해가며 지방자치제도를 자신들의 정치기반 확충과 정권 연장의 수단으로 활용했다 (전상인, 1992; 이종수, 1995; 손봉숙, 1987, 1991).

주민 직선에 의한 지방의회의원 및 지방자치단체장 선거가 전면적으로 실시된 것은 제2공화국에 들어서서였다. 그러나 6개월도 채 못되어 발발한 1961년 5·16 군사쿠데타로 인해 지방자치제는 '낭비와 부패의 상징'이라는 낙인과 함께 중단되고 말았다(조창현, 1994). 지방행정이 전적으로 중앙정부의 통제를 받던 박정희 정권의 중앙집권 체제 아래서 지방자치는 긴 동면상태에 진입할 수밖에 없었다. 그러던 중 1980년대에 들어 지방자치의 부활 움직임이 다시 싹트기 시작했다. 그 이면에는 물론 그동안 꾸준히 전개되어온 민주화 투쟁의 토대가 있었다.

제5공화국의 집권세력은 국민의 민주화 욕구를 해소하고 정권의 취약한 정통성을 보완하기 위한 수단으로 지방자치에 대한 기대를 자극했다. '1987년 상반기 중 지방자치제 실시'를 약속했던 것이다. 하지만 제5공화국 정부는 그 약속을 끝내 지키지 않았다. 제5공화국의 전두환 정권이 한 것이라고는 정권 말기에 '6·29 선언'을 통해 '지방자치의 조속한 실시'를 다시 선언한 게 전부였다. 그나마 그것은 갈수록 강화되어가던 민주화의 압력과 정권 재창출의 필요성 때문에 취한 조치였다. 제5공화국의 상속자인 제6공화국에서는 지방자치의 실시를 위한 지방자치법의 전면 개정이 이루어졌다. 그러나 여소야대 국회와 3당 합당 정국을 거치면서 지방자치의 실시는 또다시 유보되다 우여곡절 끝에 1991년 결실을 보게 되었다(한국지방자치연감 편찬위원회, 1992; 안청시·김만흠, 1994; 이종수, 1995). 하지만 선거의 측면에서 볼 때, 그것은 지방의회의원 선거에 국한된 반쪽짜리 지방자치제에 불과했다.

이처럼 지방자치의 회복이 지체되고 부분적이었던 이유는 민주화의 중요한 한 쟁점으로 거세게 제기되어온 지방자치의 요구를 거부하기 힘들었던 집권여당이, 지방자치를 실시하되 그 범위를 가급적 축소하고 시기 또한 최대한 연기하고자 했기 때문이다. 그것은 물론 '권력의 공간적 분산'과 직결된 지방자치의 실시가 중앙정부 권력의 약화를 가져올 것을 집권여당이 우려한 데서 비롯된 것이기도 했다. 결국 임명직인 '지방자치단체장에 대한 지방의회의 견제 내지 통제'라는 제한적 의미를 지닌 지방자치제가 1991년 회복되었던 것이다(유재원, 1994; 권해수, 1995; 김장권, 1992). 그렇지만 1991년 지방의회의원 선거는 이 같은 제한된 의미마저 제대로 실현하지 못했다. 기초의회의원과 광역의회의원 선거가 모두 호남을 제외한 전국에서 '집권여당의 압승'으로 막을 내렸기 때문이다. 여러 가지 이유가 있었다. 이를테면, 개혁 지향적인 젊은 유권자 층의 대거 선거 불참, 여당 쪽에 선 언론의 편파적 보도, 연속적인 대규모 시위와 시국 불안으로 인해 발동이 걸린 유권자들의 안정희구 심리, 광역의회의원 공천 과정에서의 금품수수설과 수서비리사건 등으로 인한 야당의 국민적 신뢰감 상실 등이 상대적으로 여당에 반사이익을 안겨주었다(한정일, 1992; 박재창, 1991). 1991년 지방선거 이후 1992년 총선과 대선에서도 '지방자치의 전면적 실시'는 집권여당의 중요 선거 공약의 하나로 강조되었다. 이처럼 지방자치의 내용과 담론은 이승만 정권부터 노태우 정권에 이르기까지 줄곧 정권 연장, 취약한 정통성의 보완, 정국 불안의 타개 등의 용도로 집권층에 의해 동원되었다(유재원, 1994).

해방 50여 년간 집권세력에 의해 왜곡·훼손되어온 지방자치가 그간의 민주화 역량 결집에 힘입어 정상궤도로 진입하는 제도적 틀을 갖추게 된 것은 1995년 6월 27일 실시된 4대 전국동시지방선거에서였다. 6·27 지방선거가 지닌 중대한 역사적 의의는 무엇보다

도 바로 이 점에 있다. 지방의회의원은 물론이고 지방자치단체장까지도 해당 지역 주민들이 직접 선택하여 자신들의 제반 문제를 민주적으로 풀어갈 수 있는 주민자치권이 회복되었기 때문이다. 4대 지방선거가 동시에 치러진 1995년을 '지방자치 실시의 원년'(조창현, 1995)이라고 일컫는 것도 이 때문이다. 새로이 마련된 지방자치의 형식적 틀 속에서 지방자치의 내실을 다지는 데 주력하면서 제도상의 미비점들을 하나씩 보완해갈 수 있는 계기를 비로소 맞이하게 되었던 것이다.

그렇다면, 먼저 짚어보아야 할 것은 6·27 지방선거 결과가 내용적으로도 제도적 측면에서의 획기적인 역사적 의의에 상응하는 성과를 거

두었다고 볼 수 있을까 하는 점이다. 이 장에서는 6·27 지방선거의 주요 결과들을 분석하고, 그에 근거해 당시 시점에서 제기될 수 있었던 지방자치의 주요 발전 과제들을 점검해보려 한다.

다만, 여기서는 6·27 지방선거의 4대 선거 중 주로 광역자치단체장과 기초자치단체장 및 광역의회의원의 3개 선거 결과에 초점을 두었다. 기초의회의원 선거를 주된 분석 대상에서 제외한 이유는 광역과 기초자치단체장 선거에 유권자들의 관심이 쏠린 반면, 기초의회의원 선거는 그에 가려져 거의 주목을 받지 못한 채 치러졌기 때문이다 (김병준, 1995; 《동아일보》, 1995. 6. 28; 《강원도민일보》, 1995. 6. 28). 예컨대, 서울 지역 유권자들을 상대로 한 공명선거실천시민운동협의회의 조사 결과에 의하면, 기초의회의원 후보에 대한 인지도 문항에서 '전혀 모른다'는 응답이 무려 80%였다(《동아일보》, 1995. 6. 24). 물론 서울

사진 2-2 ｜ 서울시장 선거의 민주당 조순 후보 선거유세

자료: 국가기록원.

의 경우에는 광역자치단체장인 서울시장 선거가 전국적 수준에서 봐도 그 어떤 선거보다 언론의 집중적인 조명을 받았고, 기초의회의원 후보들에 대한 관심은 매우 적었다.

다른 지역의 양상도 이와 크게 다르지 않았던 것으로 보인다. 심지어 상당수의 유권자들은 선거 직전까지도 기초의회의원 후보자들의 기호가 특정 정당과 관계없이 추첨으로 배정받은 것임을 몰랐을 정도였다(《한겨레》, 1995. 6. 27). 기초의회의원 선거에서는 정당 공천이 제도적으로 배제되어 있었다. 따라서 이를 정당 공천이 허용된 나머지 3개 선거와 정당정치적 시각에서 동일하게 분석하기는 어렵다. 그러한 분석이 이루어지려면 기초의회의원 당선자들의 정당 내천 여부와 그 내용에 대한 구체적인 정보들이 있어야 한다. 이번 분석에서 기초의회의원 선거를 비중 있게 다루지 않은 것은 이런 점들을 고려했기 때문이다.

6·27 지방선거의 결과 분석

6·27 지방선거의 투표율과 주요 특징

〈표 2-1〉와 〈그림 2-1〉에서 볼 수 있듯이, 총선거인 수 31,048,566명 가운데 21,217,417명이 투표에 참여한 1995년 6·27 지방선거의 전국 평균 투표율은 68.3%였다. 이것은 1991년 기초의회의원 선거 투표율(55.0%)이나 광역의회 선거 투표율(58.9%)에 비해서는 크게 높아진 것이지만 1992년 치러진 14대 대선(81.9%)보다는 상당히 낮아진 것이기도 했다(《한겨레》, 1995. 6. 28).

표 2-1 │ 1995년 6·27 지방선거와 직전 주요 선거들의 지역별 투표율 비교 (단위: 백분율)

	1995년 지방선거	1991년 기초의원 선거	1991년 광역의원 선거	1992년 14대 총선
서울	65.9	42.3	52.4	69.2
부산	66.3	49.7	57.7	69.1
대구	64.0	44.4	53.0	66.5
인천	62.0	42.6	53.9	68.0
광주	64.9	50.8	55.5	70.1
대전	67.0	49.1	59.4	70.1
경기	63.3	52.2	55.4	69.6
강원	74.8	68.7	68.5	78.0
충북	72.7	64.9	65.7	76.0
충남	73.8	67.3	68.9	76.0
전북	73.7	65.2	63.5	74.3
전남	76.1	69.4	65.5	75.4
경북	76.8	70.2	68.7	78.4
경남	73.1	64.5	64.8	77.3
제주	80.5	70.1	74.7	79.6
평균	68.3	55.0	58.9	71.9

자료: 《동아일보》, 1995. 6. 29; 한국지방자치연감 편찬위원회(1992); 강우석 컨설팅그룹(1995)에서 재구성.

6·27 지방선거 투표율은 또한 '역대 총선사상 가장 저조한 기록을 남긴 1992년 14대 총선(71.9%)의 투표율'(박찬욱, 1994; 백종국, 1992) 보다도 낮았다. 1991년 지방선거와는 달리 6·27 지방선거가 지방의회 의원뿐만 아니라 34년 만에 지방자치단체장을 뽑는 선거이기도 했다 는 점을 감안한다면, 68.3%라는 투표율은 그즈음에 실시된 다른 전

그림 2-1 | 1995년 6·27 지방선거와 직전 주요 선거들의 지역별 투표율 추이

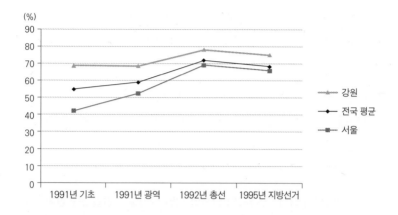

국 선거들에 비해 다소 저조한 성적이었다고 볼 수 있다. 이것은 지방
자치 실시의 근본 취지에 비추어보더라도 우려되는 측면을 내포한 결
과였다. '중앙집권'에서 '지방분권'을 통해 지역 주민들이 지역공동체
의 권력 행사에 가능한 한 많이 참여할 수 있게 하려는 것이 지방자
치이고, 그러한 주민 정치 참여의 첫걸음이 바로 지방선거 참여이기
때문이다. 더구나 본격적인 지방화 시대를 맞아 지방의 제반 정책 과
정에 주민 참여의 활성화와 이를 위한 참여제도의 확충이 절실히 요
구되는 때였다(한정일, 1992; 이승종, 1995). 따라서 낮은 투표 참여율은
그 제고 방안의 적극적 모색이라는 당면 과제를 제기했다.

한편, 1995년 선거의 지역별 투표율에서 발견된 특징 중 하나는
'도저촌고' 현상이었다(김병준, 1995). 즉, 도시 지역은 대체로 투표율
이 낮았고 농촌 지역은 높았다. 이런 경향은 1991년 선거에서는 물론,
1992년 총선에서도 나타난 바 있다. 도저촌고의 특징 속에서 지역별
로는 1991년 기초·광역 선거에서 높은 투표율로 수위를 다투었던 제

주도가 1995년 선거에서도 가장 높은 80.5%의 투표율을 보였다. 그런가 하면, 1991년의 두 선거에서 모두 최하위의 투표율을 보였던 서울은 1995년 선거에서 간신히 이를 모면했다. 서울시장 선거에 언론과 전 국민의 관심이 집중되었음에도 불구하고 1995년 선거에서의 서울 투표율은 전국적으로는 하위권을 벗어나지 못했다.

요컨대, 투표율을 통해 본 6·27 지방선거의 특징은 전반적으로 저조한 투표율과 도저촌고의 투표성향이었다.

6·27 지방선거 결과: 당선자의 연령별·성별·학력별·직업별 분포상의 특징

1995년 1월 5일 개정된 지방자치법에 의하면, '지방자치단체'는 2종으로 대별된다. '특별시와 광역시 및 도' 그리고 '시와 군 및 구'가 그것이다. 이들 지방자치단체에는 집행기관으로서의 '지방자치단체장'인 특별시장, 광역시장, 도지사, 시장, 군수 및 구청장을 두게 되어 있다. 지방자치법은 또한 지방자치단체에 주민의 보통·평등·직접·비밀선거에 의해 선출되는 지방의회의원들로 구성되는 지방의회를 두도록 규정하고 있다(현대사회연구소, 1995).

이러한 규정에 따라 치러진 6·27 지방선거는 광역자치단체장의 경우 정원 15명에 56명이 입후보하여 평균 3.7:1, 기초자치단체장은 정원 230명에 943명이 나서 4.1:1, 지역구 광역의회의원은 정원 875명에 2,448명이 출마하여 2.8:1, 그리고 기초의회의원은 정원 4,541명에 11,965명이 출사표를 던져 2.6:1의 경쟁률을 보였다(김병준, 1995).

당선자들의 특징을 살펴보면 다음과 같다. 먼저 당선자들의 연령별 특징을 살펴보면, 가장 많은 연령대는 모두 50대로서 광역단체장의 80%(12명), 기초단체장의 52.9%(124명), 지역구 광역의회의원의 42.7%(374명), 그리고 기초의회의원의 42.8%(1,939명)를 50대가 점한 것으로 나타났다. 그다음 연령대는 40대로서, 전체적으로 볼 때 평균 30%대의 점유율을 보였다. 당선자들의 성별 분포를 보면, 광역단체장의 경우 여성 당선자는 한 명도 없었고, 기초단체장 중에는 0.4%(1명), 지역구 광역의회의원 중에는 1.4%(13명), 기초의회의원에서는 1.7%(72명)가 당선되었다. 결국 무투표 당선을 제외한 4개 선거 당선 확정자 5,661명 가운데 여성은 86명으로 1.5%에 불과했다. 한편, 당선자들은 전반적으로 고학력자였다. 광역단체장은 15명 중 1명만이 고졸자였고 나머지 14명은 모두 대졸자(8명) 및 대학원 졸업자(6명)였다. 기초단체장은 대졸이 51.7%로 가장 많았고, 그다음이 대학원 졸업자로서 22.6%를 차지했다. 광역의회의원의 경우는 대졸자가 44.5%로서 가장 비중이 컸고, 그다음이 고졸자로서 32%였다. 그런가 하면, 기초의회의원은 고졸자가 43.8%로 가장 많았고, 그다음이 대졸자로 전체의 26%를 차지했다(강우석 컨설팅 그룹, 1995; 《동아일보》, 1995. 6. 29).

당선자들의 직업별 분포를 보면, 광역단체장은 정치인 출신의 비중이 73.3%로 가장 컸고, 기초단체장의 경우는 정치인 32.6%, 농업인 10.0%, 상업 부문 종사자 6.5%의 순이었다. 광역의회의원은 정치인 출신이 23.2%로 가장 많았고, 상업 부문 종사자 14.5%, 농업인 13.1% 순으로 이어졌다. 이 같은 광역의회의원의 직종별 분포는 1991년 광역의회 당선자 중 정치인 7.7%, 상업 부문 종사자 17.4%, 농업인 12.5%와 비교할 때 광역의회에서의 정치인 비중이 상대적으로 커졌음을 보여주었다. 광역의회에 정치인 출신의 진출이 두드러졌던 데 비해, 기초의회에는 농업인과 상업 부문 종사자의 진출이 돋보였다. 즉, 기초의회의원의 경우 정치인 출신은 6.1%에 불과했지만 농업인이 23.2%, 상업 부문 종사자가 19.9%로 각각 1, 2위를 차지했다. 1991년 기초의회의원 당선자의 직업 분포도 마찬가지로 농업인과 상업 부문 종사자가 각각 30.2%, 25.5%로 가장 큰 비중을 차지한 바 있다. 농업인과 상업 부문 종사자에 이어 1995년 기초의회의원 당선자의 직업 분포는 건설업 종사자(7.7%), 정치인(6.0%), 회사원(4.1%), 공업 부문 종사자(2.6%), 약사와 의사(2.2%) 순으로 나타났다. 이처럼 기초의회의원 중에 정치인이 적고 농업인 및 상업 부문 종사자의 비중이 컸던 이유는 기초의회의원 선거에서는 명시적인 정당 공천이 배제되었고, 소규모 농어촌 지역에서 선출된 이들도 많았기 때문인 것으로 보인다(강우석 컨설팅 그룹, 1995; 권해수, 1995; 중앙선거관리위원회 선거통계시스템;《한겨레》, 1995. 6. 29).

6·27 지방선거의 광역·기초자치단체장과 광역의회의원 선거 결과 분석: 지역분할 지배구도, 집권여당의 참패 및 인물론의 가세

1995년 6·27 지방선거에서 국민과 언론의 지대한 관심을 끌었던 광역자치단체장 선거 결과는 〈표 2-2〉와 같다.

〈표 2-2〉, 〈그림 2-2〉에서 볼 수 있듯이, 15개 광역자치단체장 선거의 정당별 분포는 민자당이 부산·인천·경기·경북·경남의 5곳, 민주당이 서울·광주·전북·전남의 4곳, 자유민주연합(이하 자민련)이 대전·충북·충남·강원의 4곳, 그리고 무소속이 대구와 제주의 2곳을 차지한 '5-4-4-2'의 구도로 나타났다. 6·27 지방선거 이전에 실시되었던 총선과 대선 같은 중앙선거 결과*와 유사하게 광역자치단체장 선거에서는

---

* 이를테면, 1988년 4·26 총선에서 민주정의당은 대구의 국회의원 의석 8석 전부를, 통일

표 2-2 | 6·27 지방선거의 광역자치단체장 선거 결과

	후보의 득표율				당선자의 소속 정당
	민자당	민주당	자민련	무소속	
서울	정원식(20.7)	조순(42.3)	–	박찬종(33.6)	민주당
부산	문정수(51.4)	노무현(37.6)	–	김현옥(9.8)	민자당
대구	–	–	이의익(22.1)	문희갑(36.8) 이해봉(21.4)	무소속
인천	최기선(40.8)	신용석(31.7)	강우혁(26.8)	–	민자당
광주	김동환(10.3)	송언종(89.7)	–	–	민주당
대전	염홍철(20.9)	변평섭(10.9)	홍선기(63.7)		자민련
경기	이인제(40.4)	장경우(29.6)	–	임사빈(19.8)	민자당
강원	이상룡(34.2)	–	최각규(65.8)	–	자민련
충북	김덕영(23.3)	이용희(24.5)	주병덕(36.4)	–	자민련
충남	박중배(19.2)	조중연(12.9)	심대평(67.9)		자민련
전북	강현욱(32.9)	유종근(67.1)			민주당
전남	전석홍(26.5)	허경만(73.5)	–	–	민주당
경북	이의근(37.9)	–	박준홍(27.7)	이판석(34.4)	민자당
경남	김혁규(64.0)	–	김용균(36.0)	–	민자당
제주	우근민(32.5)	강보성(24.3)	–	신구범(40.6)	무소속

주1: 입후보자가 3인 이상인 지역은 득표율 순으로 3위 후보자까지만 표기.
주2: 득표율의 단위는 백분율(%).
자료: 《동아일보》, 1995. 7. 1; 강우석 컨설팅그룹(1995)에서 재구성.

민주당은 부산 국회의원 의석 15석 중 14석을, 평화민수당은 광주의 5석 전부와 전남의 18석 중 17석을, 그리고 신민주공화당은 충남의 18석 중 13석을 차지했다. 그런가 하면, 1992년 3·24 총선에서는 민자당이 부산의 국회의원 의석 16석 중 15석과 대구의 11석 중 8석을 획득했고, 민주당은 광주의 6석과 전남의 19석 전부를 얻었다. 한편, 제14대 대선 결과는 김대중 후보와 김영삼 후보로 대변되는 호남 대 비호남의 양분구도로 나타난 바

그림 2-2 | 6·27 지방선거의 광역자치단체장 선거 결과

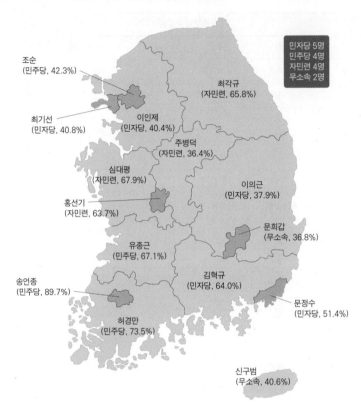

영남권의 민자당, 호남권의 민주당, 충청권의 자민련 지배라는 이른바 3김金의 3당黨에 의한 '지역분할 지배구도'가 재현되었다. 이 같은 특징은 기초자치단체장 선거와 광역의회의원 선거 결과에서도 마찬가지였다. 민자당은 부산을 거점으로 경남·북을, 민주당은 광주에 기반해 전남·북을, 그리고 자민련은 대전을 발판 삼아 충남·북을 거머쥐는 지

있다(조선일보사, 1992: 30, 132; 박찬욱, 1994).

표 2-3 | 6·27 지방선거의 기초자치단체장 정당별 당선자 분포

	당선자의 소속 정당				합계
	민자당	민주당	자민련	무소속	
서울	2	23	-	-	25
부산	14	-	-	2	16
대구	2	-	1	5	8
인천	5	5	-	-	10
광주	-	5	-	-	5
대전	-	1	4	-	5
경기	13	11	-	7	31
강원	9	1	1	7	18
충북	4	2	2	3	11
충남	-	-	15	-	15
전북	-	13	-	1	14
전남	-	22	-	2	24
경북	8	1	-	14	23
경남	10	-	-	11	21
제주	3	-	-	1	4
합계	70(30.4)	84(36.5)	23(10.0)	53(23.1)	230(100.0)

주: 단위는 실수이고, ( ) 안은 백분율(%).
자료: 《동아일보》, 1995. 7. 5.

역할거의 양상을 〈표 2-3〉, 〈그림 2-3〉, 〈표 2-4〉, 〈그림 2-4〉는 분명
하게 보여준다.

　〈표 2-2〉, 〈표 2-3〉, 〈표 2-4〉의 내용을 당선자의 정당을 중심으로
압축하여 재정리하면, 〈표 2-5〉와 같다.

그림 2-3 ㅣ 6·27 지방선거의 기초자치단체장 정당별 당선자 분포

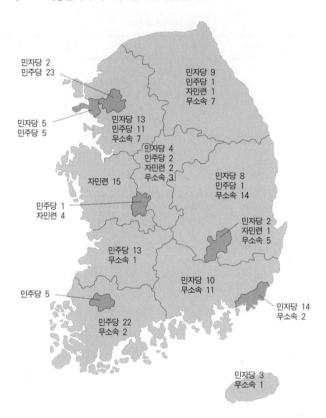

민자당 2
민주당 23

민자당 5
민주당 5

민자당 9
민주당 1
자민련 1
무소속 7

민자당 13
민주당 11
무소속 7

민자당 4
민주당 2
자민련 2
무소속 3

자민련 15

민자당 8
민주당 1
무소속 14

민주당 1
자민련 4

민자당 2
자민련 3
무소속 5

민주당 13
무소속 1

민주당 5

민자당 10
무소속 11

민자당 14
무소속 2

민주당 22
무소속 2

민자당 3
무소속 1

일련의 표와 그림에서 확인할 수 있는 6·27 지방선거의 또 한 가지 특징은 집권여당인 민자당의 참패였다. 민자당은 광역자치단체장 15석 중 3분의 1에 해당하는 5석을 차지하는 데 그쳤다. 게다가 6·27 지방선거의 최대 승부처라고 할 수 있는 서울시장 선거에서 민자당 정원식 후보는 민주당 조순 당선자 득표율의 반에도 못 미치는 초라한 성적을 보였을 뿐만 아니라 서울 시내 44개 선거구 중 단 한 곳

표 2-4 | 6·27 지방선거의 광역의회의원 당선자의 정당별 분포

	당선자의 소속 정당				합계
	민자당	민주당	자민련	무소속	
서울	11(6)	122(8)	–	–	133(14)
부산	50(4)	0(2)	–	5	55(6)
대구	8(2)	0(1)	7(1)	22	37(4)
인천	13(2)	18(1)	–	1	32(3)
광주	0(1)	23(2)	–	–	23(3)
대전	–	0(1)	23(2)	–	23(3)
경기	52(7)	57(6)	–	14	123(13)
강원	27(4)	6(2)	1(0)	18	52(6)
충북	12(2)	10(1)	4(1)	10	36(4)
충남	3(2)	2(0)	49(4)	1	55(6)
전북	0(2)	49(4)	–	3	52(6)
전남	1(3)	62(4)	–	5	68(7)
경북	50(6)	1(2)	2(0)	31	84(8)
경남	52(6)	0(3)	–	33	85(9)
제주	7(2)	2(1)	–	8	17(3)
합계	286(49)	352(38)	86(8)	151	875(95)

주: (   ) 앞의 숫자는 지역구, 광역의회의원, 그리고 (   ) 안의 숫자는 비례대표 광역의회의원 숫자임. 비례대표 광역의회의원의 정수는 97명이나 민주당이 인천과 경북에 1명씩 부족하게 공천하여 당선자는 95명.
자료:《동아일보》, 1995. 7. 1.

에서도 2위를 차지하지 못할 정도로 완패했다. 이 같은 부진함은 선거 기간 동안 여론조사기관들의 조사에서 예상된 것이기도 했다(최장원, 1995;《한겨레》, 1995. 6. 29). 물론 정당 공천이 허용된 3개 선거(광역자치단체장, 기초자치단체장 및 광역의회의원) 모두에서 민자당은 민주당

그림 2-4 | 6·27 지방선거의 광역의회의원 당선자 전체의 정당별 분포

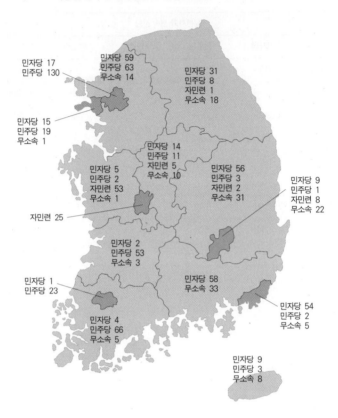

이나 자민련에 비해 득표율에 있어서는 평균적으로 다소 앞섰다. 그로

인해 3개 선거를 종합한 전국 평균 득표율에 있어 민자당은 33.8%로

민주당(30.5%)과 자민련(10.8%)에 비해 우위를 지켰다. 하지만 33.8%

라는 민자당의 득표율은 14대 대선에서 김영삼 후보가 획득했던 42%

에는 물론이고 14대 총선에서 민자당이 얻었던 38.5%에도 미달하는

저조한 기록이었다(박찬욱, 1994; 조선일보사, 1992: 137). 더군다나 기초

표 2-5 | 6·27 지방선거의 정당별 당선자 분포

	광역단체장	기초자치단체장					광역의회의원				
		민자당	민주당	자민련	무소속	선출정수	민자당	민주당	자민련	무소속	선출정수
서울	민주당 (조순)	2	23			25	11 (6)	122 (8)			133 (14)
부산	민자당 (문정수)	14			2	16	50 (4)	0 (2)		5	55 (6)
대구	무소속 (문희갑)	2		1	5	8	8 (2)	0 (1)	7 (1)	22	37 (4)
인천	민자당 (최기선)	5	5			10	13 (2)	18 (1)		1	32 (3)
광주	민주당 (송언종)		5			5	0 (1)	23 (2)		2	25 (3)
대전	자민련 (홍선기)		1	4		5	0 (1)		23 (2)		23 (3)
경기	민자당 (이인제)	13	11		7	31	52 (7)	57 (6)		14	123 (13)
강원	자민련 (최각규)	9	1	1	7	18	27 (4)	6 (2)	1 (0)	18	52 (6)
충북	자민련 (주병덕)	4	2	2	3	11	12 (2)	10 (1)	4 (1)	10	36 (4)
충남	자민련 (심대평)			15		15	3 (2)	2 (0)	49 (4)	1	55 (6)
전북	민주당 (유종근)		13		1	14	0 (2)	49 (4)		3	52 (6)
전남	민주당 (허경만)		22		2	24	1 (3)	62 (4)		5	68 (7)
경북	민자당 (이의근)	8	1		14	23	50 (6)	1 (2)	2 (0)	31	84 (8)
경남	민자당 (김혁규)	10			11	21	52 (6)	0 (3)		33	85 (9)
제주	무소속 (신구범)	3			1	4	7 (2)	2 (1)		8	17 (3)
합계	15	70 (30.4)	84 (36.5)	23 (10.0)	53 (23.1)	230 (100.0)	286 (49)	352 (38)	86 (8)	151	875 (95)

주1: 기초자치단체장 합계란의 ( ) 안의 수치는 백분율(%).
주2: 광역의회의원에 대한 통계의 경우, ( ) 안의 수치는 비례대표 광역의회의원 숫자.
주3: 비례대표 광역의회의원의 정수는 97명이나 민주당이 인천과 경북에 1명씩 부족하게 공천하여 당선자는 95명임.
자료: 《동아일보》, 1995. 7. 1; 강우석 컨설팅그룹, 1995.

자치단체장과 광역의회의원 선거의 경우 민자당은 실제로 획득한 의석 수에 있어 민주당에 뒤처졌으며, '대약진'의 전과를 올린 자민련의 공세에도 대응해야 할 상황에 처하게 되었다. 특히, 서울의 경우 민주당은 25개 기초자치단체장(구청장) 중 23개 단체장을 차지했을 뿐만 아니라 지역구 광역의회의원 133개 의석 중 122개 의석을 장악함으로써 광역자치단체장, 기초자치단체장 그리고 광역의회 의석을 석권했다. 이는 '지역분할 지배구도'와 더불어 '민자당의 참패'가 6·27 지방선거의 또 다른 특징이었음을 대변한다고 해도 과언이 아님을 웅변해준다.

이 같은 민자당의 참패는 3당의 연고지 이외 지역의 선거에서도 확인할 수 있다. 그 대표적인 예가 강원도 선거 결과다. 뚜렷한 지역감정의 표출 없이 역대 선거들을 통해 '만년 여당의 텃밭'으로 간주되어온 강원도에서도 민자당은 참패를 면치 못했다. 예컨대, 백중세를 보일 것으로 예상됐던 도지사 선거에서 민자당의 이상룡 후보는 도내 18개 시·군에서 춘천, 홍천, 양구 3곳을 제외한 15개 지역 모두에서 자민련의 최각규 후보에게 패했다. 최각규 후보는 65.8%의 득표율로 영동은 물론 영서 지역에서도 대체로 고른 지지를 받는 데 성공함으로써 34.2%를 얻은 이상룡 후보를 거의 2배 가까운 큰 격차로 따돌렸다. '강원도 푸대접·무대접론'이 '반민자 정서'로 이어져 강원도민의 대다수가 야당 후보를 선택했던 것이다. 물론 여기에는 이 후보에 비해 인물론에서 앞선 최 후보의 경력도 일조한 것으로 판단된다(《강원일보》, 1995. 6. 29).*

이처럼 민자당, 민주당, 자민련의 확고한 연고지를 제외한 대부분의

---

* 강원도 지방선거 결과에 대한 좀 더 자세한 내용은 이 책의 3장을 참고하라.

지역에서 집권여당이 열세로 내몰린 6·27 지방선거 결과는 전국적으로 이른바 '반민자 정서' 내지는 '반김영삼 정서'가 폭넓게 자리 잡고 있었음을 보여주었다. 심지어 민자당도 자체 분석한 지방선거 패인에 관한 청와대 보고서에서는 '지역감정의 폐해'를 강조했던 당의 공식발표나 청와대의 종래 시각과는 달리 선거 패배의 첫째 요인이 '민심 이반民心離反'에 있었음을 자인했다(《동아일보》, 1995. 7. 1).

6·27 지방선거 결과는 지역주의적 투표 경향에 따른 지역분할 지배구도의 재현, 민심 이반에 의한 민자당 참패라는 특징과 더불어 인물론이 가세한 투표였다는 점에 주목할 필요가 있다. 즉, 여러 투표 유형 중 '정당의 영향력에 인물론이 가세된 투표 유형'을 여러 곳에서 발견할 수 있다는 것이다. 그 대표적인 경우가 서울시장 선거다. 특정한 지역 연고권을 내세우기 힘들었던 서울시장 선거에서는 선거운동 기간 중 줄곧 '반민자 정서'로 인한 야당과 무소속 후보의 우세가 여러 여론조사에서 드러난 바 있다. 조순 민주당 후보에게 승리를 안겨다 준 정당의 영향력에는 '반민자 정서'뿐만 아니라 김대중 당시 아태재단 이사장의 연이은 대규모 호남권 유세와 김종필 자민련 총재의 조순 후보 지지 선언이 있었다. 즉, 김대중 이사장이 전주와 광주에서 펼쳤던 대규모 민주당 지원 유세가 서울에서도 '김 이사장 지향의 부동표'를 조순 후보 쪽으로 몰리도록 작용했고, 서울에 자당 후보를 내지 못했던 김종필 총재가 선거 막바지에 조순 후보를 지지한 것도 조 후보의 승리에 일정 부분 기여했던 것으로 평가된다(《한겨레》, 1995. 6. 29; 서명숙, 1995). 그런 가운데 주요 여론조사에서 선거 기간 초반에 1위를 달렸던 무소속 박찬종 후보의 지지도는 후반으로 갈수록 하강세를 보이고 조순 후보가 상대적으로 상승세를 탄 데에는 유권자들

의 후보 선택에 '후보자의 인물론'이 가세했기 때문이었던 것으로 해석된다. 왜냐하면 계속 선전善戰하던 박찬종 후보 진영이 크게 동요한 것이 '서울방송토론' 직후부터였기 때문이다. 이 토론회에서 조순 후보 측은 박 후보의 '유신 전력'을 집중 부각시킴으로써 '신뢰감을 주는 인물'과 '신뢰할 수 없는 인물'이라는 '인물전의 구도'로 막판 선거전을 몰고 갔다. 미디어리서치의 조사는 6월 12일 38.6%였던 박 후보의 지지도가 서울방송토론 직후인 6월 21일 30.7%로 8%포인트나 급락했음을 보여주었다(오민수, 1995; 《한겨레》, 1995. 6. 29). 이와 같이 서울시장 선거는 서울 유권자들의 지역 변수와도 어느 정도 연계된 여야의 강력한 정당 영향력을 기저로 하면서 '인물'이라는 변수가 가미된 유형의 선거로 치러졌다고 볼 수 있다.

정당에 기초한 지역분할 구도로 인해 결국 패배하기는 했지만 그런 가운데서도 '인물'이라는 변수와 결합된 투표 유형은 일부 광역자치단체장 선거에서도 발견할 수 있었다. 부산의 노무현 후보(민주당), 대전의 염홍철 후보(민자당), 충북의 김덕영 후보(민자당), 전북의 강현욱 후보(민자당) 등이 이에 속한다. 노무현 후보는 김대중 이사장의 '지역등권론' 발언과 선거 지원유세 개시로 강화된 부산의 '반DJ 정서'로 인해, 그리고 강현욱 후보 역시 김 이사장의 전주 지원유세 등으로 전북에 불어닥친 민주당 바람으로 인해 함몰되고 말았다. 또한, 염홍철 후보나 김덕영 후보는 김종필 총재의 '충청도 핫바지론'을 필두로 충남과 대전 지역을 강타한 자민련 강풍에 휘말려 속절없이 무너졌다(《동아일보》, 1995. 6. 29; 임호영 외, 1995). 비록 지역주의의 두터운 방어벽을 허물지는 못했지만 이들의 성적표는 지역주의의 압도적인 영향하에서도 인물에 대한 고려가 유권자들의 선택에 실제로 크게 작용했고 앞으로 파괴력 있는 변수가 될 수 있음을 입증해주었다.

지금까지 살펴본 바와 같이, 6·27 지방선거 결과는 지역분할 지배구도의 재현, 집권여당인 민자당의 참패 및 적잖은 지역에서의 인물론 가세라는 특징으로 귀결되었다. 또한 6·27 지방선거 결과는 새로이 복원된 지방정치를 '여소야대'의 구도로 출발하게 했다.

정당별 세력 분포에 따른 지방정부의 유형과 지방자치의 발전을 위한 과제

앞서 점검해본 3개 지방선거에서의 정당별 세력 분포를 종합해보면, 당시 지방정부의 형태들 중 특징적인 것은 세 가지 유형으로 대별 가능했던 것으로 보인다. 각 유형이 지닌 특징과 그것이 지방자치에 있어 갖는 의미와 과제를 되짚어보면 다음과 같다.

첫째, '1당 지배 유형'이다. 이 유형은 다시 두 가지 형태로 나뉠 수 있다. 우선, 서울, 광주, 전남, 전북의 4곳(민주당)과 대전, 충남의 2곳(자민련)에서와 같이 광역자치단체장과 기초자치단체장 및 광역의회를 모두 '야당이 독점한 형태'다. 이를테면, 자민련은 충남 지역에서 광역자치단체장은 물론 기초자치단체장 15석 전부, 그리고 지역구 광역의회의원 55석 중 49석을 차지했다. 그런가 하면, 민주당은 광주에서 광역자치단체장과 기초자치단체장 5석 및 지역구 광역의회의원 23석 모두를 휩쓸었다(〈표 2-2〉, 〈표 2-3〉, 〈표 2-4〉). 한편, 부산은 1당 지배 유형에 속하면서도 '여당이 위의 3개 선거를 독점한 형태'다. 즉, 민자당은 부산에서 광역자치단체장을 포함하여 기초자치단체장 16석 중

14석과 지역구 광역의회의원 55석 중 50석을 획득했다. 이들 지역 중 투표 과정에서 인물론이 크게 부각된 서울을 예외로 한다면, 그 나머지 지역들은 '지역주의적 투표성향'으로 인해 이와 같은 유형이 도출되었던 사례라고 볼 수 있다. 이른바 '1자형1字型 투표경향'이 두드러졌던 '3당의 텃밭'에서 나타났던 유형이다.

이들 지역에서는 결국 유권자들의 후보 선택이 기본적으로 각 정당의 이념이나 정책 또는 후보자의 개인적 역량 등에 대한 합리적 판단보다는 거의 맹목적일 정도로 '지역주의(지역감정)'에 근거해 이루어졌다는 인상을 떨치기 어렵다. 그간의 총선과 대선 과정에서 한국 정치의 민주화를 위해 극복되어야 할 주된 과제의 하나로 계속 지적되어온 지역주의적 투표성향(이내영, 1995)이 6·27 지방선거에서도 재현된 셈이다. 따라서 여기서 제기되었던 시급한 과제는 정당 간의 정책 대결 또는 이념 대결, 후보자의 역량 겨루기가 당락의 관건이 될 수 있게 중앙정치 수준에서 지역주의적 정당 색채의 일대 쇄신과 지방선거에 대한 유권자들의 인식 전환의 필요성이었다고 할 수 있다.

지방자치와 관련지어 볼 때 이 과제가 갖는 의미의 근거는 다음과 같은 두 가지 측면에서 찾을 수 있다. '지역 주민들의 의사를 민주적으로 결집하고 나아가 대안을 마련하는 것'이 지방자치(조창현, 1995)라는 점에서 지방선거에서도 정당 참여가 불가피하다면, 유권자들이 지역주의를 탈피한 상태에서 각 정당의 이념과 정책을 객관적으로 평가할 수 있어야 한다는 것이다. 또 다른 근거는 지방정치의 쟁점과 과제들이 지역적 성격을 강하게 지닌다는 점에서 이를 제대로 해결해갈 수 있는 후보의 경륜과 역량이 선택 기준이 되어야 한다는 것이다.

요컨대, 6·27 지방선거는 이러한 두 가지 측면에 바탕을 둔 투표가 이루어질 수 있는 여건을 신속하게 조성해야 함을 일깨워주었다. 다시 말해, 지방자치의 지평을 확장하기 위해서는 지역 주민들이 공감할 수 있는 이념과 경륜을 체화한 지역 대표들을 지방정치의 무대에 세우는 것이 급선무임을 선거 결과를 통해 보여주었던 것이다.

다른 한편, 야당 일색의 1당 지배 유형과 여당 일색의 1당 지배 유형은 지방자치와 관련해 다음과 같은 공통된 의미와 그 나름의 구별되는 과제를 동시에 내포하고 있었던 것으로 보인다. 지역 내적인 측면에서 보자면, 1당 지배 유형은 지방자치단체 내의 집행기관과 지방의회가 동일한 정당 배경을 갖기 때문에 긴밀한 공조체제하에 원활한 자치단체 운용이 가능하다는 장점이 있다. 광역자치단체와 기초자치단체 간의 협력은 물론 광역자치단체와 광역의회 간의 관계도 매우 긴밀해질 수 있기 때문이다. 하지만 이 유형은 우리의 지방자치단체 구성 원리에 비추어볼 때 지방자치의 의미를 크게 훼손할 우려가 있다. 우리의 지방자치단체는 지방자치단체 내의 집행기관과 의회가 상호 견제와 균형을 통해 지방자치의 이상을 실현해가도록 '기관대립형' 형태(안청시·김만흠, 1994)를 취하고 있기 때문이다. 이런 점에서, 이와 상치되는 1당 지배 유형에서는 집행기관과 의회 간에 원래 기대됐던 견제와 균형의 기능이 약화되고, 이들 간의 유착과 그에 따른 권력 남용 및 부정·부패의 소지도 그만큼 커질 수밖에 없다(《동아일보》, 1995. 6. 29;《강원도민일보》, 1995. 7. 4). 그로 인해 지방자치의 의의는 실종되고 지방자치단체와 지역 주민 간의 괴리도 심화되기 쉽다. 이런 유형에서 야기되는 위험을 차단하려면 지방자치단체의 행정과 의원들의 의정 활동에 대한 강력한 견제·감시 기능을 감당할 방안을 별도로 모색해야 하는 수밖에 없다. 지방자치단체의 양대 축이 제 기능을 다하지 못할 가능성의 증대로 인해 지역사회가 떠안아야 할 이중부담이 자 '기회비용'이 더 커지는 셈이다. 이런 점들이 1당 지배 유형에서 야 기될 수 있는 공통된 장단점들이다.

6·27 지방선거 결과는 1당 지배 유형이 여당형인지, 아니면 야당형 인지에 따른 차이점과 그에 수반되는 상이한 과제에 대해서도 시사하 는 바가 있었다. 여당이 지방정치마저 독점하는 여당형 1당 지배 유형 은 지방정가와 중앙정부 간의 관계는 원만하겠지만 지방정치의 중앙 정치 예속 가능성을 높이게 된다. 다시 말해, 특정 정당의 지역 독점 으로 인해 중앙정치의 입김이 전혀 걸러지지 않고 지방정가에 그대로 투입되어 지방자치의 의미를 왜곡시킬 위험성이 이 유형에는 상존해 있다는 얘기다. 그로 인해 지방자치의 의미도 희석될 소지가 커짐은 물론이다. 앞서 지적했듯이, 중앙정치와 긴밀한 연결고리를 갖는 지방 정치에 대한 시민사회의 견제 부담도 그 어떤 유형보다 커질 수 있다.

야당에 의한 1당 지배 유형은 여당에 의한 그것과는 또 다른 과제 를 제기한다. 지방정부와 중앙정부 간의 갈등이 그것이다. 물론 지방 자치의 실시에 의해 지방정치의 공간이 마련되었다는 것 자체가 중앙 정부와의 갈등을 전제한다. 이런 관점에서 보면, 특히 야당 일색의 지 방자치단체가 중앙정부와 마찰을 일으킬 가능성은 그 반대의 경우 보다 훨씬 클 것으로 예상된다. 이런 상황에서는 중앙정부와의 관계 에서 고도의 정치력을 발휘할 수 있는 역량 있는 인물의 발굴이 더욱 절실해진다. 물론 이런 논리가 지방선거에서 자당 후보의 지지를 호소 하는 집권여당의 전략으로 오용되어서는 곤란하다. 요컨대, 이 유형에 속하는 자치단체장들의 과제는 지방의회와의 긴밀한 연계 아래 중앙 정부와의 관계에서 정치적 교섭 역량을 키워가야 한다는 것이다. 또 지방의회는 자치단체장과의 협력체계를 구축하면서도 사안에 따라서는 지역 주민의 이익을 대변한다는 관점에서 지방행정부에 대한 자율적 견제력을 행사할 수 있어야 한다. 이런 유형에서는 지역사회의 제반 문제에 대한 책임의 상당 부분이 종래처럼 중앙정부의 몫이라기보다는 지방정치의 중심축이 되어버린 의회의 몫이 될 수밖에 없기 때문이다.

둘째, '여·야 대치 유형'이다. 좀 더 구체화하면, 이 유형도 두 가지의 세부 유형으로 대별된다. 우선, 인천과 경기의 경우처럼 광역단체장에는 여당인 민자당 후보가 당선되고 기초단체장과 광역의회의원 의석에서는 야권이 다소 앞선 유형을 들 수 있다. 또 다른 하나는 강원과 충북의 경우와 같이 광역단체장에는 야권인 자민련이 자리 잡고, 기초단체장과 광역의회에서는 야권 인사들이 보다 많이 포진한 유형이다(〈표 2-2〉, 〈표 2-3〉, 〈표 2-4〉; 《동아일보》, 1995. 6. 29). 여야 간에 상호 견제와 균형이 가능한 세력 대치 구도로 짜인 이 유형은 '기관대립형'인 우리의 지방자치단체 구성 원리에 부합되는 형태가 현실화된 경우라고 할 수 있다. 따라서 이것은 이에 내포된 강점을 제대로 살린다면, 지방정치와 지방행정의 활성화를 통한 지방자치의 이상 실현에 가장 유리한 형태라고 볼 수 있다. 뿐만 아니라 이 유형은 지방정치와 중앙정치 간의 상호 견제와 균형을 통한 지역적·국가적 발전을 기대할 수 있는 형태이기도 하다. 지방자치단체든 중앙정부든 어느 한쪽의 독주가 여야 간의 세력 분포상 거의 불가능하기 때문에 현실적으로 상호 타협과 협조를 바탕으로 국정을 꾸려갈 수밖에 없기 때문이다.

물론 지방자치단체장의 정당 배경과 지방의회의 주도적 정파의 배경이 다름으로 인한 갈등과 대립의 소지가 큰 것도 사실이다. 하지만 지방 정치인의 직선제가 제도화된 단계에서는 자치단체장과 지방의회의원들이 자신들을 선택했고 지속적으로 재평가할 힘을 가진 '주민'이라는 '큰 통제의 틀'을 염두에 두지 않을 수 없기 때문에 '보다 큰 이익들'에 관해 협력할 가능성이 늘 있게 마련이다(권해수, 1995). 하지만 이 유형이 지닌 이러한 의미가 충분히 현실화될 수 있도록 하기 위해서는 우리의 경우 '선진적 정치문화의 실현'이라는 보다 근본적인 정치적 과제의 해결을 위한 지속적이고 심도 있는 노력이 경주되어야 한다. 예컨대, 정치적 기반의 확충과 강화를 위해 지역감정을 부추겨 온 정치 지도자들의 퇴진과 민주적 정당으로의 정당 체질의 개선, 지역주의적 정당에서 정책·이념 정당으로의 개편, 지방 정치인들의 자질 향상, 지역주의적 투표성향의 극복을 위한 유권자들의 정치의식 수준의 향상과 정치적 관심의 제고, 지방자치의 의미에 대한 정부 및 사회단체 수준에서의 전 국민적 홍보와 인식의 확산 등이 그것이다.

셋째, '무소속 강세 유형'이다. 이는 선거 이전에 이미 예상된 바와 같이 대구와 제주에서 나타난 유형이다(《동아일보》, 1995. 6. 6). 대구의 무소속 후보들은 광역자치단체장인 대구시장은 물론이고 기초자치단체장 8석 중 5석, 지역구 광역의회의원 37석 중 22석을 획득함으로써 기존 정당들에 비해 뚜렷한 강세를 보였다(임호영 외, 1995; 〈표 2-2〉, 〈표 2-3〉, 〈표 2-4〉). '1번은 빼고 찍자'는 유권자들의 투표 형태가 현실로 드러난 대구 선거 결과는 '반민자 정서' 자체였다. 일례로, 남구의 민자당 후보였던 이규열 前 남구청장은 압승의 예상을 깨고 무소속의 이재용 후보에게 갑절의 차이로 대패했다. 또 14대 총선 당시 전체 3개 지역구에서 기존의 정당 후보들이 모두 낙선하고 무소속 후보들이 당선되었던 제주에서는 6·27 지방선거에서도 무소속 강세

를 입증했다. 무소속 후보들은 광역자치단체장을 차지했고, 기초자
치단체장 4석 중 1석, 그리고 지역구 광역의회의원 17석 중 8석을 획
득했다(임호영 외, 1995; 〈표 2-2〉, 〈표 2-3〉, 〈표 2-4〉). 제주는 '섬 지역'이
라는 특수성으로 인해 정당과 관계없이 인물 중심의 투표성향을 띰
으로써 전통적으로 역대 선거에서 무소속 강세 지역으로 꼽혀왔다.
하지만 6·27 지방선거에서는 반민자 정서도 크게 작용했던 것으로
분석된다. 이를테면, 민자당의 연이은 실정失政 외에 반민자 정서를
가장 크게 야기한 지역적 특수성을 지닌 실정은 감귤 수입 개방이
었다. 감귤 산업은 재배 농가가 도내 인구의 30%를 차지하고 있었고
도내 농업 총수익의 66%를 점하는 주요 산업이었기 때문이다(임호영
외, 1995).

이처럼 대구와 제주에서 나타난 무소속 강세는 정당정치의 시각에
서 볼 때 정부·여당에 대한 비판의 의미도 있었지만 다른 한편으로는
기존의 야당에게도 수권 정당으로서의 의미를 부여치 않는다는 비판
적 함의를 지닌 것이었다. 물론 대구의 무소속 강세 경향에는 제주와
는 달리 이른바 'TK 정서'라 일컬어지는 지역감정적 요소가 내재해
있었음을 부인하기 어렵다.

6·27 지방선거에서 나타난 이런 유형의 선거 결과는 무엇보다도 정
당정치라는 대의제 정치의 회복을 중요한 향후 과제로 제기했다고 볼
수 있다. '선진적 정치문화의 실현'을 위해 앞서 예시한 것들 가운데 중
앙과 지방의 정치인들이 주목해야 할 다각적인 자구적 노력들이 이
맥락에서 매우 요긴했음은 물론이다. 이와 함께 이들 지역의 유권자
들이 '정당을 통한 지방정치의 활성화'가 지방자치의 성공적인 정착과
지속적인 발전에 보다 효율적이라는 인식을 공유하고 정당의 정책과

그 후보들의 인물됨을 주의 깊게 살펴보려는 자세도 필요했던 것으로 보인다.

맺음말: 6·27 지방선거의 의미와 과제

6·27 지방선거는 지방자치단체장과 지방의회의원을 해당 지역의 주민들이 직접 선출하는 선거제도의 전면 도입이라는 점에서 지방자치사의 새로운 지평을 열었다고 평가할 수 있다. 30년 만에 기초의회의원과 광역의회의원을 다시 직접선거로 뽑은 1991년 지방선거에 이어 1995년 지방선거는 지방자치단체장의 주민 직선제를 추가함으로써 명실상부한 지방자치의 제도적 기반을 구축했던 것이다. 이 같은 획기적 의의에도 불구하고 6·27 지방선거 결과는 당시 정국의 문제점들을 지적함과 동시에 힘겹게 풀어가야 할 지난한 과제들을 제기했다.

6·27 지방선거는 무엇보다도 우리의 정치 발전에 있어 커다란 걸림돌로 간주되어온 '지역주의'의 문제점을 재확인해주었다. 그동안 '호남 대 비호남 구도'로 일컬어진 '지역주의'라는 난치병이 6·27 선거 결과 빚어진 3당에 의한 3갈래의 지역분할 구도로 인해 불치병의 수준으로까지 깊어진 것은 아닌가 하는 우려를 자아냈다. 그간 두드러진 정치적 지역감정을 보이지 않았던 충청도 지역이 가세하면서 우리의 지역주의 또는 지역감정은 더욱 복잡한 양상으로 비화되었다. 그로 인해 치유의 전망 또한 더욱 심각한 난맥상을 드러냈다. '지역주의적 투표 성향'에 따른 지역분할 구도는 6·27 지방선거의 특징 중 하나이자 극복해야 할 과제임이 더욱 분명해졌다. 상당수의 지역이 지역적 정당의

볼모가 됨으로써 정당정치의 본질적 의미는 물론 지방자치의 근본 취지가 훼손될 가능성도 그만큼 커졌던 것이다. 정당의 정책, 이념, 후보의 인물됨보다는 지역감정을 부추기는 바람몰이로 지역 연고에 기초한 전근대적 정치세력화에 혈안이 되었던 중앙정치권이나 이에 부화뇌동한 유권자들이 모두 깊이 반성하고 각성해야 할 부분이 있음을 6·27 지방선거는 보여주었다.

김대중·김종필 양 김씨를 중심으로 한 야권은 6·27 지방선거에서 자신들의 지역적 후광에 힘입어 정치적 재기에 성공했다. 하지만 그러한 성공의 상당 부분은 한편으로는 망국적인 지역감정의 유령을 부활시킨 데 기인한 것이었고, 또 다른 한편으로는 야당의 노력보다 집권여당의 실정에 따른 반사이익에서 비롯된 결과였다. 따라서 6·27 지방선거에서 승리한 야권에게 주어진 과제는 지방정치에서 조성된 '여소야대'의 유리한 정국 구도를 중앙정치의 세력 확장을 위한 도구로 이용하기보다는 지방자치제 자체의 성공적인 정착을 위해 활용해야 한다는 것이었다. 중앙정치적 시각에서 본다면, 야권이 6·27 지방선거에서의 승세를 몰아 연이어 전개될 15대 총선 및 대선을 통해 중앙정치 무대에서 집권여당이 될 꿈을 키워나감은 당연한 것이었다고 볼 수 있다. 그렇지만 그 방법 또한 앞서 언급한 것처럼 지방정치 자체를 성숙시켜가는 관점에서의 전략이 필요했다. 그런 방향에서의 지속적인 노력과 역량 발휘로 지방자치에서의 가시적 성과들을 축적해가야 야당의 수권정당으로서의 면모도 유권자들 사이에서 자연스럽게 각인될 수 있었을 것이기 때문이다. 집권여당의 중앙정치적 실정이 6·27 지방선거의 주된 패인의 하나였듯이, 지방정가에서 우위를 차지한 야권이 그 역할을 제대로 감당하지 못할 경우에는 6·27 지방선거에서의 승리가 향후 역으로 중앙정치에서의 주된 패인이 될 위험도 배제할 수 없었음은 물론이다.

한편, 6·27 지방선거 결과는 집권여당에게도 여러 가지 중요한 함의를 제공했던 것으로 보인다. 우선 집권여당은 6·27 지방선거의 주된 패인이 그간의 국정운영에서 노정된 실정에 있었음을 냉정하게 인식해야 했다. 이를테면, 농민층과 일반 국민의 불만을 야기한 북한 쌀 지원 과정에서 드러난 대북정책 추진 과정의 미숙함, 노동계와 종교계의 반발을 산 한국통신 노사분규 강경진압 조치, 개혁 방법론상의 문제점 등이 그것이다(《동아일보》, 1995. 6. 29; 김당, 1995; 허광준, 1995). 이와 함께 정부와 여당이 직면해야 했던 과제는 막 새롭게 시동을 건 지방자치의 제도적 정착을 위해 필요한 중앙정부의 역할에 최선을 다하려는 입장을 확고히 하는 것이었다. 그 출발점이 지방자치와 지방자치단체를 바라보는 중앙정부의 인식 전환에 있었음은 재론의 여지가 없다. 다시 말해, 중앙정부와 여당은 '중앙집권적 국가운영 방식'보다는 '분권적 국가운영 방식'이 거대하고 다원화된 현대사회에서 지역적·국가적 발전에 보다 효율적이라는 관점을 정립할 필요가 있었던 것이다. 그래야 '중앙권력의 분권화'도 점차 현실화될 개연성이 커질 것이기 때문이다(이달곤, 1995; 안청시·김만흠, 1992).

6·27 지방선거 결과 분석에서 드러난 문제점들 가운데 시급한 대안 마련이 요구되었던 것은 지방의회의원 선거에 대한 무관심, 여성의 저조한 지방정계 진출, 지방 정치인들의 편중된 직업 등이었다. 이와 관련하여 당시 제시되었던 방안이 지방의회에서의 '여성 쿼터제' 도입, 자치단체장 선거와 지방의회의원 선거의 분리 실시, 지방의회제도를 비롯한 지방자치제도 자체에 대한 홍보 방안의 제도화, 지방의회의원

의 전문성 강화를 위한 의정활동비의 현실화 및 광역의회의 유급보좌
관제 도입 등이었다(권해수, 1995; 정인학, 1995; 박재창, 1995; 《강원도민일
보》, 1995. 6. 28). 이 같은 무수한 논의들은 중앙과 지방의 정치인들이
중앙과 지방 정치의 상호 보완관계 속에서 지역과 국가의 균형적·민
주적 발전을 도모해야 할 새로운 도전에 직면했음을 시사하는 것이기
도 했다. 6·27 지방선거의 의미와 과제에 대한 진지한 성찰이 그 출발
점이었음은 분명해 보인다.

제2부

강원도지사 선거와
도민의 정치의식

3장

강원도지사 선거와 도민의 정치의식
: 제1~4회 전국동시지방선거 분석

머리말

민주주의를 지향하는 사회에서 해당 사회구성원들의 정치의식 수준은 정치뿐만 아니라 사회 전체의 민주화 수준을 좌우하는 결정적인 변수가 될 수 있다. 국가의 민주적 발전을 여망한다면, 반드시 이해하고자 애써야 할 측면이 바로 유권자들의 정치의식인 것도 이 때문이다. 이 같은 원리는 일정한 지리적·행정적 범위를 갖는 지역공동체에 대해서도 마찬가지로 적용된다. 그렇다면, 강원도민의 정치의식은 과연 어떤 내용을 담고 있을까?

이 물음에 대한 구체적인 답변을 찾아 나서기에 앞서 우리가 해

야 할 일차적인 작업은 연구 방법론, 연구 대상, 연구 범위 등을 둘러
싼 논의다. 그중에서도 가장 기본적인 것은 정치의식을 어떻게 파악
할 수 있겠는가 하는 문제다. 여기에는 두 가지 접근 방법이 있을 수
있다. 유권자를 대상으로 직접 설문조사를 실시하는 것과 선거 결과
통계를 분석해 의미를 도출해내는 방식이 그것이다(김종표, 2006). 제
각각 장단점이 있겠지만 이 글에서는 현실 여건상 후자의 방법을 사
용하고자 한다.

　그러면, 어떤 선거 결과를 분석 대상으로 삼아야 할까? 지방선거
는 대통령 선거, 국회의원 선거와 함께 우리나라의 주요 선거를 구성
하는 한 축이다. 지방선거는 다시 광역자치단체장 선거, 기초자치단체
장 선거, 광역의회의원 선거, 기초의회의원 선거의 4개 유형으로 세분
화된다. 따라서 유권자들의 정치의식은 원론적으로는 이러한 개별 선
거들의 결과와 더불어 그것들 간의 종합적인 비교·분석의 과정을 거
쳐야 전체적인 윤곽을 포착해낼 수 있다. 하지만 강원도 유권자로 분
석 대상을 한정할 경우에도 여러 선거 유형을 한꺼번에 다루는 것은
너무 방대한 작업이기 때문에 여기서는 강원도에서의 지방선거, 특
히 강원도지사 선거를 중심으로 강원도민의 정치의식을 짚어보고자
한다. '4대 지방선거' 중에서도 광역자치단체장 선거에 초점을 두는 까
닭은 무엇보다도 다른 유형의 지방선거보다 유권자들의 관심이 집중
되는 광역자치단체장 선거*를 통해 도민의 정치의식을 폭넓게 이해할

---

* 일례로 한국갤럽이 제2회 지방선거 일주일 전에 실시한 유권자 의식조사 결과에 의하면,
당시 4대 지방선거 유형 중 유권자들이 가장 관심을 가졌던 선거는 제1회 지방선거 때와
마찬가지로 광역자치단체장 선거였다. 즉, 유권자의 55.9%가 광역자치단체장 선거에 가장
관심이 많다고 응답했다(한국갤럽, 1999: 137-138).

수 있다고 보았기 때문이다. 또 '도道' 단위에서의 일반적인 유권자의 식은 소지역별 특성을 어느 정도 반영하게 마련인 기초자치단체장 선거나 국회의원 선거보다는 광역자치단체장 선거에서 보다 분명하게 드러나리라는 인식도 분석 대상의 선택 과정에 작용했다.

그러면, 어느 시기의 강원도지사 선거를 분석하는 것이 강원도민의 정치의식의 특징과 흐름을 이해하는 데 도움이 될까? 물론 제1회부터 최근의 7회 전국동시지방선거까지 모두 살펴보는 것이 정답이다. 다만, 편의상 3장에서는 1995년 제1회 전국동시지방선거부터 1998년 제2회 전국동시지방선거, 2002년 제3회 전국동시지방선거, 그리고 2006년 제4회 전국동시지방선거*까지 네 차례에 걸친 지방선거를 집중적으로 검토하고, 제5회 이후의 전국동시지방선거와 보궐선거 등은 4장과 5장에서 다루어보려 한다. 이 장에서 분석의 출발점을 6·27 지방선거에 맞춘 까닭은 처음부터 왜곡된 지방선거의 궤적을 보여온 우리의 지방선거사**에서 적어도 외형적으로나마 지방자치의 새 장을 연 것은 바로 1995년 지방선거라고 볼 수 있기 때문이다.

요컨대, 3장의 기본 목적은 1995년부터 2006년까지 4회에 걸쳐 실시된 강원도 지방선거, 특히 강원도지사 선거 결과에 대한 분석을 통해 강원도민의 정치의식의 일면을 탐색해보는 데 있다. 여기서는 이를 위해 강원도민의 정치의식에 관한 선행연구 결과들을 비롯해서 중앙

---

* 1995년 지방선거부터는 광역자치단체장, 기초자치단체장, 광역의회의원, 기초의회의원 등을 뽑는 4대 선거를 같은 날 동시에 실시하게 되어 회수 앞에 '전국동시지방선거'라는 명칭이 붙었다. 이에 대한 이해를 전제로 '전국동시지방선거'를 본문의 이하에서는 '지방선거'로 편의상 줄여 표기하려 한다.
** 이에 대한 자세한 논의를 위해서는 김원동(1997)을 참조하라.

선거관리위원회의 선거 통계 자료, 한국갤럽의 지방선거 투표행태 분석 자료 등을 재구성하는 작업에 관심을 기울이고자 한다.

투표율 분석

1995년 제1회 지방선거부터 제4회 지방선거 때까지의 투표율 추이를 개괄하면 〈표 3-1〉과 같다.

〈표 3-1〉은 강원도민의 투표율과 관련하여 다음과 같은 몇 가지 경향을 보여준다.

첫째, 1995년 이후 10여 년간의 지방선거에서 강원도민의 투표율은 줄곧 하락세를 보였다. 강원도 유권자들은 제1회 지방선거에 대해서는 상당한 관심을 표명했지만 제2회 선거에서는 10%포인트 이상의 급격한 투표율 하락을 기록할 정도로 관심이 저조했다. 전국 단위에서의 하락폭은 강원도에서보다 더 컸다. 이런 현상이 빚어진 이유는 지방선거가 복원되었음에도 초기의 기대와는 달리 강원도민을 비롯한 전국의 유권자들이 별다른 정치사회적 변화를 체감할 수 없었기 때문이었던 것으로 보인다.

둘째, 이 같은 투표율의 대체적인 저하 경향에도 불구하고 강원도 유권자들은 그간의 지방선거에서 전국 평균보다 적게는 6%포인트 이상 그리고 많게는 거의 12%포인트 높은 투표율을 보였다. 이것은 강원도 유권자들의 투표 참여의식이 전국 평균보다 높은 편임을 입증해준다. 그렇지만 제4회 지방선거의 경우를 보면, 전국적으로는 투표율이 다소 상승세로 돌아서는 조짐을 보인 데 반해 강원도는 제3회 지

표 3-1 │ 지방선거(1~4회)의 전국 및 강원도 성별·연령별 투표율 (단위: 백분율)

선거	지역	투표율		성별		연령별							
		실제	표본조사	남	여	19세	20~24세	25~29세	30~34세	35~39세	40~49세	50~59세	60세 이상
제1회 (1995.6.27)	전국	68.4	68.7	69.3	68.2		51.7	53.8	64.5	71.9	77.6	81.9	77.6
	강원도	74.8	73.5	74.3	72.8		52.4	56.1	66.0	76.8	84.0	85.7	80.0
제2회 (1998.6.4)	전국	52.7	53.2	54.3	52.1		37.8	30.5	40.3	51.8	62.4	73.8	71.2
	강원도	64.3	62.4	64.4	60.3		40.2	38.5	50.6	63.2	73.9	82.0	75.3
제3회 (2002.6.13)	전국	48.9	51.3	51.2	51.4		36.3	27.0	34.5	44.8	56.2	70.0	72.5
	강원도	59.4	59.6	60.3	59.0		35.1	31.8	43.1	56.2	68.4	79.0	76.7
제4회 (2006.5.31)	전국	51.6	52.1	52.3	51.9	37.9	38.3	29.6	37.0	45.6	55.4	68.2	70.9
	강원도	58.7	60.3	61.1	59.5	31.0	37.2	34.0	45.2	55.4	64.9	76.1	75.4

주1: 제1회 선거 자료는 1995년 7월 20일~8월 10일까지 전국 전체 선거인의 약 4.3%에 대한 표본조사 결과.
주2: 제2회 선거 자료는 1998년 6월 22일~8월 20일까지 전국 전체 선거인의 약 5.1%에 대한 표본조사 결과.
주3: 제3회 선거 자료는 2002년 8월 21일~9월 10일까지 전국 전체 선거인의 약 7.7%에 대한 표본조사 결과.
주4: 제4회 선거 자료는 2006년 7월 1일~8월 10일까지 전국 전체 선거인의 약 10.1%에 대한 표본조사 결과.
자료: 중앙선거관리위원회(1995: 11, 1998: 9~11, 27, 2002: 2~6, 19, 2006a: 3, 24)에서 재구성.

그림 3-1 │ 지방선거(1~4회)의 전국 및 강원도 투표율 비교

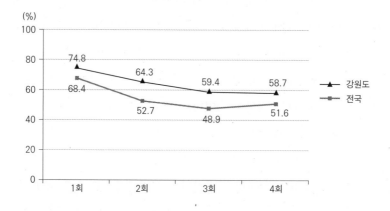

방선거 때보다 다소 더 떨어졌다는 점이 눈길을 끈다.

셋째, 강원도의 성별 투표율을 비교해보면, 남성 유권자의 투표 참여율이 언제나 여성 유권자의 그것보다 다소 높았다. 전국적으로는 제3회 지방선거의 경우 여성 유권자의 투표 참여율이 남성 유권자를 박빙의 차이로 앞선 적은 있지만 전국의 남녀 유권자 투표 참여율 추이도 강원도와 마찬가지로 대체로 남성이 여성보다 조금씩 높은 것으로 드러났다.

넷째, 연령대별 투표율의 경우, 강원도 유권자들은 20대의 투표율이 항상 가장 낮고, 50대 이상 연령층의 투표율이 가장 높은 것으로 나타났다. 이런 경향은 전국 추이와 대체로 유사하면서도 강원도의 경우 50대 이상의 연령층 중에서도 50대가 60대 이상의 연령층보다 네 차례 모두 제일 높은 투표율을 보였다는 점이 특징적이라고 할 수 있다. 다시 말해, 강원도의 추이와는 달리 제3회와 제4회 지방선거에서는 전국적으로 60세 이상 연령층이 50대보다 평균 투표율이 다소 높았다. 그로 인해 흥미로운 결과를 발견할 수 있었다. 즉, 1회 지방선거에서 4회 지방선거까지 투표율의 전국적 추이는 20대 중반 이후로 60대 이상 연령대까지 시종일관 지속적인 상승세였다. 그에 비해 강원도의 경우에는 20대 중반 이후로 전국과 마찬가지로 투표율의 상승세가 이어지다 50대 연령대에서 정점을 찍고 60대 이상 연령대로 가면서 다소 하강하는 경향을 보였다는 것이다.

다섯째, 19세 연령층의 강원도 유권자 투표 참여율이 전국 평균보다 6.9%포인트나 낮을 정도로 매우 저조했다. 19세 연령층에게는 선거법 개정에 따라 제4회 지방선거에서 전국적으로 처음 투표권이 주어졌는데, 이들 젊은 유권자의 투표 참여율이 강원도에서 상대적으로 매우 낮았다는 점은 향후 이들의 투표 참여율을 제고하기 위한 대책 마련이 시급함을 시사했다. 특히, 제4회 지방선거에서의 강원도 투표율이 전국 평균보다 7.1%포인트나 높았다는 점을 함께 고려한다면, 강원도 19세 유권자의 낮은 투표 참여율은 이후 지방선거에 대한 이들의 관심과 참여를 높이기 위한 차원에서도 유의해야 할 과제가 아닐 수 없었다.

강원도의 제1회 지방선거 결과와 강원도민의 정치의식

1995년 6월 27일 실시된 제1회 지방선거의 특징은 무엇보다도 집권 여당인 민자당의 참패로 끝났다는 점에서 찾을 수 있다. 이를테면, 정당 공천이 이루어졌던 광역자치단체장, 기초자치단체장, 광역의회의원의 정당별 당선자 분포에서 민자당은 모두 30%대의 득표에 그쳤다(〈표 3-2〉와 〈그림 3-2〉). 특히, 당시 전국적으로 이목이 집중되었던 서울시장 선거에서 민자당 정원식 후보는 민주당 조순 후보 득표율의 절반에도 미치지 못함으로써 여당 선거 참패를 대변하는 양상을 보였다(이 책의 2장; 중앙선거관리위원회, 2007). '지역의 참일꾼'을 뽑는 선거라기보다는 '김영삼 정권에 대한 중간평가'라는 데 더 비중을 두고 지방선거에 임했던 유권자들(한국갤럽, 1996)은 전국적인 '반김영삼 정서' 내지는 '반민자 정서'를 여당에 대한 지지 철회와 야당에 대한 지지로 표현했던 것이다.

6·27 지방선거의 또 한 가지 특징은 광역자치단체장, 기초자치단체

표 3-2 │ 제1회 지방선거의 정당별 전국 당선자 분포 (단위: 백분율)

		민자당	민주당	자민련	무소속	계
광역자치단체장		33.3(5)	26.7(4)	26.7(4)	13.3(2)	100.0(15)
기초자치단체장		30.4(70)	36.5(84)	10.0(23)	23.0(53)	100.0(230)
광역 의원	지역구	34.5 (335)	32.7 (286)	40.2 (390)	40.2 (352)	9.7 (94)	9.8 (86)	15.6 (151)	17.3 (151)	100.0 (970)	100.0 (875)
	비례 대표		51.6 (49)		40.0 (38)		8.4 (8)		–		100.0 (95)

주: ( ) 안의 숫자는 실수.
자료: 중앙선거관리위원회 선거정보센터,《제1회 전국동시지방선거총람(1995.6.27. 시행)》에서 재구성.

그림 3-2 │ 제1회 지방선거의 정당별 전국 당선자 분포 (단위: 백분율)

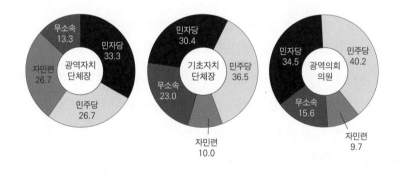

장, 광역의회의원의 지역별 정당 당선자 분포에서 영남권의 민자당, 호남권의 민주당, 충청권의 자민련 지배라는 이른바 3김의 3당에 의한 '지역분할 지배구도'가 재현되었다는 점이다. 이를테면, 15개 광역자치단체장의 당선자 분포는 민자당이 부산·인천·경기·경북·경남의 5곳, 민주당이 서울·광주·전북·전남의 4곳, 자민련이 대전·충북·충남·강원

사진 3-1 | 6·27 지방선거의 강원도 각급 선거 입후보자의 벽보 게시 장면(춘천 지역)

자료: 강원도민일보사.

의 4곳, 그리고 무소속이 대구와 제주의 2곳을 차지한 '5-4-4-2'의 구
도로 나타났다.*

　이와 같은 집권여당의 참패와 지역분할 지배구도의 재현이라는 전
국적인 특징 속에서 강원도는 제1회 지방선거에서 다음과 같은 선거

---

* 6·27 지방선거의 광역자치단체장, 기초자치단체장, 광역의회의원의 지역별 정당 당선자
분포에 대한 자세한 내용은 김원동(1997)과 중앙선거관리위원회(2007)를 참조하라. 6·27
지방선거의 결과를 지역분할 구도의 재현으로 해석함에 있어 한 가지 주의할 것은 당선자
수가 아닌 3개 정당의 득표율에 준거하여 볼 경우, 지역주의가 의석수만큼 두드러지게 나
타났던 것은 아니라는 점이다. 다시 말해, 각 정당이 다른 정당의 연고 지역에서도 나름대
로 적지 않은 득표를 했다는 얘기다. 이에 관한 자세한 통계 자료와 설명은 강우석 컨설팅
그룹(1995: 17-20)을 참고하라.

사진 3-2 | 6·27 강원도지사 선거의 이상룡 후보자 정당연설회

자료: 강원도민일보사.

결과를 보였다(〈표 3-3〉).

　우선, 강원도 내의 기초자치단체장과 도의원 선거 당선자의 정당별 분포를 전국의 그것(〈표 3-2〉)과 비교할 때, 강원도에서는 민자당이 모두 50%대를 기록함으로써 6·27 지방선거에서 강원도 유권자들은 여당 지지 투표를 했음을 여실히 보여주었다.

　그러면, 강원도지사 선거 결과에 나타난 강원도민들의 정치의식은 어떻게 이해해야 할까?

　먼저, 6·27 지방선거의 강원도지사 후보를 살펴보면, 여당에서는 이상룡 후보, 야당에서는 자민련의 최각규 후보가 출마했다(〈표 3-4〉). 도내 출신 지역을 보면, 이상룡 후보는 영서의 홍천군(서면) 출신, 최

표 3-3 │ 제1회 지방선거의 강원도 내 정당별 당선자 분포 (단위: 백분율)

선거명		민자당	민주당	자민련	무소속	계
도지사		–	–	100.0(1)	–	100.0(1)
시장·군수		50.0(9)	5.6(1)	5.6(1)	38.9(7)	100.0(18)
도의원	지역구	53.4 (31)	52.0 (27)	13.8 (8)	11.5 (6)	1.7 (1)	1.9 (1)	31.0 (18)	34.6 (18)	100.0 (58)	100.0 (52)
	비례 대표		66.7 (4)		33.3 (2)		–		–		100.0 (6)

주: ( ) 안의 숫자는 실수.
자료: 강원도선거관리위원회(1995: 95)에서 재구성.

그림 3-3 │ 제1회 지방선거의 강원도 내 정당별 당선자 분포 (단위: 백분율)

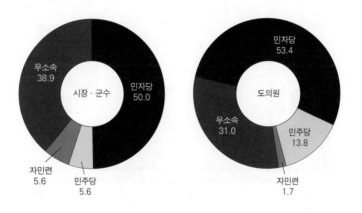

각규 후보는 영동의 중심도시인 강릉시 출신이었기 때문에 선거전의 한 축은 영동 대 영서의 지역 대결 양상을 띨 것으로 전망되었다(한국 갤럽, 1996).

선거 결과는 자민련의 최각규 후보(65.8%)가 민자당의 이상룡 후보(34.2%)보다 2배에 가까운 득표를 할 정도로 야당의 압승으로 끝

표 3-4 │ 제1회 강원도지사 선거 후보자 기본 정보

기호	정당명	성명	성별	생년월일(만)	학력	경력
1	민자당	이상룡	남	1934. 2. 27 (61세)	춘천중·고, 고려대(경제학과)	국가고시 합격, 대통령비서실 비서관, 내무부 기획관리실장, 국토개발연구원장, 건설부 차관, 강원도지사(26, 29대)
2	자민련	최각규	남	1933. 11. 3 (61세)	강릉상고, 서울대(정치과)	고등고시 합격, 농수산부 장관, 상공부 장관, 13대 국회의원, 부총리 겸 경제기획원 장관

자료: 강원도선거관리위원회(1995: 149); 중앙선거관리위원회(1995b, 1995c)에서 재구성.

그림 3-4 │ 제1회 강원도지사 선거 개표 최종 결과

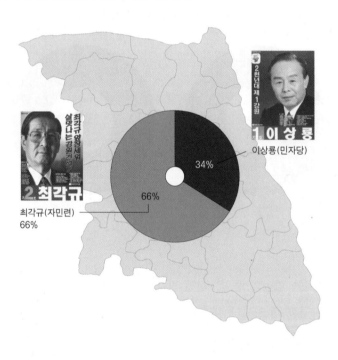

이상룡(민자당) 34%

최각규(자민련) 66%

자료: 후보 사진은 중앙선거관리위원회 홈페이지(선거정보도서관/선거자료/후보자선전물/광역단체장선거)의 후보자 벽보.

났다.

그 의미를 좀 더 구체적으로 짚어보기 위해 후보자의 도내 선거구별(시·군별) 득표율을 정리해보면, 〈표 3-5〉, 〈그림 3-5〉와 같다.

〈표 3-5〉, 〈그림 3-5〉에서 보듯, 민자당은 강원도 내 18개 시·군 중 춘천, 홍천, 양구에서만 이겼고, 나머지 지역에서는 전패했다. 즉, 민자당의 이상룡 후보는 자신의 출신 지역인 홍천을 비롯한 인근 지역에서만 승리했고, 그 외의 지역에서는 확실한 열세를 보였다. 이 후보가 춘천, 홍천과 근접한 화천에서도 지기는 했지만 박빙의 승부를 보였다는 점까지 고려한다면, 출신 지역을 둘러싼 지역적 배경이 이상룡 후보의 중요한 지지기반으로 작용했음을 짐작할 수 있다. 〈표 3-5〉는 당선된 자민련의 최각규 후보의 경우에도 지역기반이 당선에 적지 않은 영향을 미쳤음을 보여준다. 이를테면, 최각규 후보는 강릉에서 도내 선거구 중 가장 높은 득표율을 기록했고, 인근 동해에서는 두 번째로 높은 득표율을 기록했다. 이와 대조적으로 이들 지역에서 경쟁 정당의 이상룡 후보의 득표율은 10%대를 탈피하지 못함으로써 양 후보 간의 득표율 격차는 65~75%포인트에 이를 정도로 현격했다. 한편, 원주에서의 득표율도 주목을 끌었다. 독자적인 지역 후보를 내지 못했던 원주의 유권자들이 원주시갑과 원주시을 선거구에서 50~60%포인트 전후의 득표율 격차를 보일 정도로 최각규 후보를 압도적으로 지지했기 때문이다. 이것은 양 후보 간의 도내 평균 득표율 차이인 31.6%포인트를 훨씬 넘는 수치였다. 이는 한 연구자의 지적처럼(김종표, 2006), 원주권의 '반춘천 정서'가 지역 유권자들의 표심을 정당을 떠나 영동 지역 출신의 최각규 후보에 대한 지지로 확실하게 기울게 만든 결과였던 것으로 보인다.

표 3-5 │ 제1회 강원도지사 선거 후보자의 선거구별(시·군별) 득표율 (단위: 백분율)

	민자당(이상룡)	자민련(최각규)	득표율 차이	계
춘천시갑	**67.1**	32.9	-34.2	100.0(88,236)
춘천시을	**66.7**	33.3	-33.4	100.0(22,541)
원주시갑	20.1	79.9	59.8	100.0(84,354)
원주시을	25.2	74.8	49.6	100.0(26,289)
강릉시갑	12.9	**87.1**	74.2	100.0(75,463)
강릉시을	15.4	**84.6**	69.2	100.0(34,216)
동해시	17.5	**82.5**	65.0	100.0(48,972)
태백시	29.6	70.4	40.8	100.0(32,645)
속초시	41.4	58.6	17.2	100.0(38,201)
삼척시	21.4	78.6	57.2	100.0(47,717)
홍천군	**61.9**	38.1	-23.8	100.0(38,654)
횡성군	32.9	67.1	34.2	100.0(25,796)
영월군	34.5	65.5	31.0	100.0(27,524)
평창군	24.6	75.4	50.8	100.0(26,063)
정선군	35.2	64.8	29.6	100.0(31,008)
철원군	33.5	66.5	33.0	100.0(27,873)
화천군	49.7	50.3	0.6	100.0(14,165)
양구군	**56.7**	43.3	-13.4	100.0(13,280)
인제군	40.4	59.6	19.2	100.0(18,837)
고성군	35.5	64.5	29.0	100.0(21,352)
양양군	25.8	74.2	48.4	100.0(17,712)
계	34.2(260,004)	65.8(500,894)	31.6	100.0(760,898)

주1: ( ) 안의 숫자는 유효투표 수.
주2: 득표율 차이는 편의상 자민련 후보의 득표율을 기준으로 함.
주3: 굵은 글씨는 각 후보의 두드러진 강세 지역의 득표율.
자료: 강원도선거관리위원회(1995: 118~119)에서 재구성.

그림 3-5 ┃ 제1회 강원도지사 선거 후보자의 선거구별(시·군별) 득표율

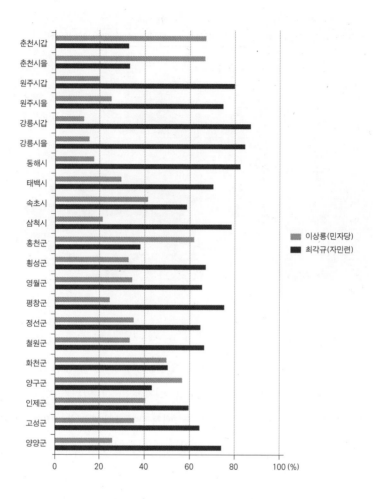

하지만 강원도의 6·27 지방선거에서 최각규 후보는 영서의 여러 지역에서도 자신의 평균 득표율에 근접할 정도로 고른 지지를 받았다는 점에 주목할 필요가 있다(《표 3-5》). 이 맥락에서는 다음 두 가지

사진 3-3 | 6·27 지방선거의 강원도지사 후보 초청토론회

자료: 강원도민일보사.

측면에서의 세부 논의가 추가될 수 있을 듯하다. 첫째, 강원도지사 선 거는 '영동-영서'의 대결 구도보다는 실제로는 그 범위가 다소 좁은 '춘천권 대 비춘천권의 대결 구도'로 매듭지어졌다고 보는 것(한국갤럽, 1996)이 더 정밀한 해석이 될 수 있으리라는 점이다. 둘째, 최각규 후 보의 지역별 득표 결과는 중앙정치 및 관료사회에서의 경력 측면에서 이상룡 후보보다 어느 정도 앞서 있다고 간주되었던 최각규 후보에게 강원도민들이 좀 더 많은 관심과 지지를 보냈던 것으로 해석할 여지 가 있다는 점이다. 다시 말해, 강원도지사 선거 결과는 후보자의 경력 을 근거로 한 '인물론'도 가세했던 것(《강원일보》, 1995. 6. 29)으로 볼 수 있다는 것이다.

요컨대, 강원도의 6·27 지방선거 결과는 강원도민의 정치의식의 기저에 강한 여당지향성과 더불어 소지역주의, 후보자의 경력과 인물 등을 고려한 투표성향이 깔려 있음을 보여주었다.

강원도의 제2회 지방선거 결과와
강원도민의 정치의식

1998년 2월 25일 우리나라 최초의 여야 정권교체에 의해 김대중 정권이 출범하고 3개월 남짓 지난 시점인 6월 4일 제2회 지방선거가 실시되었다. 김대중 정권은 '새정치국민회의와 자민련의 지역적 정당연합'에 의해 탄생했기 때문에(김원동, 2002) 김대중 정권에서의 여권은 새정치국민회의(이하 국민회의)와 자민련의 양대 정당이었다.

제2회 지방선거에서 2개 정당으로 구성된 여당은 광역자치단체장, 기초자치단체장, 광역의회의원의 50~60%에 달하는 당선자를 냄으로써 제1회 지방선거 때 단독 여당이었던 민자당의 점유율 30%대를 훨씬 넘어섰다(〈표 3-2〉와 〈표 3-6〉).

이 같은 새로운 상황이 조성된 데에는 몇 가지 이유가 있었던 것으로 보인다. 첫째, 제2회 지방선거에서도 나타났던 지역주의적 투표성향*으로 인해 2개 정당으로 구성된 여당의 당선자 합계는 특별한 다

---

* 예컨대, 광역자치단체장의 경우, 국민회의는 광주·전남·전북·서울·경기·제주의 6곳, 자민련은 대전·충남·충북·인천의 4곳, 그리고 한나라당은 부산·대구·경남·경북·울산·강원의 6곳을 차지함으로써 제2회 지방선거에서도 각 정당은 지난 1회 지방선거 때와 유사하게 자기 정당의 거점지역을 확보한 상태에서 여타 지역을 일부 장악하는 양상을 보였다.

표 3-6 | 제2회 지방선거의 정당별 전국 당선자 분포 (단위: 백분율)

		한나라당	국민회의	자민련	국민신당	무소속	계
광역자치단체장		37.5(6)	37.5(6)	25.0(4)	-	-	100.0(16)
기초자치단체장		31.9(74)	36.2(84)	12.5(29)	0.4(1)	19.0(44)	100.0(232)
광역의원	지역구	36.4(224)	44.0(271)	13.3(82)		6.3(39)	100.0(616)
	소계	36.7(253)	43.9(303)	13.8(95)	-	5.7(39)	100.0(690)
	비례대표	39.2(29)	43.2(32)	17.6(13)		-	100.0(74)

주: ( ) 안의 숫자는 실수.
자료: 중앙선거관리위원회 선거정보센터,《제2회 전국동시지방선거총람(1998. 6. 4 시행)》(http://elecinfo.nec.go.kr), p. 227에서 재구성.

른 변수의 개입이 없는 한 단독 정당이었던 여당 때보다 높을 수밖에 없었다는 점이다. 둘째, 제1회 지방선거 때와는 달리 유권자들의 상당수가 제2회 지방선거의 핵심 쟁점을 'IMF(국제통화기금) 경제위기의 책임' 문제로 보고 있었고, 김대중 정권에 대한 중간평가로는 인식하지 않은 상태에서 투표에 임했다는 점이다(한국갤럽, 1999: 151-152). 셋째, 앞서의 요인과 직결된 것인데 IMF 경제위기로 인해 고통을 받고 있던 상황에서 그에 대한 책임론이 쟁점으로 부상했을 때 타격의 대상은 새로 출범한 정권보다는 구舊여권인 한나라당이 될 수밖에 없었을 것이라는 점이다.

그러면, 제2회 지방선거의 강원도 내 정당별 당선자 분포는 어떠했을까? 〈표 3-6〉과 〈표 3-7〉의 결과를 함께 비교해보면, 강원도민의 선택은 전국 유권자들의 그것과는 달리 구여권인 한나라당을 확실하게 지지했음을 알 수 있다. 도지사와 시장·군수의 경우는 말할 것도 없고, 도의원의 경우에도 한나라당이 새로운 여권인 국민회의와 자민련

표 3-7 ｜ 제2회 지방선거의 강원도 내 정당별 당선자 분포 (단위: 백분율)

선거명		한나라당	국민회의	자민련	무소속	계
도지사		100.0(1)	–	–	–	100.0(1)
시장·군수		72.2(13)	5.6(1)	11.1(2)	11.1(2)	100.0(18)
도의원	지역구	48.9 (23) — 50.0 (21)	29.8 (14) — 28.6 (12)	8.5 (4) — 7.1 (3)	12.8 (6) — 14.3 (6)	100.0 (47) — 100.0 (42)
	비례 대표	40.0 (2)	40.0 (2)	20.0 (1)	–	100.0 (5)

주: ( ) 안의 숫자는 실수.
자료: 강원도선거관리위원회(1998: 41)에서 재구성.

그림 3-6 ｜ 제2회 지방선거의 정당별 전국 당선자와 강원도 당선자 분포 비교

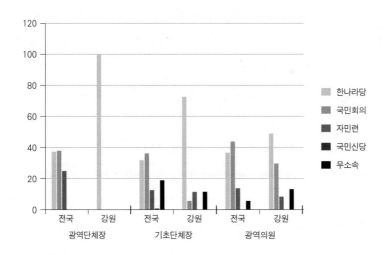

의 합계 의석보다 더 많은 의석을 가져갔다(〈표 3-7〉).

그러면, 이러한 선거 결과를 놓고 우리는 강원도민의 정치의식을 어떻게 해석해야 할까? 첫째, 불확실한 정치적 상황에서 즉각적으로 새

여당 쪽으로 기울 때 야기될 수 있는 위험부담을 최소화하려는 의식에서 비롯된 일종의 '여당 투표의 지체 현상'으로 설명할 수 있다(신병식, 2002). 영남권, 호남권, 충청권을 축으로, 옳고 그름의 문제를 떠나 지역주의적 투표가 막강한 정치적 영향력을 발휘하는 현실에서 독자적인 정치세력을 갖추지 못한 강원도민으로서는 충분히 있을 수 있는 반응이다. 둘째, 여당 투표의 지체 현상이라는 설명을 받아들이더라도 제2회 지방선거의 결과는 새로운 여권을 향한 강원도민의 여당 지향성이 조심스럽게 표출된 선거라고 할 수 있을 듯하다. 예컨대, 도의원의 경우, 제1회 지방선거에서는 호남에 기반을 둔 민주당이 의석의 13.8%밖에 차지하지 못했던 것과는 달리 제2회 지방선거에서는 여당이 된 국민회의가 도의회의 거의 30%를 점했던 것이다. 자민련의 도의원 비율이 이전의 1.7%에서 5.6%로 크게 늘어난 것도 마찬가지 맥락에서 설명이 가능하다. 셋째, 그러면서도 강원도민들이 한나라당에 대해 상당한 지지를 표명한 것은 강원도민의 정치의식을 그간에 이어져온 '정치의식의 보수성'으로 설명해야 하는 측면을 분명히 내포한 것이라고 해석할 수 있다. 즉, 여권이냐 야권이냐 하는 평가의 축과는 별개로 '보수와 진보'라는 축에서 볼 때, 강원도민들이 보수적 성향의 한나라당을 대폭 지지한 것은 이들의 보수적 정치의식의 표현이라고 볼 수 있다는 얘기다. 결국 이러한 해석들을 종합하면, 제2회 지방선거의 전체적인 결과에서 강원도민들은 그들의 정치적 '경계인'적 태도와 '정치적 보수성' 및 '여당지향성'*을 동시에 보여주었다고 할 수

---

* 강원정치의 '보수성'과 '여당편향성'을 우리의 분단 현실과 정치적 독자성의 부재 등과 관련지어 설명하려는 시도도 있다(정대화, 1997).

있다.

그러면, 제2회 지방선거의 강원도지사 선거에 대한 분석을 통해 강원도민들의 정치의식의 특성을 좀 더 구체적으로 살펴보자.

제2회 강원도지사 선거는 3자 구도로 진행되었다(〈표 3-8〉). 한나라당에서는 영월군수, 강릉시장, 강원도기획관리실장 등을 거쳐 선거 직전에는 강원도 행정부지사를 역임한 바 있는 동해 출신의 김진선 후보를 내세웠고, 여권의 자민련에서는 서울 출생이지만 원주에서 고등학교를 졸업하고 활발한 지역 활동을 했던 한호선 후보 카드를 들고 나왔다. 이들과 함께 제1회 지방선거에 출마했던 이상룡 후보가 무소속으로 재등장했다. 이상룡 후보는 원래 국민회의 소속이었으나 여권의 연합후보 공천 방침에 따라 강원도의 여권 후보로 자민련의 한호선 후보가 최종 결정되자 국민회의를 탈당하고 무소속으로 재도전에 나섰던 것이다(한국갤럽, 1999: 120-124).

표 3-8 | 제2회 강원도지사 선거 후보자 기본 정보

기호	정당명	성명	성별	생년월일(만)	학력	경력
1	한나라당	김진선	남	1946. 11. 10 (52세)	북평중·고, 동국대(행정학과)	행정고시 합격, 영월군수, 강릉시장, 강원도 기획관리실장, 경기도 부천시장, 강원도 행정부지사
3	자민련	한호선	남	1936. 9. 28 (62세)	원주농고, 고려대(행정학과), 명지대(행정학 박사)	고려대 총학생회장, 양구군 농협서기, 청와대비서실 새마을 담당관, 농협중앙회장(14대, 15대), 제15대 국회의원
4	무소속	이상룡	남	1934. 2. 27 (64세)	춘천중·고, 고려대(경제학과)	국가고시 합격, 대통령비서실 비서관, 내무부 기획관리실장, 국토개발연구원장, 건설부차관, 강원도지사(26, 29대)

자료: 강원도선거관리위원회(1998: 51); 중앙선거관리위원회(1998b, c, d)에서 재구성.

사진 3-4 | 6·4 강원도지사 선거에서의 김진선 후보의 거리 유세

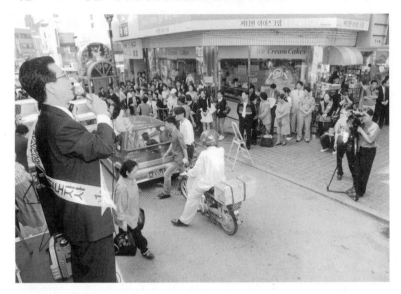

자료: 강원도민일보사.

제2회 강원도지사 선거의 개표 최종 결과와 후보의 득표율을 선거구별(시·군별)로 정리하면 다음과 같다(〈그림 3-7〉, 〈그림 3-8〉, 〈표 3-9〉).

〈표 3-9〉와 〈그림 3-8〉은 제2회 지방선거에서 드러난 후보별 득표의 특징을 보여준다. 첫째, 무소속의 이상룡 후보는 제1회 지방선거 때와 거의 마찬가지로 춘천, 홍천, 양구에서만 1위를 차지했고 그나마 홍천에 인접한 화천, 인제에서 선전한 편이었으나 그 밖의 지역에서는 모두 열세를 보였다. 특히, 이상룡 후보는 이른바 원주의 '반춘천 정서'와 강릉, 동해를 중심으로 한 영동의 벽을 제2회 지방선거에서도 전혀 극복하지 못했다. 둘째, 여권의 한호선 후보는 원주와 인근 지역인

그림 3-7 │ 제2회 강원도지사 선거 개표 최종 결과

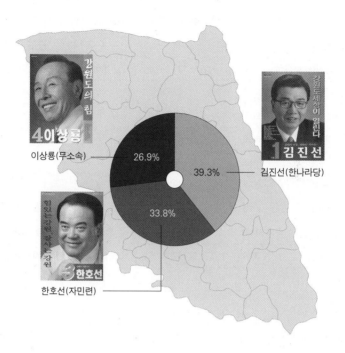

이상룡(무소속) 26.9%

김진선(한나라당) 39.3%

한호선(자민련) 33.8%

자료: 후보 사진은 중앙선거관리위원회 홈페이지(선거정보도서관/선거자료/후보자선전물/광역단체장선거)
의 후보자 벽보.

횡성 등에서 강세를 보였으나 한나라당의 벽을 결국 넘어서지 못하고
말았다. 셋째, 야권의 김진선 후보는 동해와 강릉에서의 전폭적인 지
지와 더불어 경쟁 후보의 거점 지역을 제외한 여타 지역에서 비교적
안정적인 득표에 성공함으로써 당선되었다.

이와 같은 선거 결과는 강원도 유권자들의 정치의식에 다음과 같
은 특징이 내재해 있었음을 추론하게 해준다. 첫째, 소지역주의적 투
표성향이 그것이다. 세 후보는 모두 자신의 출신지라고 할 수 있는 거

표 3-9 │ 제2회 강원도지사 선거 후보자의 선거구별(시·군별) 득표율 (단위: 백분율)

	한나라당(김진선)	자민련(한호선)	무소속(이상룡)	계
춘천시갑	29.1	26.6	**44.2**	100.0(48,458)
춘천시을	29.0	25.0	**46.0**	100.0(48,213)
원주시갑	27.3	**57.7**	15.0	100.0(44,851)
원주시을	26.7	**58.3**	15.0	100.0(49,020)
강릉시갑	**62.0**	22.7	15.2	100.0(45,553)
강릉시을	**60.2**	22.8	16.9	100.0(50,910)
동해시	**67.7**	19.1	13.2	100.0(45,257)
태백시	44.5	27.8	27.7	100.0(27,964)
정선군	38.9	33.7	27.4	100.0(26,459)
속초시	37.9	32.2	29.9	100.0(33,596)
고성군	35.8	37.4	26.8	100.0(19,732)
양양군	37.8	34.3	28.0	100.0(17,241)
인제군	32.9	35.4	31.7	100.0(17,686)
삼척시	52.9	26.2	21.0	100.0(45,753)
홍천군	18.1	30.6	**51.3**	100.0(36,486)
횡성군	25.2	**50.4**	24.4	100.0(24,329)
영월군	39.1	36.2	24.7	100.0(24,167)
평창군	38.8	38.4	22.7	100.0(25,071)
화천군	32.4	34.7	33.0	100.0(13,529)
철원군	30.6	41.6	27.9	100.0(26,737)
양구군	16.4	36.5	**47.1**	100.0(12,698)
계	39.3(268,559)	33.8(231,376)	26.9(183,775)	100.0(683,710)

주1: ( ) 안의 숫자는 유효투표 수.
주2: 굵은 글씨는 각 후보의 두드러진 강세 지역의 득표율.
자료: 강원도선거관리위원회(1998: 44)에서 재구성.

그림 3-8 ┃ 제2회 강원도지사 선거 후보자의 선거구별(시·군별) 득표율

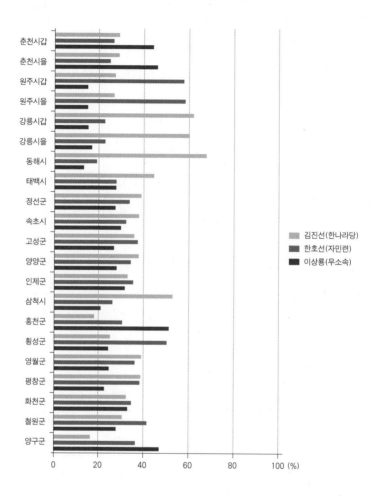

점 지역과 인근 지역에서 압도적인 지지를 받았다. 둘째, 제2회 지방선거에서도 강원도민들의 보수적인 정치의식이 확인되었다. 강원도민들은 도내에서 그간에 어느 정도 지명도를 확보해왔다고 볼 수 있는 여

권 및 준準여권 인물보다도 전형적인 관료 출신이지만 보수 정당의 간판을 걸고 나온 인물을 선택했던 것이다.

제2회 지방선거 결과에 대한 지금까지의 분석은 강원도민들의 정치의식에 소지역주의, 경계인적 의식, 여당지향성, 보수적 정치의식 등이 혼재해 있었음을 보여준다.

강원도의 제3회 지방선거 결과와
강원도민의 정치의식

김대중 정권 말기이자 제16대 대통령 선거를 6개월 정도 앞둔 시점인 2002년 6월 13일 실시된 제3회 지방선거는 새천년민주당과 자민련의 대패 그리고 한나라당의 압승으로 끝났다(〈표 3-10〉). 제3회 지방

표 3-10 ｜ 제3회 지방선거의 정당별 전국 당선자 분포 (단위: 백분율)

		한나라당	새천년민주당	자민련	한국미래연합	민주노동당	무소속	계
광역자치단체장		68.8(11)	25.0(4)	6.3(1)	–	–	–	100.0(16)
기초자치단체장		60.3(140)	19.0(44)	6.9(16)	–	0.9(2)	12.9(30)	100.0(232)
광역의원	지역구	68.5(467)	70.8(431) 19.9(121) 4.8(29)	4.8(33)	0.3(2)	1.6(11)	0.3(2) 4.3(26)	100.0(609)
	비례대표		49.3(36) 30.1(22) 5.5(4)		2.7(2)	12.3(9)		100.0(73)

주: (   ) 안의 숫자는 실수.
자료: 중앙선거관리위원회 선거정보센터, 《제3회 전국동시지방선거총람(2002. 6. 13 시행)》(http://elecinfo.nec.go.kr), p. 440에서 재구성.

표 3-11 ｜ 제3회 지방선거의 강원도 내 정당별 당선자 분포 (단위: 백분율)

선거명		한나라당	민주당	민주노동당	무소속	계
도지사		100.0(1)	-	-	-	100.0(1)
시장·군수		83.3(15)	11.1(2)	-	5.6(1)	100.0(18)
도의원	지역구	79.5(31)	15.4(6)	-	5.1(2)	100.0(39)
		76.7(33)	16.3(7)	2.3(1)	4.7(2)	100.0(43)
	비례대표	50.0(2)	25.0(1)	25.0(1)	-	100.0(4)

주: ( ) 안의 숫자는 실수.
자료: 강원도선거관리위원회(2002: 45)에서 재구성.

그림 3-9 ｜ 제3회 지방선거의 정당별 전국 당선자와 강원도 당선자 분포 비교

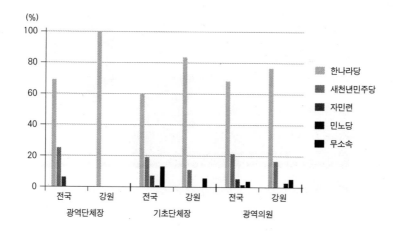

선거에서 획득한 각 정당의 당선자 분포를 제2회 지방선거 결과와 비
교했을 때(〈표 3-10〉과 〈표 3-6〉), 광역자치단체장, 기초자치단체장, 광
역의회의원 선거 모두에서 새천년민주당과 자민련의 당선자 비율은

표 3-12 | 제3회 강원도지사 선거 후보자 기본 정보

기호	정당명	성명	성별	출생연도	학력	경력
1	한나라당	김진선	남	1946년 (56세)	북평중·고, 동국대(행정학)	행정고시 합격, 영월군수, 강릉시장, 강원도 기획관리실장, 경기도 부천시장, 강원도 행정부지사, 강원도지사(32대)
2	새천년 민주당	남동우	남	1946년 (56세)	춘천중·고, 서울대(사학과), 강원대(행정학박사)	행정고시 합격, 국무총리실 기획관, 홍천군수, 삼척시장, 강원도 역경제국장, 강원도 정무부지사

자료: 중앙선거관리위원회('역대선거정보시스템-제3회 광역단체장 후보자 등록현황'; 2002b, 2002c).

그림 3-10 | 제3회 강원도지사 선거 개표 최종 결과

자료: 후보 사진은 중앙선거관리위원회 홈페이지(선거정보도서관/선거자료/후보자선전물/광역단체장선거)
　　　의 후보자 벽보.

직전의 선거에 비해 대부분 절반 정도로 줄어든 데 반해, 한나라당은 거의 2배 늘어났다.

강원도에서는 여당인 새천년민주당의 열세가 전국의 경우보다 더욱 두드러지게 나타났다. 다시 말해, 강원도의 도지사, 시장·군수 및 도의원 선거에서 한나라당의 우세는 제2회 지방선거 때보다 더 확연했다.

한편, 제3회 강원도지사 선거는 한나라당의 김진선 후보와 새천년민주당의 남동우 후보 간의 대결이었다(〈표 3-12〉).

김진선 후보는 경쟁 후보와 접전을 벌였던 제2회 지방선거 때(〈표 3-9〉)와는 달리 제3회 지방선거에서는 여권 후보를 압도적인 표차로 따돌리고 재선에 성공했다(〈그림 3-10〉).

〈표 3-13〉, 〈그림 3-11〉에서 보듯, 김진선 후보는 지지도에 굴곡은 있었으나 강원도 내 18개 시·군 전 지역에서 1위 자리를 한 곳도 놓치지 않음으로써 전 도민의 신임을 받고 있음을 입증했다. 한나라당 후보인 김진선 후보에 대한 이와 같은 대대적인 지지는 우선 강원도민들의 보수적 정치의식을 반영한 것이라고 볼 수 있다. 하지만 이러한 해석 과정에서 강원도민들에게 후보 개인의 인물과 경력을 함께 고려하고자 한 의식이 있었음도 간과하지 말아야 할 것이다. 당시 선거 후에 실시되었던 한국갤럽의 조사에 따르면(한국갤럽, 2003, 165), 김진선 후보에게 투표한 유권자들은 지지 이유로 '정당'(20.9%)보다 '인물론'(51.7%)을 지적한 경우가 훨씬 많았던 것으로 확인되었기 때문이다.

요컨대, 제3회 지방선거에서 강원도민들은 전국의 유권자들보다 상대적으로 더 보수적인 정치의식을 갖고 있을 뿐 아니라 후보를 선택

표 3-13 | 제3회 강원도지사 선거 후보자의 선거구별(시·군별) 득표율 (단위: 백분율)

	한나라당(김진선)	새천년민주당(남동우)	계
춘천시	55.9	44.1	100.0(93,923)
원주시	65.5	34.5	100.0(95,336)
강릉시	80.5	19.5	100.0(90,001)
동해시	85.4	14.6	100.0(41,851)
삼척시	81.5	18.5	100.0(40,860)
태백시	80.1	19.9	100.0(25,475)
정선군	76.9	23.1	100.0(25,397)
속초시	74.4	25.6	100.0(35,796)
고성군	76.2	23.8	100.0(18,891)
양양군	76.4	23.6	100.0(17,378)
인제군	66.9	33.1	100.0(17,297)
홍천군	61.8	38.2	100.0(34,275)
횡성군	60.7	39.3	100.0(23,946)
영월군	75.6	24.4	100.0(23,810)
평창군	76.5	23.5	100.0(24,131)
화천군	64.8	35.2	100.0(13,516)
양구군	64.9	35.1	100.0(12,043)
철원군	70.7	29.3	100.0(25,512)
계	71.1	28.9	100.0(659,438)

주: ( ) 안의 숫자는 유효투표수.
자료: 강원도선거관리위원회(2002: 47)에서 재구성.

할 때 후보 개인의 능력도 크게 고려했음을 보여주었다. 물론 전국 및 강원도 차원에서의 이러한 선거 결과와 해석을 낳게 만든 주된 요인이 집권여당에 대한 부정적인 평가였음은 더 말할 나위가 없다.

그림 3-11 │ 제3회 강원도지사 선거 후보자의 선거구별(시·군별) 득표율

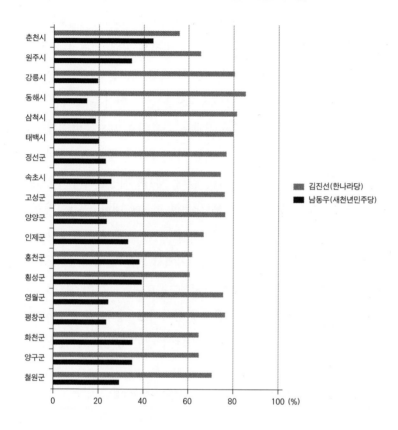

강원도의 제4회 지방선거 결과와
강원도민의 정치의식

노무현 정권 아래서 2006년 5월 31일 실시된 제4회 지방선거 결과
는 집권여당인 열린우리당의 완패와 야당인 한나라당의 압승으로 판

가름 났다(〈표 3-14〉, 〈그림 3-12〉). 한나라당은 지난 제3회 지방선거 때 (〈표 3-10〉)보다도 광역자치단체장, 기초자치단체장, 광역의회의원 선 거 모두에서 한걸음 더 나아가는 좋은 성적을 거뒀다. 또한 제4회 지 방선거에서 처음 도입된 정당 공천제에 의해 치러진 기초의회의원 선 거에서도 한나라당은 전국적으로 절반을 넘는 의석을 차지함으로써 그 세를 과시했다. 이러한 선거 결과는 기본적으로 노무현 정권과 집 권여당의 실정 및 정책 혼선에 대한 유권자들의 실망과 불신에서 비 롯된 것이었다(김원동, 2006). 다시 말해, 제4회 지방선거가 뚜렷한 지 역적 쟁점을 부각시키지 못한 채 노무현 정권에 대한 '중간평가'적 성 격을 갖는 선거로 치러지면서 그와 같은 결과는 충분히 예상할 수 있 는 것이기도 했다. 물론 5·31 지방선거에서 거둔 한나라당의 압승에 는 선거 직전에 터진 한나라당 '박근혜 대표 피습사건'의 영향도 빼놓 을 수 없다. 선거가 임박한 시점에서 한나라당 지지표를 확실하게 결 집시키고 상당수의 부동표를 한나라당에 대한 동정표로 전환시키는

표 3-14 │ 제4회 지방선거의 정당별 전국 당선자 분포 (단위: 백분율)

	열린 우리당	한나라당	민주당	민주 노동당	국민 중심당	무소속	계
광역 단체장	6.3(1)	75.0(12)	12.5(2)	–	–	6.3(1)	100.0(16)
기초 단체장	8.3(19)	67.4(155)	8.7(20)	–	3.0(7)	12.6(29)	100.0(230)
광역의원	7.1(52)	76.0(557)	10.9(80)	2.0(15)	2.0(15)	1.9(14)	100.0(733)
기초의원	21.8(629)	56.2(1,622)	9.6(276)	2.3(66)	2.3(67)	7.9(228)	100.0(2,888)

주1: 광역·기초의회의원은 비례대표 포함한 숫자.
주2: ( ) 안의 숫자는 실수.
자료: 《중앙일보》(2006. 6. 2)에서 재구성.

표 3-15 | 제4회 지방선거의 강원도 내 정당별 당선자 분포 (단위: 백분율)

선거명		열린우리당	한나라당	민주노동당	무소속	계
도지사		-	100.0(1)	-	-	100.0(1)
시장·군수		-	100.0(18)	-	-	100.0(18)
도의원		5.0(2)	90.0(36)	2.5(1)	2.5(1)	100.0(40)
	지역구	2.8(1)	94.4(34)	-	2.8(1)	100.0(36)
	비례대표	25.0(1)	50.0(2)	25.0(1)	-	100.0(4)
시·군의원		20.1(34)	66.9(113)	-	13.0(22)	100.0(169)
	지역구	21.9(32)	63.0(92)	-	15.1(22)	100.0(146)
	비례대표	8.7(2)	91.3(21)	-	-	100.0(23)

주: ( ) 안의 숫자는 실수.

자료: 강원도선거관리위원회(http://gw.election.go.kr)의 '5·31 지방선거당선인명부(도지사)', '5·31 지방선거당선인명부(시군장)', '5·31 지방선거당선인명부(도의원)', '5·31 지방선거당선인명부(시군의원)', '5·31 지방선거당선인명부(비례대표도의원)', '5·31 지방선거당선인명부(비례대표시군의원)'에서 재구성.

그림 3-12 | 제4회 지방선거의 정당별 전국 당선자와 강원도 당선자 분포 비교

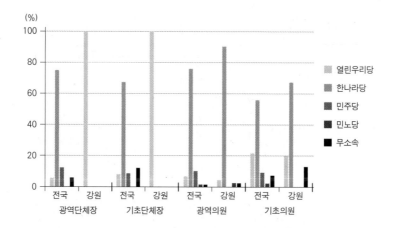

데 촉매 역할을 한 것이 바로 이 사건이었다고 볼 수 있기 때문이다 (이준한, 2007).

한편, 강원도에서의 한나라당 지배체제는 더욱 확고해졌다. 한나라 당은 강원도지사는 말할 것도 없고 도내 18개 시·군의 자치단체장인 시장, 군수 자리를 모두 독차지했고, 도의원의 90%, 시·군의원 의석의 66.9%를 점유함으로써 한나라당의 독점 현상은 전국 평균보다 강원 도에서 훨씬 더 두드러졌다(〈표 3-14〉, 〈표 3-15〉, 〈그림 3-12〉).

한편, 제4회 강원도지사 선거에서는 이전의 지방선거들에 비해 가 장 많은 4명의 후보가 출마했다. 3선에 도전장을 낸 김진선 후보와 이 에 맞선 세 후보가 출사표를 던졌다(〈표 3-16〉).

선거 결과는 한나라당 김진선 후보의 압승이었다(〈그림 3-13〉, 〈표

표 3-16 | 제4회 강원도지사 선거 후보자 기본 정보

기호	정당명	성명	성별	출생연도	학력	주요 경력
1	열린 우리당	이창복	남	1938 (68세)	원주중·고, 고려대 (경제학과 중퇴)	가톨릭노동청년회 전국회장, 16대 국 회의원, 경기대 이사장, 한지개발원 이사장, 녹색환경운동모임 이사장
2	한나라당	김진선	남	1946 (60세)	북평중·고, 동국대(행정학과)	행정고시 합격, 영월군수, 강릉시장, 강원도 기획관리실장, 경기도 부천시 장, 강원도 행정부지사, 강원도지사 (32, 33대)
3	민주당	유재규	남	1933 (73세)	횡성중·고, 동국대(정치학과)	강원도청 지방과장, 홍천군수, 횡성 군수, 철원 군수, 정선군수, 16대 국 회의원, 민주당 강원도당위원장
5	국민 중심당	유승규	남	1946 (60세)	태백중, 평창고, 용인대(환경보건 학과 중퇴)	태백·삼척지구 광산노조협의회 의 장, 전국 진폐재해자협회 후원회장, 국회의원(13대, 14대), 대한석탄공사 사장, 국민중심당 강원도당 대표

자료: 《강원도민일보》(2006. 4. 16, 2006. 5. 9, 2006. 5. 18);《중앙일보》(2006. 5. 30); 중앙선거관리위원 회(2006c, 2006d, 2006e, 2006f)에서 재구성.

그림 3-13 | 제4회 강원도지사 선거 개표 최종 결과

유재규(민주당)
4.3%

유승규(국민중심당)
2.9%

이창복(열린우리당)
22.2%

김진선(한나라당)
70.6%

자료: 후보 사진은 중앙선거관리위원회 홈페이지(선거정보도서관/선거자료/후보자선전물/광역단체장선거)
의 후보자 벽보.

3-17〉, 〈그림 3-14〉).

제4회 강원도지사 선거에서 각 정당 후보의 선거구별(시·군별) 득표 결과는 다음과 같다(〈표 3-17〉과 〈그림 3-14〉). 〈표 3-17〉과 〈그림 3-14〉에는 다음과 같은 몇 가지 특징과 그것에 반영된 강원도민들의 정치의식의 일면이 좀 더 구체적으로 드러나 있다.

첫째, 강원도민들은 전반적으로 김진선 후보를 전폭 지지했다. 김 후보의 득표율은 제4회 지방선거에서 당선된 전국 16명의 광역자치

표 3-17 | 제4회 강원도지사 선거 후보자의 선거구별(시·군별) 득표율 (단위: 백분율)

	열린우리당 (이창복)	한나라당 (김진선)	민주당 (유재규)	국민중심당 (유승규)	계
춘천시	36.0	44.8	11.6	7.6	100.0(100,689)
원주시	29.7	66.8	2.3	1.3	100.0(105,661)
강릉시	13.7	82.2	2.3	1.9	100.0(91,045)
동해시	11.5	85.3	1.9	1.4	100.0(42,687)
태백시	15.1	76.7	1.7	6.5	100.0(27,398)
속초시	18.0	78.1	2.5	1.4	100.0(33,657)
삼척시	12.6	81.9	2.5	3.0	100.0(38,958)
홍천군	23.3	68.2	6.2	2.3	100.0(33,066)
횡성군	20.8	66.6	10.8	1.8	100.0(23,634)
영월군	22.1	73.8	2.5	1.6	100.0(22,349)
평창군	24.5	71.1	2.3	2.0	100.0(22,977)
정선군	20.2	74.1	2.9	2.8	100.0(24,664)
철원군	20.3	74.3	3.7	1.7	100.0(24,398)
화천군	22.9	69.6	4.8	2.8	100.0(12,724)
인제군	22.8	72.5	2.9	1.8	100.0(17,800)
양구군	21.7	71.4	4.2	2.7	100.0(11,740)
고성군	16.4	79.2	2.7	1.6	100.0(18,316)
양양군	15.6	80.4	2.5	1.4	100.0(16,563)
계	22.2	70.6	4.3	2.9	100.0(668,326)

주: ( ) 안의 숫자는 유효투표 수.
자료: 중앙선거관리위원회(http://www.nec.go.kr)에서 재구성.

그림 3-14 | 제4회 강원도지사 선거 후보자의 선거구별(시·군별) 득표율

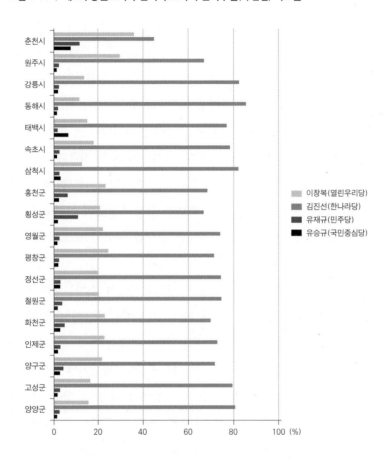

단체장 중 2위(중앙선거관리위원회, 2006b;《중앙일보》, 2006. 6. 2)를 차지할 정도로 높았다. 이것은 우선 제4회 지방선거의 각급 선거에서도 확인된 강원도민들의 한나라당 선호도, 즉 보수적 정치의식을 보여준 것이라고 할 수 있다.

둘째, 김진선 후보가 3명의 경쟁 후보들의 출신 지역인 원주, 횡성,

태백*에서도 압도적인 우위를 보였다. 이는 제1회 지방선거에서의 최각규, 이상룡 후보 간의 대결, 제2회 지방선거에서의 김진선, 한호선, 이상룡 간의 대결에서 드러났던 소지역주의적 투표행태(〈표 3-5〉와 〈표 3-9〉)와는 대조적인 것이었다. 이러한 결과는 강원도민들의 정치의식에 변화가 일고 있음을 보여준 것이라고 할 수 있다. 즉, 강원도민의 소지역주의 의식이 이전에 비해 상당히 약화되었다는 것이다. 제1, 2회 강원도지사 선거에서 각 후보들은 자신의 출신 지역과 그 인근 지역에서 모두 상대 후보보다 분명히 높은 지지도를 확보했던 데 비해 제4회 지방선거에서는 김진선 후보가 경쟁 후보들의 출신 지역 모두에서 누구도 부인할 수 없는 확실한 우위를 굳혔던 것으로 드러났기 때문이다.

그럼에도 불구하고, 강원도민들의 정치의식에서 소지역주의가 완전히 근절되었다고 단언할 수는 없었다. 그 실례로 다음과 같은 두 가지 근거를 들 수 있다. 먼저, 제2, 3회 지방선거에서 영동 지역에서 줄곧 강세를 보였던 김진선 후보의 경우에 제4회 지방선거에서 상위 득표를 한 6개 지역(동해〉강릉〉삼척〉양양〉고성〉속초)이 모두 영동 지역이었다(〈표 3-5〉, 〈표 3-9〉, 〈표 3-17〉; 김재한, 2007: 439-440). 또 제4회 강원도지사 선거에서 김진선 후보의 경쟁자였던 이창복, 유재규, 유승규 후보의 경우, 모두 춘천에서 가장 높은 득표를 했지만 두 번째로 높은 득표를 한 지역은 모두 자신의 출신 지역이었다. 하지만 이러한 소지역주의적 투표 결과는 이전의 강원도지사 선거에서 나타난 것들과 비교했을 때 상당히 약화된 것임을 부인할 수 없다. 한편, 김진선 후보

---

* 이창복 후보는 원주, 유재규 후보는 횡성, 그리고 유승규 후보는 태백 출신이었다.

가 영동 지역을 기반으로 하면서도 도내 대부분의 지역에서 얻은 뚜렷한 지지도는 강원도민의 정치의식 속에 정당과 연계된 보수적 정치의식 못지않게 후보 선택에 있어 후보의 인물과 능력을 중시하는 의식이 분명하게 내재해 있음을 보여준 것이라고 할 수 있다. 이는 강원도민의 정치의식에서 소지역주의적 투표의식이 인물론에 서서히 밀려나고 있음을 시사한다.

셋째, 제4회 강원도지사 선거 결과는 강원도민의 정치의식에 보수적 정치의식과 더불어 비판적·저항적 정치의식도 작동하고 있음을 보여주었다. 춘천에서의 선거 결과가 그것이다.* 김진선 후보는 춘천에서도 1위 득표를 했지만 '혁신도시 선정 과정에서 불거진 춘천시민들의 반감'**으로 인해 자신의 도내 득표율 중 최저치를 이곳에서 기록했다. 법정 소송으로까지 비화된 반김진선 정서는 나머지 3명의 경쟁후보들에게 춘천을 각각 자신의 도내 최고 득표 지역으로 부상시킬 정도의 반사이익을 안겨주었다. 혁신도시 파동으로 인한 춘천시민들의 비판적 정치의식을 강원도민의 일반적 의식으로 확대 해석하는 것은 물론 오류다. 하지만 춘천시민들도 강원도민의 주요 구성원임을 감안할 때, 강원도민은 사안에 따라 주류적 흐름에서 벗어난 표심도 지니고 있음을 제4회 강원도지사 선거는 보여주었던 셈이다.

제4회 지방선거 결과에 대한 지금까지의 분석에서 도출해낼 수 있는 강원도민의 정치의식의 특징은 다음과 같다. 전체적으로 볼 때, 강

---

* 제4회 지방선거 결과에 비추어본 춘천시민들의 정치의식에 대한 자세한 논의를 위해서는 김원동(2006a)을 참조하라.
** 혁신도시 문제가 제4회 강원도 지방선거에 미친 영향에 대한 자세한 논의를 위해서는 김재한(2007)을 참조하라.

원도민들은 무엇보다도 전국 평균 이상으로 보수적인 한나라당 지지 성향을 갖고 있다고 할 수 있다. 또 강원도민들의 소지역주의적 투표 성향은 이전보다 약화되었고, 출신 지역보다는 후보의 인물론에 비중을 두는 경향이 서서히 나타나기 시작했다. 그와 동시에 지역 현안에 불리한 조치를 했다고 여겨지는 특정 후보에 대해서는 후보의 역량과는 별개로 선거의 장에서 비판적 표심을 드러내기도 한다는 점이다.

맺음말

인구의 측면에서 보면, 강원도는 다른 광역 단위의 지역에 비해 전체 인구 155만 내외의 소규모 공동체에 속한다. 하지만 강원도민들은 면적으로는 그 어느 지역보다도 상대적으로 넓은 공간에 산재해 있고, 이로부터 파생된 여러 요인들로 인해 정치의식의 소지역별 편차를 보여온 곳*이기도 하다. 따라서 개별 지역의 차이를 포괄하는 강원도민 전체의 정치의식에 대해 어떤 일반화를 시도하는 것은 결코 쉬운 일이 아니다. 이러한 시도는 연구 분석 단위에서도 또 다른 어려움에 봉착하게 만든다. 유권자들의 정치의식을 선거 결과에 비추어 유추해내려면 원론적으로는 다양한 선거 유형에서 드러난 각각의 결과들을 분석하고 상호 비교, 종합하는 방대한 작업을 해야 하기 때문이다. 이는 특정한 지역과 주민을 연구 대상으로 설정할 경우에도 마

---

* 지방선거, 국회의원 선거, 대통령 선거 등과 관련하여 춘천시민, 원주시민, 강릉시민의 정치의식에 대한 개별 분석을 시도한 김원동(2006a), 김종표(2006), 김창남(2006)의 연구 사례는 이런 측면에서 참고 자료가 될 수 있다.

찬가지다. 3장에서 대통령 선거, 국회의원 선거를 제외한 지방선거, 특히 광역자치단체장 선거로 범위를 좁혀 강원도민의 정치의식을 살펴보고자 했던 것도 이 때문이다. 분석 대상이 되는 선거 유형과 내용을 제한했기 때문에 여기서 확인된 강원도민의 정치의식은 일정한 한계를 전제로 한 잠정적 일반화일 수밖에 없다.

1995년 제1회 지방선거부터 2006년 제4회 지방선거에 이르기까지 네 차례에 걸쳐 실시된 지방선거, 특히 강원도지사 선거에서 강원도민들은 정치의식의 차원에서 대체로 다음과 같은 몇 가지 특징과 변화의 조짐을 보여주었다.

첫째, 전국과 강원도 유권자들의 투표율 추이는 강원도민들의 투표 참여의식이 전국 유권자들보다 평균적으로 줄곧 높은 편이었음을 확인시켜주었다. 그런 가운데서도 지방선거에서의 강원도민들의 평균 투표율은 1995년 이후 10여 년간 점진적 하락세를 보였다. 전국적으로도 이와 유사한 경향이 나타났지만 제4회 지방선거에서 전국 투표율이 상승세로 돌아선 데 비해, 강원도의 투표율은 전국 평균 투표율보다는 높았지만 제3회 선거 때보다는 다소 낮아졌다. 또한 연령대별 투표율에서는 전국 추이와 비슷하게 강원도 유권자들 사이에서도 투표율이 가장 낮은 연령층은 늘 젊은 층이었고 가장 높은 연령층은 노년층이었다.

하지만 제4회 지방선거에서 전국적으로 처음 선거권이 주어진 19세 연령층의 투표율에 있어 강원도 유권자들의 투표율은 전국 평균보다 7%포인트가량이나 낮아 전국 대비 강원도 평균 투표율과는 정반대의 모습을 보여주었다. 이와 같이 새로운 젊은 유권자 층의 선거 참여의식이 전국 평균에도 미치지 못했다는 것은 원인 분석과 대책 마련이 필요함을 시사한다. 또 강원도 유권자들도 전국 추이*와 마찬가지로 시 지역 유권자들에 비해 군에 거주하는 농촌 지역 유권자들의 투표 참여율이 언제나 상대적으로 높았다.

둘째, 제1회 지방선거 이후 10여 년 사이에 실시된 기초자치단체장, 광역의회의원, 기초의회의원 선거 결과에 의하면, 강원도민들의 정치의식은 여당지향성에서 야당지향성으로 바뀌어왔다고 할 수 있다. 제1회 지방선거의 기초자치단체장, 광역의회의원 선거에서 강원도민들은 전국적인 추이와는 달리 '전통적인 여당지향성'을 여실히 보여주었다. 하지만 제2회 지방선거 이후로 제4회 지방선거에 이르기까지 강원도민들은 이들 각급 선거에서 전국 평균 이상의 야당 지지를 표출했다. IMF 구제금융 시기와 맞물렸던 제2회 지방선거를 제외한 제1회, 2회(강원택, 2006), 4회(김원동, 2006a) 지방선거가 모두 집권여당에 대한 '중간평가'의 성격을 갖는 선거였음을 감안할 때, 그간의 지방선거에서 강원도민들은 전국 다른 지역의 유권자 못지않게 집권여당에 대한 불편한 심기를 표로 드러냈다고 할 수 있다.

셋째, 강원도민들이 보여준 야당지향성으로의 변화는 진보적·비판적 성향으로의 전환이라기보다는 '정치적 보수성'의 표현이라는 특징을 갖는 것이었다. 이는 지방선거 중 기초자치단체장 선거, 광역의회의원 선거, 기초의회의원 선거 등에서 표출된 강원도민들의 야당 지지표의 의미를 좀 더 세심하게 살펴보아야 할 필요가 있음을 의미한다. 이미 검토했듯이, 강원도민의 상당수는 제1회 지방선거에서 집

---

* 예컨대, 제4회 지방선거에서의 행정구역별 투표율의 추계치는 서울 49.9%, 광역시 48.1%, 중소 도시 49.2%, 읍 59.6%, 면 66.8%였다(중앙선거관리위원회, 2006b).

권여당인 민자당을 지지했지만, 제2회 지방선거부터는 야당인 한나라당을 지지해왔다. 이와 같은 강원도민의 한나라당 지지는 종래의 여당지향성과 견주어볼 때, 이를 해석함에 있어 묘한 긴장감과 혼동을 야기할 수 있다. 여당지향성과 정치적 보수성은 대개 한 묶음인 경우가 많은데, 제2회 지방선거 이후 일련의 지방선거 결과들은 양자의 분리를 환기시켜주었기 때문이다. 강원도민의 한나라당 지지는 집권여당이 아닌 정당을 지지한 것이라는 점에서 분명히 야당지향성으로의 외견적 변화를 의미한다. 하지만 이와 동시에 보수적 성향의 한나라당 지지라는 점에서 속성상 강원도민들의 보수적인 정치의식을 보여준 것으로 봐야 한다는 것이다. 또한 한나라당이 구여권이고, 제2회 지방선거 당시부터 집권여당이 진보적 성향의 정권이라는 점을 고려한다면, 강원도민의 투표행태는 보수적 색깔의 구여권에 대한 지지세를 이어온 것이라고 설명해야 할 것이다.

넷째, 강원도민들의 정치의식에는 보수적 정치의식이 기저를 이루고 있었지만 비판적·저항적 정치의식도 부분적으로 내포되어 있었다. 제4회 강원도지사 선거에서의 춘천 유권자들의 반응이 이를 대변해준다. 혁신도시 선정 과정에서 비롯된 춘천시민들의 반김진선 정서가 5·31 지방선거에서 여러 측면으로 표출되었기 때문이다. 즉, 춘천시민들은 그간에 김진선 후보의 행정업무 수행능력을 나름대로 인정하고 있었지만(김원동, 2004) 혁신도시 문제가 터지자 강원도지사 선거에서 혁신도시 사안에 대한 김 후보의 책임을 분명하게 묻는 모습을 보여주었다. 그 결과, 춘천이 김진선 후보의 입장에서는 자신의 도내 득표율 중 최저치를 기록한 지역으로 남게 되었고, 나머지 경쟁 후보들 모두에게는 최고의 득표 지역이 되었던 것이다. 물론 김진선 후보는 혁신도시 파동에도 불구하고 춘천에서도 득표율 1위를 놓치지 않음으로써 춘천시민들의 비판적·저항적 정치의식도 보수적 정치의식의 큰 틀 아래서 공존하는 것이었음*을 보여주었다.

다섯째, 그간의 강원도지사 선거 결과는 도지사 후보들의 출신 지역을 중심으로 뚜렷이 나타났던 소지역주의적 투표의식이 점차 약화되는 경향을 보여주었다. 즉, 강원도지사 선거에 나선 각 후보들이 자신의 거점 및 인근 지역에서 모두 1위 득표를 했던 제1, 2회 지방선거 때와는 달리 제4회 지방선거에서는 김진선 후보가 상대 후보의 거점 지역에서도 확실한 우위를 차지했기 때문이다. 그렇다고 강원도 유권자들 사이에서 소지역주의가 완전히 사라졌다고 볼 수는 없다. 예컨대, 제4회 지방선거의 도지사 선거에서도 김진선 후보의 정치적 기반이 여전히 영동 지역임이 드러났고, 나머지 경쟁 후보들도 혁신도시의 여파로 인해 반사이익을 보았던 춘천을 예외로 한다면, 역시 자신의 출신 지역에서 가장 높은 지지를 받았던 것이 사실이기 때문이다.**
하지만 강원도지사 선거 결과에서 확인된 소지역주의의 약화 경향은

---

* 강원도민들의 정치의식에 대한 지배적인 규정성을 '보수적 정치의식'에서 찾고자 하는 저자의 해석 근거 중 하나는 이 맥락에서도 발견할 수 있다. 선거 국면에서 혁신도시 문제로 인한 김진선 후보의 타격은 춘천에서 거의 유일하게 나타났다고 보는 분석(김재한, 2007)이 그것이다. 즉, 강원도민의 대부분은 당시 선거 상황에서 관심을 끌었던 혁신도시 쟁점에도 불구하고 김진선 후보를 전폭적으로 지지했던 것이다. 따라서 춘천시민들에게서 드러났던 비판적·저항적 정치의식은 강원도민 전체의 정치의식에 있어서는 부차적·부분적 성격을 갖는 것이었다고 규정할 수 있다.

** 기본적으로 지역주의를 완화하고 군소 정당이나 정치 신인들에게도 의회 진출의 기회를 제공하기 위해 5·31 지방선거에서 중선거구제가 도입(이준한, 2007)되었지만, 원래의 취지와는 달리 기초의회의원 선거에서도 소지역주의적 투표행태가 적지 않았다(김원동, 2006b). 이런 점에서 각급 선거 단위에서 나타나는 소지역주의의 폐해를 해소할 수 있는 제도적 방안을 마련하는 일은 여전히 지방정치의 중요한 정책적 과제의 하나로 남아 있다.

후보의 출신 지역보다 인물이나 경력을 중시하는 의식이 강원도민 사이에서 강화되고 있다는 의미로 해석할 수 있다. 이를테면, 소지역주의적 투표성향에도 불구하고, 경력이나 행정능력 등의 측면에서 우위에 있음을 유권자들에게 보여줄 수 있었기 때문에 김진선 후보는 제4회 강원도지사 선거에서 도 전역에 걸쳐 모두 1위의 득표율을 달성할 수 있었다는 해석이 가능하다는 얘기다.

지금까지의 논의는 지방선거를 대상으로 한 것이지만 주로 강원도지사 선거에 초점을 맞춘 것이기 때문에 강원도민의 정치의식의 일면을 알아본 것에 불과하다. 앞서도 언급했듯이, 강원도민의 정치의식도 분석 수준에 따라 서로 달리 규정될 수 있는 다면적 특성을 지니고 있기 때문에 일정한 조건을 생략한 채 단순하게 결론을 내릴 수는 없다. 따라서 강원도에서 실시된 지방선거의 각급 선거들에 대한 세밀한 분석은 물론이고 대통령선거, 국회의원 선거에 대한 개별 분석과 그 결과들에 대한 종합적인 비교 검토가 지속적으로 이루어져야 강원도민의 정치의식에 대한 좀 더 완결된 일반적 진술에 근접할 수 있을 것이다. 이런 점에서 전국 및 지방 단위에서의 다양한 유형의 선거 결과들에 대한 강원도 차원에서의 분석은 계속 관심을 갖고 천착해야 할 중요한 연구 과제가 아닐 수 없다.

4장

강원도 4·27 도지사 보궐선거에서의
투표행위와 도민의 정치의식

문제 제기

2010년 6월 2일 실시된 제5회 지방선거에서는 강원도지사 후보로 민주당의 이광재, 한나라당의 이계진, 그리고 민주노동당의 엄재철 3인이 출사표를 던졌다. 하지만 민주노동당의 엄재철 후보가 이광재 후보에 대한 지지를 선언하고 사퇴함에 따라 강원도지사 선거는 결국 한나라당의 이계진 후보와 민주당 이광재 후보 간의 맞대결로 치러졌다(《표 4-1》).

지방선거의 개표함이 모두 열리고 민주당의 이광재 후보가 마침내 강원도지사에 당선되자 도 내외의 이목이 강원도로 쏠렸다(《그림

표 4-1 │ 제5회 강원도지사 선거 후보자 기본 정보

기호	정당명	성명	성별	출생연도 (연령)	학력	경력
1	한나라당	이계진	남	1946 (64세)	원주중·고, 고려대(국문과)	KBS 아나운서, SBS 아나운서, 국회의원(17, 18대), 한나라당 대변인, 한나라당 강원도당위원장
2	민주당	이광재	남	1965 (45세)	원주중·고, 연세대(법학과)	조순 서울시장선거대책위 기획실장, 국회의원(17, 18대), 국회 평창동계올림픽유치특위 간사, 청와대 국정상황실장

자료: 중앙선거관리위원회(2010c, 2010d)에서 재구성.

4-1)). 그도 그럴 것이, 선거운동 초기만 해도 이계진 후보에 비해 대중적 인지도가 현저히 떨어져 당선 가능성이 매우 희박했던 이광재 후보가 선거운동 기간의 선전을 통해 상승세를 이어가다 투표일에 임박해서는 박빙의 승부를 예견할 정도로 그 격차를 바짝 줄인 상태에서 투표일을 맞았기 때문이다. 이광재 후보의 당선 가능성에 반신반의하며 긴장감이 감도는 분위기 속에서 투표에 임했던 도내 유권자들은 그 가능성이 현실화되자 자신들의 주권 행사의 결과임에도 전국 다른 지역의 시민들 못지않게 놀라워했다.

이광재 지사의 중도하차로 실시된 2011년 4월 27일 도지사 보궐선거補闕選擧 결과는 또 한 번 전국을 들썩거리게 했다. 선거 진행 과정으로 보나 결과로 보나 민주당 최문순 후보와 한나라당 엄기영 후보 간의 경쟁구도로 치러진 도지사 선거가 바로 10여 개월 전에 있었던 이광재, 이계진 후보 간의 대결 때와 흡사한 부분이 너무 많았기 때문이다. 이번에도 똑같은 일이 벌어질지 의구심과 호기심을 갖고 투표했던 유권자들의 탄성이 개표 결과 발표와 함께 도내 도처에서 일시에

그림 4-1 | 제5회 강원도지사 선거 개표 최종 결과

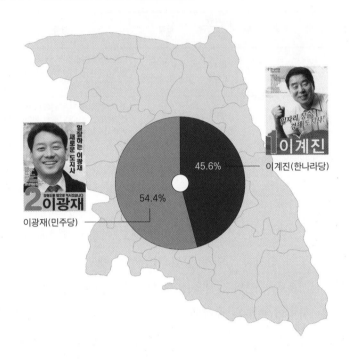

자료: 후보 사진은 중앙선거관리위원회 홈페이지(선거정보도서관/선거자료/후보자선전물/광역단체장선거)
의 선거별 후보자 벽보.

터져 나왔다.

강원도에서 그동안 대체 무슨 일이 있었기에 강원도민과 외지인들
이 연이은 두 번의 도지사 선거 결과를 일대 사건으로 받아들였을까?
이 장의 연구 목적은 위의 두 차례 선거 결과에서 표출된 강원도민의
정치의식과 투표행위를 재조명하고, 그 과정에서 뭔가 의미 있는 답변
을 도출하려는 데 있다.

이 같은 의도에 상응하는 개관적 근거를 확보하기 위해서는 먼저

강원도민의 투표행위와 정치의식에 관한 주요 선행연구들을 점검해 볼 필요가 있다.

그간 산발적으로 이루어져온 선행연구들*에 따르면, 강원도민은 강한 정치적 보수 성향을 지니고 있고, 그것은 '분단 도道'인 동시에 '남북 간의 군사적 대치 지역'이자 '냉전의 핵심 지역'이라는 강원도의 특수성에 뿌리를 둔 것으로 요약된다(정대화, 1997: 72; 신광영, 1997: 353). 실제로 해방 이후 강원도민은 선거구와 선거 국면에 따라 약간의 예외가 있긴 했지만** 전체적으로 보면 거의 일관되게 '여당편향성'과 '정치적 보수성'을 보여주었다. 제헌의회 선거 이후 이승만 정권은 물론이고, 박정희 정권, 전두환 정권, 노태우 정권 아래서 실시된 일련의 국회의원 선거와 대통령 선거 결과들이 이를 입증해준다(정대화, 1997: 66-79). 예컨대, 김영삼 정권기에 치러진 15대 총선(1996년)에서 여당이었던 신한국당은 강원도에서 제1당의 자리를 지켰고, 김대중 후보가 당선된 15대 대선(1997년)에서도 도내에서는 여당 출신 이회창 후보가 김대중 후보를 확실한 표차***로 따돌렸다(신병식, 1998a: 106-112). 17대 총선(2004년)에서도 전국적으로는 여당이었던 열린우리당

---

* 강원도민 전체를 대상으로 한 것으로는 김기석·이선향(2010), 김원동(2007), 김재한(2007), 신광영(1997), 신병식(1998a, 2002), 김기석·김대건(2011), 정대화(1997) 등의 연구가 있다. 또 도내 개별 지역 시민의 정치의식이나 투표행위 등에 초점을 맞춘 것으로는 김원동(2004, 2006a, 2006b, 2009), 김창남(2006), 신광영(1992), 신병식(1998b), 유필무(2004) 등의 연구가 있다. 4장에서는 강원도민 전체를 연구 대상으로 설정했기 때문에 선행연구들 중 주로 전자를 중심으로 살펴보려 한다.

** 예컨대, 1956년 이기붕과 장면 후보 간의 부통령 선거에서 강원도민은 이기붕 후보에게 장면 후보의 6배에 이르는 압도적 지지를 보냈지만 춘천과 원주의 유권자들은 장면 후보를 지지했다(정대화, 1997: 73).

*** 15대 대선에서의 강원도 내 득표율은 이회창 후보 43.2%, 김대중 후보 23.8%였다(중앙선거관리위원회, '역대선거정보시스템').

이 승리했지만 강원도에서는 한나라당이 현저한 우세를 보임으로써[*] 강원도민의 정치적 보수 성향을 거듭 확인해주었다. 하지만 김대중 정권에 이어 노무현 정권이 들어섬으로써 한나라당이 야당이 된 지 7년째를 맞던 시점에서 강원도민들이 한나라당을 지지했다는 사실은 강원도민의 정치적 성향에 대한 종래의 해석에 의문을 불러일으킨다. 한 연구에서 제기하듯(김기석·이선향, 2010), 17대 총선 결과를 근거로 강원도민의 투표성향이 여전히 보수적이라고 할 수는 있겠지만 여당 투표성향을 갖는다고 하기는 어려워졌기 때문이다. 이 같은 사실은 강원도민의 투표행위에 대한 새로운 해석이 요구됨을 시사하며 이 장에서 시도하는 것 중의 하나도 바로 이런 점이다.

그런가 하면, 17대 대선에서 강원도민은 한나라당 이명박 후보를 대통합민주신당의 정동영 후보보다 전국 평균 이상으로 격차를 벌리며 지지함으로써[**] 강한 보수적 투표성향을 또다시 표출했다. 이 같은 보수적 투표성향은 여야 모두 강원도를 전략적으로 신경 써야 할 중요한 지역으로 간주하지 않게 만들 원인이 될 수 있다는 우려까지 낳았다(김기석·이선향, 2010).

지금까지 살펴본 바와 같이, 강원도민의 정치적 성향과 투표 결과에 대한 선행연구들은 다음과 같은 몇 가지 특징과 의문점을 동시에 보여준다.

---

[*] 17대 총선에서 전국적으로 열린우리당은 129석으로 1당의 지위를 차지했고, 한나라당이 100석으로 제2정당이 되었다. 전국 판도와는 달리 강원도에서는 8개 지역구에서 열린우리당이 2석, 한나라당이 6석을 차지했다(중앙선거관리위원회, '역대선거정보시스템').

[**] 이명박 후보는 전국적으로 48.7%, 정동영 후보는 26.1%를 획득했다. 강원도 내 득표율은 이명박 후보 52.0%, 정동영 후보 18.9%였다(중앙선거관리위원회, '제17대 대통령선거 선거정보시스템', http://www.nec.go.kr).

첫째, 강원도민의 보수적 성향은 분단과 남북 대치라는 현대 정치사의 흐름 속에서 배태된 강원도의 특수성과 밀접한 관련이 있다. 둘째, 강원도민의 보수적 성향은 일련의 선거에서 전국 대비 강원도 투표 결과 분석에서 거의 일관성 있게 확인된다. 셋째, 강원도민의 투표성향에 대한 성격 규명은 지금까지 주로 대통령 선거와 국회의원 선거를 대상으로 한 것이었다. 넷째, 김대중 정권과 노무현 정권 아래서 한나라당은 야당의 위치에 있었지만 그 시기에도 강원도민의 상당수는 한나라당 후보를 계속 지지했다. 또한, 앞서 살펴본 바와 같이 이명박 정권 아래서 치러진 2010년 6·2 지방선거의 강원도지사 선거와 2011년 4·27 도지사 보궐선거에서도 강원도민들은 연이어 야당(민주당) 후보들을 당선시켰다. 이런 특징들에 주목할 때, 강원도민의 정치적 성향을 계속 여당지향적이라고 단정할 수 있겠느냐는 의문은 자연스러운 문제제기라고 할 수 있다. 이 장에서는 강원도민의 투표행위에 대한 그간의 선행연구에서 드러난 특징들에 기초하되, 그 과정에서 제기된 다음과 같은 몇 가지 주요 의문들에 대한 답변을 찾아보고자 한다.

강원도민의 정치의식을 지금도 '보수성'이라는 하나의 잣대로 규정할 수 있는가? 만약 그럴 수 없다면, 그 근거는 무엇이고, 어떤 식의 재규정이 가능한가? '투표율'이라는 지표에 비추어볼 때, 강원도민과 도내 18개 시·군 유권자들의 정치의식은 그동안 어떤 특징을 보였는가? 강원도민은 최근 주요 선거에서 어떤 투표행태를 보였고, 그것에 근거해 규정될 수 있는 강원도민의 정치의식은 어떤 것인가? 강원도민의 일반의식조사에서 확인할 수 있는 정치의식의 특징은 무엇인가? 특히, 강원도민은 자신과 도민의 정치적 성향을 어떻게 이해하고 있는가? 또 정치적 성향에 따른 투표행위에서 차별성은 발견되는가?

이런 의문들을 풀어가는 과정에서 저자는 다음과 같은 연구 전략을 채택했다. 첫째, 강원도민의 정치의식이나 투표행태에 대한 선행연구에서 많이 검토되지 못한 선거 유형인 지방선거에 초점을 맞추는 것이다. 이 과정에서 지방선거가 도민의 정치의식 분석에 있어 유용한 준거가 될 수 있음도 밝히고자 한다. 둘째, 강원도의 4·27 도지사 보궐선거 결과를 분석해보고, 이어서 그 이후에 실시된 도민 의식조사 결과들 가운데 정치의식 부분을 재분석해보려 한다.

4장에서는 이 같은 두 가지 방향에서의 세부 분석 결과들을 통해 강원도민의 투표행위와 정치의식에 대한 다각적이고 종합적인 해석을 시도해보고자 한다.

이론적 논의: 투표율의 정치적 의미와 투표행위 이론

민주주의는 여러 형태의 중요한 직접적인 시민 참여를 포함한다는 점에서 '선거elections'보다 훨씬 복합적인 함의를 지닌다. 그럼에도 선거는 민주주의의 핵심이라고 할 수 있다. 시민으로서 유권자는 선거에서의 '투표voting'행위를 통해 무엇보다도 국가의 정책 결정자를 선택하거나 퇴출시킬 수 있는 권한을 갖기 때문이다(Wright, Erik Olin and Joel Rogers, 2011: 353). 민주주의사회에서는 이런 선거제도와 투표권이 헌법으로 보장되어 있다. 가난한 유권자들이나 기존 사회체계에 비판적인 사람들도 자신이 선호하는 정책을 표방하는 후보자를 지지함으로써 자신의 생각을 표출하거나 공공정책의 형성에 일조

할 수 있는 잠재력을 갖게 되는 것은 바로 이런 제도가 있기 때문이다 (Domhoff, 2010: 147-149). 이런 맥락의 연장선 위에서 민주주의사회의 유지, 발전을 위한 필수요건으로 누차 강조되어온 것이 선거에 대한 관심과 실질적인 투표 참여의 중요성이다. 이것이 중요한 이유를 좀 더 구체적으로 들어보면 다음과 같다.

첫째, 지역·계층·성·인종·학력 등에 관계없이 전체 사회구성원의 다양한 목소리가 투표를 통해 대의제 정치과정에 골고루 투입되어야 정책의 입안과 집행 과정에서 특정 집단의 이익이 '과소 대표'되거나 '과대 대표'되지 않고 균형 있게 반영될 수 있기 때문이다. 이는 유권자들의 선거에 대한 관심과 투표율이 높아야 하는 합리적인 이유 중 하나다(조성대, 2009: 227-229).*

둘째, 유권자들의 투표율은 선출된 지도자나 기존의 정당체계에 대해서도 큰 영향을 미치기 때문이다. 정치 지도자가 저조한 투표율로 인해 소수 유권자의 지지를 받아 당선될 경우에는 '정치적 대표성'이나 '정치적 정통성'이 그만큼 취약해질 수밖에 없다(조진만, 2009: 7). 또 정당체계도 전체 사회구성원의 이익을 적절하게 대변하지 못하는 기형적 구조를 갖게 됨으로써(조성대, 2009: 228) 주변의 정세 변화에 언제든 뒤흔들릴 수 있어 안정적인 정당정치의 발전을 기대하기 어

---

* 물론 구성원들이 자신들의 '정치적 목소리political voice'를 내는 방법은 투표뿐만 아니라 여러 가지 다른 정치 참여 방식이 있다. 문제는 공동체 내의 다양한 집단의 정치적 목소리가 정치과성에 균등하게 반영되어야 한다는 이상과는 달리 현실은 그렇지 못하다는 데 있다. 이를테면, 투표를 비롯한 정치 참여 활동에 있어 미국 시민들은 소속집단에 따른 차이, 특히 사회계급별 차이가 적지 않고, 그로 인해 정치적 목소리에 있어서도 심각한 불평등에 직면해 있다(Schlozman, Kay Lehman, Benjamin I. Page, Sidney Verba & Morris P. Fiorina, 2005: 19-87).

렵다.

이 같은 관점*에서, 이 연구에서는 투표율에 주목**하고자 하며 4·27 강원도지사 보궐선거 결과에 대한 분석을 중심으로 강원도민의 투표율 추이와 의미를 전국적인 추세와 비교해 다각도로 검토하고자 한다.

투표행위를 결정하는 요인에 대해서는 서로 경쟁하는 여러 이론이 있다. 여기서는 사회학적 관점과 사회심리학적 관점의 이론에 특히 주목하고자 한다.***

---

* 이러한 관점에서 보면, 투표 참여는 민주시민으로서의 중요한 덕목이자 의무이며 따라서 낮은 투표율은 대의민주주의의 위기로 간주될 수 있다. 저조한 투표율이 '정치 참여의 퇴조'로 지목되고 우려의 대상이 되는 것도 같은 맥락의 얘기다. 투표 참여나 정당활동과 같은 전통적인 정치 참여 방식은 줄어드는 추세이지만 최근에는 정치환경의 변화에 따른 다양한 새로운 정치 참여 방식에 주목하는 논의들이 적지 않다. 예컨대, 정보통신기술의 발달에 힘입어 전자메일을 통해 정부 관계자나 정치인과 소통하는 행위, 정치 웹사이트 상에 자신의 의견을 게시하는 행위, 공동체에서 이루어지는 자원봉사활동 등이 그것이다 (Niemi, Richard G., Herbert F. Weisberg and David C. Kimball, 2011a: 23-40). 이런 시각에서 보면, 민주주의와 정치 참여 방식 간의 관계를 공식 선거에서의 투표율 제고의 측면에서만 접근하는 것은 그간의 변화를 과소평가하고 지나치게 단순화한다는 비판을 받을 수도 있다. 이는 '트위터Twitter'나 '페이스북Facebook'과 같은 '소셜네트워크서비스SNS'를 이용한 정치 참여의 확산과 활성화에 주목할 필요가 있음을 시사하는 것이기도 하다.
** 이 연구에서 투표율에 주목하는 또 다른 이유는 우리나라를 비롯한 세계 주요 국가에서도 유권자 투표율의 지속적인 하락으로 민주주의 자체가 위협과 도전에 직면해 있다는 통념을 암묵적으로 수용하기 때문이다. 그런데 이런 일반적 인식과는 달리, '투표 유자격 인구층voting-eligible population, VEP'이라는 새로운 개념을 만들어내고 이에 기초해 미국의 대통령 선거 참여율의 장기적인 하락 주장을 반박하는 흥미로운 연구 결과도 있다 (McDonald, 2011: 65-74). 이 연구에 의하면, 1948년 이후 미국의 대통령 선거 투표율은 지속적인 하락세를 보여온 것이 아니라 길거나 짧은 상승과 하락을 반복해왔다고 한다. 특히, 1996년 대선 이후 최근 2008년까지의 대선 투표율은 계속 상승해왔다고 주장한다. 이러한 방향의 연구들과 투표율의 전반적인 하락 추이를 주장하는 상반된 연구 성과들에 대해서는 추후 별도로 상세한 비교 분석이 시도되어야 할 것으로 판단된다.
*** 전용주 등은 투표행위를 이해하기 위한 이론으로 사회학적 관점과 사회심리학적 관점 외에도 정치사회학적 관점, 경제학적 관점, 인지심리학적 관점, 신제도주의적 관점 등에서

대표적인 것 중의 하나가 미국 '컬럼비아 학파Columbia School'에서 시작된 사회학점 관점의 이론이다. 유권자가 어떤 집단에 소속되어 있느냐가 그의 정당 선호나 지지 후보의 선택에 가장 큰 영향을 미친다고 주장하는 이론이다. 다시 말해, 성·지역·세대·연령·직업·소득 같은 기준에 따라 집단을 나눌 때 같은 집단에 속하는 구성원들끼리는 어려서부터 교류하는 가운데 공동의 경험을 하고 서로 영향을 주고받으면서 유사한 태도와 가치, 신념을 익히기 때문에 역시 비슷한 정치적 태도와 행동을 보이게 된다는 것이다(임성학, 2009). 여기서는 성·연령·학력·수입 같은 사회인구적 요인들이 강원도 유권자들의 정치의식과 정치적 태도 및 투표행위 등에 어떤 영향을 미치는지를 검토해보려 한다.

또 다른 하나는 사회심리학적 관점에서 '정당일체감party identification'이라는 개념을 동원해 투표행위를 설명하고자 하는 이론이다. 여기서 말하는 정당일체감이란 "유권자가 어떤 정당을 대상으로 하여 상당 기간 내면적으로 간직하는 애착심 또는 귀속의식"으로서 "보통 18세 이전의 사회화 과정을 통해 형성되고 (…) 이후 성장 과정에서 시기가 지남에 따라 변하는 것이 아니라 오히려 강도가 세지고 안정적으로 공고화된다"(한정택, 2009: 75, 82)고 한다. 강원도민의 정치의식과 투표행위를 분석함에 있어 과연 정당일체감으로 설명할 수 있는 부분이 있는지를 짚어보고자 한다. 강원도민의 정치의식의 보수성, 진보성, 여/야 성향 등을 이와 관련하여 어떻게 설명할 수 있을지도 검토의 대상

전개된 여러 가지 이론을 소개하고 있다. 투표행위 이론들에 대한 자세한 논의를 위해서는 전용주 외(2009), Evans(2004) 등을 참조하라.

이다. 정당명이 수시로 바뀌고 이합집산이 빈번해 안정적인 정당체계가 구축되어 있다고 평가하기 힘든 우리의 정치현실에서, 강원도민의 정치적 보수성과 여당지향성의 혼재와 변화, 야당 후보의 도지사 당선 등을 어떻게 해석할 것인지*에 관해 생각해볼 것이다.

연구 방법과 자료

여기서 채택한 연구 방법은 크게 보면 두 가지다. 하나는 기존의 연구 성과와 자료들을 취합해 정리하고 재구성하는 것이다. 다른 하나는 저자를 포함한 여러 연구자의 공동연구로 진행되었던 '2011 강원도민 의식조사' 질문지에 강원도민의 정치의식과 투표행위를 분석하기 위해 포함시켰던 문항들**에 대한 응답 결과를 분석하는 것이다. 양자의 방법에 대해 좀 더 구체적으로 서술하면 다음과 같다.

---

* 강원도를 지배해온 보수적 성향의 정치적 분위기가 진보적 성향의 정치적 흐름으로 전환되는 듯한 최근의 정세 변화는 미국 정치의 변화를 연상시킨다. 민주당과 공화당이 거의 번갈아 집권할 정도로 미국 정치는 양당제 아래서 움직여왔지만, 그런 가운데서도 미국 유권자들의 정당일체감은 1960년대 이후로 '강력한 보수주의운동의 발흥'과 함께 공화당 쪽으로 기울어온 것으로 평가되었다(Pierson, Paul and Theda Skocpol, 2007: 3-16; Campbell, Andrea Louise, 2007: 68-102). 하지만 2008년 오바마가 민주당에 대한 유권자들의 높은 정당일체감에 힘입어 당선되자 이것을 민주당 지배로의 전환을 알리는 새로운 출발 신호로 긴 주헤야 할지를 두고 논란이 있었다(Niemi, Richard G., Herbert F. Weisberg and David C. Kimball, 2011b). 물론 미국과 한국의 정당체계 및 역사가 근본적으로 다르고 '정당일체감'에 대한 유권자의 인식도 매우 다르기 때문에 미국과 강원도의 상황을 동일선상에 놓고 비교할 수는 없지만 적어도 외견상 눈길이 가는 공통점을 부분적으로 지니고 있음은 흥미로운 일이다.
** 저자는 당시 질문지 구성 과정에서 4·27 도지사 보궐선거에 관한 유권자들의 태도와 행동을 파악하는 데 필요하다고 생각했던 문항들을 만들어 넣었다.

먼저, 전자의 방법은 선거 관련 인터넷 웹사이트와 문헌에서 얻을 수 있는 각종 자료들을 활용하는 것이라고 할 수 있다. 이를테면, 중앙선거관리위원회와 강원도선거관리위원회가 홈페이지와 보고서를 통해 제공하는 각종 선거 관련 집합자료, 국내외의 선거 연구서 및 논문에서 확보할 수 있는 자료들을 종합적으로 정리·분석하면서 연구 주제에 접근하는 방법이다. 후자의 방법은 조사원들이 구조화된 질문지를 가지고 조사 대상자들을 직접 만나 구한 답변 자료들을 전체적으로 통계 처리하여 분석하는 방법이다.

현장조사 과정과 방법 및 조사 대상자의 사회인구적 특성(〈표 4-2〉) 등을 간추려 살펴보면 다음과 같다.

'2011 강원도민 의식조사'에서는 강원도민을 모집단으로 설정했고, 20대 이상의 연령층을 상대로 한 표본조사를 실시했다. 전체 조사 대상자는 1,088명이었다. 표본추출 방법으로는 도내 18개 시·군의 인구 비중을 고려한 '다단계 집락표집 방법'을 사용했고, 조사는 2011년 6월 21일부터 7월 3일까지 약 2주간에 걸쳐 강원대학교 사회학과 학생들이 조사 대상자들의 가정을 직접 방문하여 준비해 간 질문지로 설문조사를 실시하는 방식으로 이루어졌다. 자료 분석을 위해 통계프로그램 'PASW 18'을 이용했고, 실제 분석에서는 주로 빈도분석, 교차분석, 일원배치 분산분석 등의 방법이 사용되었다.

표 4-2 | 조사 대상자의 사회인구적 특성 (단위: 백분율)

성	남						여		계
	48.5						51.5		100.0 (1,080)

연령	20대		30대		40대		50대	60대 이상	100.0 (1,075)
	14.5		17.3		28.3		24.4	15.5	

거주 지역	춘천	원주	강릉	동해	태백	속초	삼척	홍천	횡성	100.0 (1,080)
	17.3	18.8	14.2	6.4	3.2	5.5	5.2	4.8	3.2	
	영월	평창	정선	철원	화천	양구	인제	고성	양양	
	2.8	2.9	2.8	3.2	1.8	1.5	2.0	2.1	2.0	

거주 기간	5년 이하	6~10년	11~15년	16~20년	21~25년	26~30년	31년 이상	100.0 (1,086)
	10.4	11.2	8.7	16.3	8.0	11.0	34.4	

혼인 상태	미혼	기혼	이혼	사별	100.0 (1,086)
	22.3	73.0	1.5	3.2	

최종 학력	중졸 이하	고졸~전문대졸	대졸 이상	100.1 (1,085)
	17.2	55.6	27.3	

월평균 가구 수입	100만원 미만	100만원 이상 ~200만원 미만	200만원 이상 ~300만원 미만	300만원 이상 ~400만원 미만	400만원 이상	99.9 (1,077)
	14.2	31.7	23.2	16.5	14.3	

주1: ( ) 안의 숫자는 실수.
주2: 항목별 분석에서 무응답자는 제외.
주3: ( ) 안의 합계 실수가 항목에 따라 다소 차이가 나는 이유는 결측값을 제외했기 때문.

4·27 강원도지사 보궐선거를 통해 본
강원도민의 투표행위와 정치의식

6·2 지방선거를 통해 당선된 이광재 지사의 낙마로 이명박 정권 시

표 4-3 | 4·27 강원도지사 보궐선거 후보자 기본 정보

기호	정당명	성명	성별	출생연도 (연령)	학력	경력
1	한나라당	엄기영	남	1951 (60세)	춘천중·고, 서울대(사회학과)	MBC 9시 뉴스데스크 진행자, MBC 사장, 한국방송협회 회장 (15대), 2018 평창동계올림픽 유 치위원회 부위원장
2	민주당	최문순	남	1956 (55세)	춘천고, 강원대(영어교육과), 서울대 대학원 (영문과석사)	MBC 사장, 한국방송협회 회장 (13대), 국회의원(18대), 민주당 2018 평창동계올림픽 유치위원회 수석부위원장, 민주당 원내부대표
3	무소속	황학수	남	1948 (63세)	강릉명륜고, 방송통신대, 건국대 행정대학원 (석사)	국회의원(15대), 최각규 강원도지 사 비서실장, CBS 기독교 영동방 송 설립 이사장, 대한태권도협회 부회장

자료: 중앙선거관리위원회(역대선거정보시스템-'4·27 재·보선 후보자명부'; 2011c, 2011d, 2011e); Naver(인
물정보)에서 재구성.

기인 2011년 4월 27일 도지사 보궐선거가 실시되었다. 여당인 한나라
당의 엄기영 후보, 야당인 민주당의 최문순 후보, 그리고 무소속의 황
학수 후보가 출사표를 던졌다(〈표 4-3〉).

 특히, 같은 MBC 사장 출신이자 춘천고등학교 선후배 사이로 관심
을 끌었던 엄기영 후보와 최문순 후보는 선거 막바지로 갈수록 선거
결과를 예측하기 힘들 정도로 치열한 접전을 벌였고, 결국 최문순 후
보가 51.1%를 얻음으로써 46.6%를 획득한 엄기영 후보를 눌렀다(《강
원일보》, 2011. 4. 29).

 야당 후보 당선으로 마무리된 4·27 보궐선거를, 여기서는 그간의
도내 주요 선거 투표율 추이를 검토하면서 이 선거의 투표율에 담긴
의미를 짚어보고, 세 후보의 18개 시·군별 득표율 비교를 통해 강원도

그림 4-2 | 4·27 강원도지사 보궐선거 개표 최종 결과

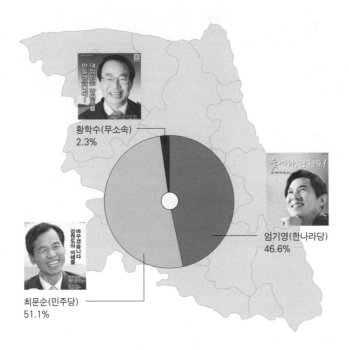

자료: 후보 사진은 중앙선거관리위원회 홈페이지(선거정보도서관/선거자료/후보자선전물/광역단체장선거)
의 선거별 후보자 벽보.

민의 투표행위와 정치의식의 특징을 가늠할 수 있는 몇 가지 단서를
확보하고자 한다. 끝으로 '2011 강원도민 의식조사'에서 드러난 강원
도민의 투표행위와 정치의식을 집중적으로 조명해보려 한다.

4·27 강원도지사 보궐선거의 투표율과 후보자 득표율

2011년 4·27 보궐선거의 도내 평균 투표율은 47.5%로 나타났다(중
앙선거관리위원회 홈페이지).

사진 4-1 | 보궐선거 민주당 강원도 선대위 해단식에서의 최문순 당선자 모습

자료: 강원도민일보사.

　그러면, 우리는 이전의 선거들에 비해 낮았던 4·27 보궐선거의 투표율을 어떻게 해석해야 할까? 단순화시켜 보자면, 4·27 강원도지사 보궐선거의 투표율이 직전의 6·2 지방선거보다 크게 하락했지만 평일에 치러진 선거임에도 유권자의 거의 절반이 투표에 참여했다는 점에서 예상외로 높은 투표율을 보인 것이라고 할 수 있다.* 이 같은 평가

---

* '2011 강원도민 의식조사'의 문항 중 하나인 '4·27 강원도지사 보궐선거에 불참했던 가장 큰 이유가 무엇이었는지'에 대한 답변 가운데 가장 비율이 높았던 것은 '투표할 마음은 있었지만 개인적 사정으로 투표장에 갈 시간을 확보하지 못해서'라는 응답(36.6%)이었다. 4·27 도지사 보궐선거 직후에 춘천, 원주, 강릉 3곳의 유권자를 대상으로 실시된 또 다른 조사에서도 거의 같은 결과를 확인할 수 있었다. 투표하지 않은 이유를 물은 결과, 가장 많았던 답변이 '직장 등 개인적으로 바쁜 일이 있어서'(35.1%)였다(서강대 현대정치연구소, 2011: 81). 이러한 조사 결과들은 보궐선거 투표율을 해석함에 있어 투표일이 유권자들의 일상이 이뤄지는 '평일'이라는 점을 고려해야 함과 동시에 보궐선거 투표율의 제고를 위해서는 이런 장애 요인을 해결할 방안의 모색이 절실함을 시사한다.

는 전국 단위에서의 선거 유형별 투표율 추이 비교에서도 정당한 근거를 확보할 수 있다. 그간의 투표율 분석 연구에 의하면, 지방선거의 재보궐선거에서의 투표율 저조 현상은 국회의원 재보궐선거보다 훨씬 더 심각했기 때문이다. 이를테면, 제14대 국회에서의 재보선 투표율은 평균 55.3%, 15대 국회에서는 46.8%, 16대 국회에서는 34.3%였던 데 비해, 제1회 지방선거 이후 실시된 총 29차례의 광역의회의원 및 광역자치단체장 재보궐선거의 평균 투표율은 48.4%, 제2회 지방선거 이후 총 54건의 재보궐선거에서의 투표율은 24.3%, 제3회 지방선거 이후 총 56건의 재보궐선거에서의 투표율은 31.9%였다(박명호, 2006: 134-135). 이와 같은 종래의 국회의원 선거 및 지방선거의 재보궐선거 투표율과 비교하면, 4·27 강원도지사 보궐선거의 투표율 47.5%는 꽤 관심을 끌 만한 높은 투표율*이었음을 알 수 있다.

4·27 강원도지사 보궐선거 투표율이 높은 편이라고 해석할 수 있는 또 다른 근거는 이 선거보다 몇 달 앞서 실시된 도내의 다른 보궐선거와의 비교에서도 발견할 수 있다. 4·27 강원도지사 보궐선거 투표율 47.5%는 도내 '미니 총선'이라고 불릴 정도로 18개 시·군 중 절반의 행정구역에 해당하는 3개 국회의원 선거구에서 실시된 '7·28 국회의원 보궐선기'**의 투표율보다 높았기 때문이다. 당시 원주시 보궐선

---

* 이러한 투표율은 특히, 같은 날 실시되었던 국회의원 재보궐선거에서의 투표율과 비교해도 알 수 있다. 예컨대, 강원도의 4·27 도지사 보궐선거 투표율은 김태호 후보의 출마로 전 국민적 이목을 집중시켰던 경남 김해시을 국회의원 선거구의 투표율 41.5%보다 높았고, 손학규 후보의 출마에 따른 여야 맞대결로 선거 기간 내내 전국적으로 집중 조명을 받았던 경기도 성남시 분당구을 선거구의 투표율 49.1%(중앙선거관리위원회, '역대선거정보시스템')와 거의 비슷한 수준이었다.
** 도내의 2010년 7·28 국회의원 보궐선거 중 2개 선거구는 2010년 6·2 지방선거와 밀접한 관련이 있는 선거구였다. 즉, 태백·영월·평창·정선 선거구와 원주 선거구에서의 보궐선

거는 28.7%, 태백·영월·평창·정선 보궐선거는 45.1%, 그리고 철원·화천·양구·인제 보궐선거는 47.4%의 투표율을 보였다(중앙선거관리위원회 홈페이지). 이는 앞서도 언급했듯이, 도 전역에서 치러진 도지사 보궐선거에 대한 도민들의 관심이 도내 전역에 비해 훨씬 좁은 범위의 개별 지역구에서 실시된 국회의원 보궐선거에 대한 관심보다 적지 않았음을 보여준다.

이러한 사실은 4·27 강원도지사 보궐선거에서의 투표율이 외견상 전국 단위의 다른 선거 유형에서의 그것보다 낮았지만 실질적으로는 강원도민의 정치적 의사가 상당 부분 반영된 대표성 있는 투표였다고 보아도 무리가 없음을 의미한다. 이런 점에서 강원도민의 투표행위와 정치의식의 현주소를 4·27 강원도지사 보궐선거에 대한 분석 결과를 통해 가늠해보는 것은 충분히 설득력을 가질 수 있다.

그러면, 먼저 세 후보의 18개 시·군별 득표율*** 비교(〈그림 4-3〉)를 통해 확인할 수 있는 강원도민의 투표행위와 정치의식은 어떤 것인지를 짚어보자.****

우선, 최문순 후보는 도내에서 유권자가 가장 많은 춘천과 원주에서 엄기영 후보를 큰 표차로 따돌림으로써 승리에 결정적인 도움을 받았다. 특히, 두 후보의 고등학교 출신 지역인 춘천에서 최 후보는 엄

거는 이광재 후보(태백·영월·평창·정선 선거구)와 이계진 후보(원주 선거구)의 6·2 강원도지사 선거 출마로 인해 생긴 공석을 메우기 위한 것이었다. 그런가 하면, 철원·화천·양구·인제 선거구에서 실시된 선거는 이용삼 의원의 병사病死로 인한 것이었다.

*** 강원도 내 18개 시·군 각각의 읍면 및 동별 후보자 득표수에 관한 상세 자료는 중앙선거관리위원회(2011a)를 참조하라.

**** 4·27 보궐선거 결과에 근거한 강원도민의 투표행태와 정치의식에 대한 자세한 분석은 '2011 강원도민 의식조사'에 관한 다음 절의 분석에서 논의하고자 한다.

그림 4-3 | 4·27 강원도지사 보궐선거의 후보별 18개 시·군 득표율

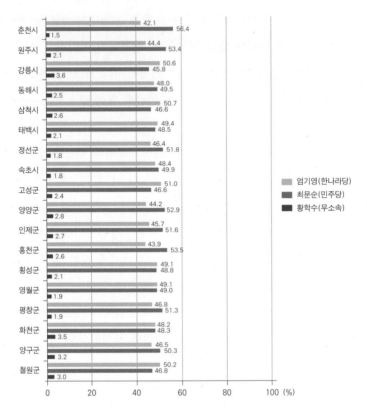

	엄기영(한나라당)
	최문순(민주당)
	황학수(무소속)

자료: 《강원일보》(2011. 4. 29).

후보와의 격차를 도내에서 가장 크게 벌렸다. 이런 결과는 곧 도민들 중에서도 춘천과 원주의 유권자들이 도내 다른 지역의 유권자들보다 비판적 정치의식 내지는 반한나라당 정서가 좀 더 강했기 때문에 빚어진 것이라고 추정할 수 있다. 그런가 하면, 최문순 후보는 영서 지역보다 보수적 성향이 상대적으로 강한 영동 지역의 몇 곳에서도 승리했고, 접경 지역에서도 비교적 좋은 성적을 거뒀다. 여야 정당구도의

측면에서 볼 때, 이는 외견상 강원도민의 정치의식이 지난 6·2 지방선거에 이어 야당 성향 쪽으로 한 발자국 더 옮겨 간 것이라는 해석을 가능하게 해준다.

'2011 강원도민 의식조사' 결과에 비추어본 강원도민의 투표행위와 정치의식

4·27 도지사 보궐선거에 대한 강원도민의 관심을 물어본 결과, '매우 많았음'과 '조금 있었음'이라고 응답한 비율이 합쳐서 70.2%로 상당히 높은 편*이었다(〈그림 4-4〉). 실제 투표율이 47.5%였던 것과 견주어보면, 선거에 관심을 갖고 있었던 유권자 중의 60~70% 정도가 투표장을 찾았던 것으로 보인다.

또 이번 조사 결과에 의하면, 4·27 도지사 보궐선거에 관심이 많았던 도민일수록 실제로 투표에 많이 참여한 것으로 나타났다(〈표 4-4〉와 〈그림 4-5〉).

이 같은 조사 결과들은 선거에 대한 관심 정도가 투표율과 직결되며 4·27 도지사 보궐선거에 대한 강원도민의 관심이 실제로 높았고, 그로 인해 평일에 치러진 선거임에도 투표율이 높았던 것임을 확인해준다. 이는 앞서 살펴본 4·27 도지사 보궐선거에 대한 투표율 분석 결과나 해석과도 일맥상통한다.

---

* 2010년 6·2 지방선거 직전인 5월 10일과 11일 양일에 걸쳐 실시된 유권자 의식조사에 의하면, 6·2 지방선거에 대한 관심도는 전국 평균이 54.4%였고, 제주와 함께 묶인 '강원/제주'의 경우에는 63.4%였다(중앙선거관리위원회, 2010a: 23).

그림 4-4 ｜ 4·27 도지사 보궐선거에 대한 관심 (단위: 백분율)

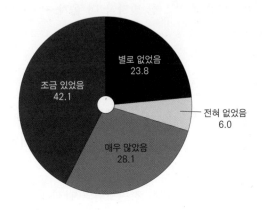

4·27 도지사 보궐선거에서 지지 후보를 선택할 때 중시했던 기준 1순위와 2순위를 지적해달라고 했을 때, 강원도민은 '강원도 현안에 대한 식견과 공약'을 가장 비중 있게 생각했다고 답했고, 그다음이 '도덕성 또는 인간적 신뢰감', '소속 정당' 순이라고 했다(《표 4-5》와 〈그림 4-6》). 유력한 두 후보가 모두 춘천고등학교 출신인 점을 감안한다 하더라도 강원도민이 출신 지역이나 학력, 경력, 후보의 인지도, 소속 정당 같은 요인보다 강원 지역 현안에 대한 후보의 식견과 개인적 도덕성을 중시한 것은 주목할 만하다.* 이러한 응답 결과는 이론적 수준에

---

* 물론 강원도민이 이런 태도를 갖게 된 데에는 4·27 도지사 보궐선거 직전에 치러졌던 6·2 지방선거의 후속적 영향과 4·27 도지사 보궐선거운동 기간 말기에 터져 나왔던 '강릉 펜션 불법 선거운동'에 대한 거부감이라는 특수한 요인들도 작용했던 것으로 보인다. 즉, 당시 선거에서 이계진 후보에 비해 지명도도 낮고, 야당 출신이었던 이광재 후보가 선거 과정을 통해 유권자들에게 개인적 역량을 각인시키며 다가가 마침내 당선까지 될 수 있었던 기억이 연이어 치러진 4·27 도지사 보궐선거에서도 후보들의 개인적 역량 자체에 초점을 맞추게 만든 주된 요인의 하나로 작용했던 듯하다. 또 선거 막바지에 발생한 강릉 불법 선거운동이 후보의 '도덕성 또는 신뢰감'을 지지 후보 선택의 중요한 요인으로 부상하게 만든

표 4-4 | 4·27 도지사 보궐선거에 대한 관심 정도와 투표 여부 (단위: 백분율)

	투표했음	투표하지 않았음	합계	x^2
매우 많았음	89.5	10.5	100.0(305)	
조금 있었음	70.2	29.8	100.0(456)	191.481*
별로 없었음	41.1	58.9	100.0(258)	
전혀 없었음	28.1	71.9	100.0(64)	

주1: ( ) 안은 실수.
주2: * p<.001.

그림 4-5 | 4·27 도지사 보궐선거에 대한 관심 정도와 투표 여부

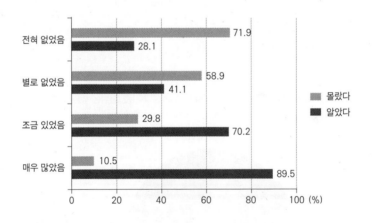

서 볼 때, 강원도 유권자들의 정당일체감이나 정치적 보수성이 이전에 비해 약화되었음을 시사한다고 볼 수 있다. 다시 말해, 강원도민들이 후보의 이념적 지향성이나 정당 소속 자체보다는 개인의 역량과

또 하나의 중요한 요인이 되었던 것으로 보인다.

표 4-5 │ 4·27 도지사 보궐선거에서의 지지 후보 선택 기준

구분	1순위		2순위		종합 점수
	빈도	가중점수	빈도	가중점수	
소속 정당	196	392	90	90	482(22.9)
출신 지역	26	52	38	38	90(4.3)
학력 및 경력	20	40	30	30	70(3.3)
강원도 현안에 대한 식견과 공약	261	522	184	184	706(33.6)
외모	3	6	7	7	13(0.6)
도덕성 또는 인간적 신뢰감	184	368	276	276	644(31.6)
인지도(지명도)	18	36	63	63	99(4.7)
합계	708	1,416	688	688	2,104(101.0)

주: 종합점수는 1순위 응답의 빈도에 대해서는 2배의 가중치를 주고, 2순위에 대해서는 그대로 빈도수를 자체 점수로 간주하여 양자를 합산한 것임.

그림 4-6 │ 4·27 도지사 보궐선거에서의 지지 후보 선택 기준 (단위는 백분율이며, 괄호는 실수)

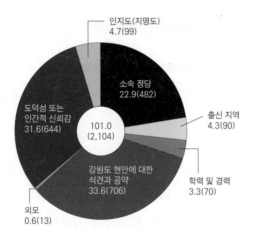

도덕성을 선택의 핵심 기준으로 삼기 시작했다는 얘기다.

4·27 도지사 보궐선거에서 지지 후보들에 대한 정보를 얻거나 후보들의 능력을 판단하는 데 도움이 되었던 것을 중요도에 따라 1순위와 2순위로 지적해달라고 하자, 강원도민은 'TV선거방송토론회'를 가장 많이 꼽았고, 그다음 순으로 '신문의 관련 기사나 보도', 'TV방송뉴스'를 들었다(〈표 4-6〉과 〈그림 4-7〉). 이 같은 사실은 무엇보다도 선거 과정에서 옥외 유세가 금지된 이후 'TV선거방송토론회'가 선거의 성패를 좌우하는 후보 경쟁의 주된 무대로 자리를 잡아가고 있음을 보여준다. 신문을 비롯한 다른 매체보다 방송 매체가 후보 선택에 필요한 정보 수집과 능력 판단에 있어 압도적인 영향력을 행사하는 수단이 되고 있었던 것이다. 하지만 중앙선거관리위원회가 '소셜네트워크서비스 선거운동'을 허용(《중앙일보》, 2012. 1. 14)했기 때문에 특히 젊은 유권자 층에서는 트위터나 페이스북 등이 후보 정보의 획득과 선택 과정에서 TV선거방송토론회의 중요한 경쟁 매체로 부상할 것으로 전망되었다.

한편, 유권자들에게 후보에 대한 올바른 정보를 제공함으로써 후보의 능력을 제대로 판단하도록 도움을 주기 위해 전개된 '매니페스토운동'에 대해 알고 있었는지를 물어본 결과, 응답자의 약 30%가 알고 있었다고 답했고, 인지 매체로 언급한 것 중에는 'TV방송'이 가장 많았으며 그다음이 '신문 보도', '인터넷 기사' 등의 순이었다(〈표 4-7〉, 〈그림 4-8〉, 〈그림 4-9〉).

매니페스토운동에 대해 알고 있었다고 답한 응답자들을 대상으로 매니페스토운동이 후보들의 공약을 확인하고 이해하는 데 얼마나 도움이 되었는지를 물어본 결과, 도움이 되었다고 한 응답자가 80%가

표 4-6 | 4·27 도지사 보궐선거에서 후보에 대한 정보 입수와 능력 판단에 도움이 되었던 요소

구분	1순위		2순위		종합 점수
	빈도	가중점수	빈도	가중점수	
TV선거방송토론회	426	852	98	98	950(44.8)
TV방송뉴스	92	184	193	193	377(17.8)
신문의 선거관련 기사나 보도	104	208	199	199	407(19.2)
후보 현수막 및 홍보물	21	42	67	67	109(5.1)
가두 유세	14	28	18	18	46(2.2)
가족이나 주변 사람들과의 대화	53	106	124	124	230(10.9)
합계	710	1,420	699	699	2,119(100.0)

주: 1순위 응답의 빈도에 대해서는 2배의 가중치를 두고, 1순위에 대해서는 그대로 빈도수를 자체 점수로 간주
하여 양자를 합산한 것이 종합점수.

그림 4-7 | 4·27 도지사 보궐선거에서 후보에 대한 정보 입수와 능력 판단에 도움이 되었던
요소 (단위는 백분율이며, 괄호는 실수)

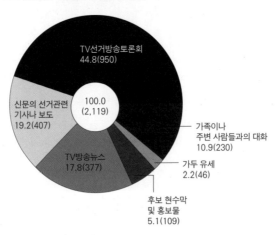

표 4-7 | 매니페스토운동에 대한 인지 여부와 인지 매체 (단위: 백분율)

인지 여부		알았다	몰랐다	계
		29.8	70.2	100.0(1,084)
인지 매체	TV 방송을 통해	57.0		
	신문 보도를 통해	19.0		
	인터넷 기사를 통해	14.4		99.9(305)
	주변의 지인들을 통해	7.2		
	기타	2.3		

주: ( ) 안의 숫자는 실수.

그림 4-8 | 매니페스토운동에 대한 인지 여부 (단위: 백분율)

넘었으나 세부적으로 보면, '매우 도움이 되었음'은 20%에 채 미치지 못했고, '조금 도움이 되었음'이 60% 이상이었다(〈표 4-8〉).

왜 그랬을까? 도움이 되지 않았던 주된 이유에 대한 답변은 이에 대한 궁금증을 덜어준다. 유권자들은 매니페스토운동의 핵심인 후보

그림 4-9 | 매니페스토운동에 대한 인지 매체

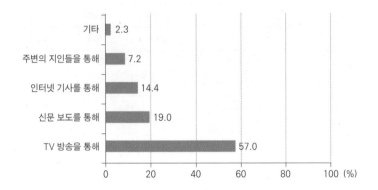

표 4-8 | 매니페스토운동이 후보의 공약 확인과 이해에 도움을 준 정도 (단위: 백분율)

매우 도움이 되었음	조금 도움이 되었음	거의 도움이 되지 않았음	전혀 도움이 되지 않았음	계
18.6	62.4	15.2	3.7	99.9(322)

주: ( ) 안의 숫자는 실수.

들의 '공약' 자체가 실현 가능성이 없는데다 차별성이 없다고 판단(〈그림 4-10〉)했던 것이다.*

위의 문항에 대한 항목별 응답자는 숫자 자체가 너무 적어 일반화하는 데 어려움이 있으나 '공약의 실현 가능성' 다음으로 '매니페스토

---

* 최문순 후보와 엄기영 후보의 공약에 대한 강원매니페스토추진본부의 총평 가운데 '총필요재원' 부문을 보면, 강원도민이 이런 판단을 했을 것이라고 충분히 짐작할 수 있다. 추진본부는 두 후보의 공약 이행에 필요한 재원은 모두 '추산 불가'라고 해야 할 정도라면서 엄기영 후보는 40조 원 이상, 그리고 최문순 후보는 20조 원 이상 될 것으로 추정된다고 평가했다(강원매니페스토추진본부, 2011: 77).

그림 4-10 | 매니페스토운동이 도움이 되지 않았던 주된 이유

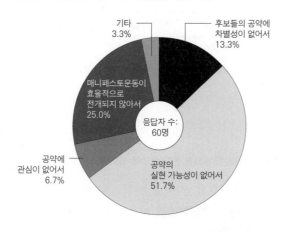

운동이 효율적으로 전개되지 않아서' 도움이 되지 않았다는 응답이 많았다는 점에 유의할 필요가 있다. 매니페스토운동의 효율적인 추진 방법에 대한 진지한 모색이 앞으로 풀어가야 할 숙제임을 일러주었기 때문이다.

　매니페스토운동에 대해 알고 있었던 유권자가 이를 몰랐던 이들보다 실제 투표 참여율이 높았던 점에도 동시에 주목할 필요가 있다 (〈표 4-9〉와 〈그림 4-11〉).

　매니페스토운동의 인지 여부, 성과 정도, 성과 부진의 이유, 실제 투표행동과의 관계 등에 대한 이상의 조사 결과를 정리하면 다음과 같다.

　먼저, 강원도민은 후보들에 대한 정보나 그들의 능력 판단에 도움을 받은 TV와 신문이라는 대중매체를 통해 매니페스토운동을 알게 된 경우가 많았다. 하지만 도민 중에는 매니페스토운동을 몰랐던 경

표 4-9 | 매니페스토운동에 대한 인지 여부에 따른 투표 유무 (단위: 백분율)

	투표했음	투표하지 않았음	계	x^2
알았다	82.6	17.4	100.0(322)	54.997*
몰랐다	59.3	40.7	100.0(759)	

주1: ( ) 안의 숫자는 실수.
주2: p<.001.

그림 4-11 | 매니페스토운동에 대한 인지 여부에 따른 투표 유무

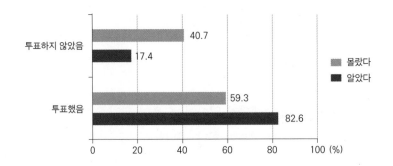

우가 훨씬 더 많았고, 이를 인지했던 이들도 후보 공약의 실현 가능성
이 너무 떨어지고 운동의 효율성도 적다고 판단했기 때문에 매니페스
토운동으로부터 많은 도움을 받을 수는 없었다. 그럼에도 불구하고,
매니페스토운동을 알았던 유권자들은 몰랐던 이들보다 투표 참여율
이 높았다. 결국, 앞으로 후보들의 공약에 차별성과 현실성이 높아지
고 TV나 신문 등을 매개로 매니페스토운동이 좀 더 효율적으로 전개
되어 이에 대한 도민들의 인지도가 높아진다면, 이 운동은 강원도민
의 투표율 제고와 합리적인 후보 선택 과정에 크게 기여할 수 있을 것
으로 보인다.

한편, 저자는 이번 조사를 통해 강원도민이 주로 TV선거방송토론회를 통해 후보의 능력을 판단하고 있고, 이를 최근에 있었던 가장 큰 변화로 꼽고 있다는 사실을 확인할 수 있었다. 예컨대, 4·27 도지사 보궐선거에서 처음 지지했던 후보를 바꾸었는지를 물었을 때, '엄기영에서 최문순으로' 지지 후보를 변경한 응답자들이 든 주된 이유가 TV선거방송토론회에서 드러난 후보의 역량에 대한 실망감이었다(〈그림 4-12〉). 강원도민들은 그러한 이유와 함께 '최초 지지 후보의 불법 선거운동에 대한 보도'를 지지 후보 변경의 두 번째 이유로 꼽았다. 이는 앞서 '지지 후보 선택 기준'으로 '강원도 현안에 대한 식견과 공약', '도덕성 또는 인간적 신뢰감'을 각각 1, 2순위로 선택한 것(〈표 4-6〉)과 일치하는 반응이었다.

4·27 도지사 보궐선거가 이전의 도지사 선거에 비해 달라진 점이

그림 4-12 ┃ 엄기영에서 최문순으로 지지 후보를 변경한 가장 큰 이유

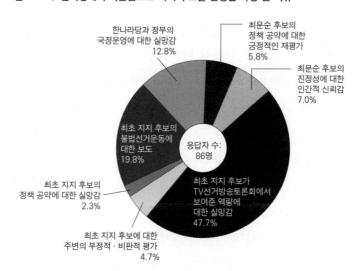

그림 4-13 | 4·27 도지사 보궐선거가 이전 도지사 선거와 달라진 점

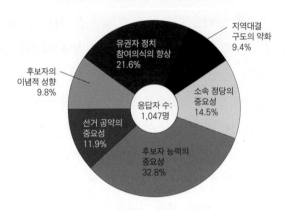

무엇이라고 생각하느냐는 물음에 대해 강원도민이 제일 많이 든 것은 '후보자 능력의 중요성'이었고, 그다음이 '유권자 정치 참여의식의 향상'이었다(《그림 4-13》).

하지만 후보의 개인적 능력을 가장 중시하면서도 차기 도지사 선거에서 유능하지만 비非강원도 출신인 후보가 출마할 경우에 당선 가능성은 여전히 없다고 보는 견해가 다소 우세했다(《그림 4-14》). 강원도민은 그런 비강원권 후보의 당선 가능성을 아직까지는 현실성이 떨어진다고 보고 있었던 셈이다.

그럼에도 능력 있는 비강원도 출신 후보가 도지사 선거에 출마한다면, 투표할 의향이 있느냐는 물음에 대해서는 '고려해보겠다'고 한 응답자가 절반 정도였고, '의향이 있다'고 답한 응답자는 30%가 넘었다(《그림 4-15》).

앞의 질문에서 유능한 비강원도 도지사 후보의 당선 가능성에 대해 부정적이라고 전망한 응답자들 중의 상당수가 실제 투표의향을 묻

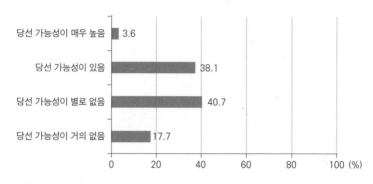

그림 4-14 | 후보들 중 가장 유능한 비강원도 출신 후보의 도지사 당선 가능성

주: 응답자 수는 1,082명.

그림 4-15 | 후보들 중 가장 유능한 비강원도 출신 도지사 후보에게 투표할 의향

는 물음에 대해서는 '고려해보겠다'고 다소 유연하게 유보적인 답변을
내놓은 것이다. 이는 곧 긍정적인 방향에서의 검토 가능성을 열어둔
것이라고 볼 수 있다. 이러한 응답 결과와 지지 후보 선택에 있어 소속
정당의 비중 약화 경향(〈표 4-5〉와 〈그림 4-13〉)을 묶어 종합해보면, 강

표 4-10 | 강원도민의 정치성향에 대한 도민들의 평가 (단위: 백분율)

매우 진보적	2.6
진보적인 편	21.2
중도	33.4
보수적인 편	37.9
매우 보수적	5.0
계	100.1(1,087)

주: ( ) 안의 숫자는 실수

원도 유권자들이 향후 출신 지역이나 정당보다는 후보의 능력을 고려한 투표를 할 개연성이 더 높아졌다고 할 수 있다.

한편, 다른 지역 유권자들과 마찬가지로 강원도민은 자신의 정치적 성향에 따라 다른 정치적 성향을 가진 사람들과는 각종 정치적 사안에 대한 태도나 판단, 행동 등에 있어 적지 않은 차이를 보일 것으로 예상되었다. 이런 관점에서 강원도민이 자신의 정치적 성향에 따라 여러 정치적 사안이나 행동에서 어떤 차이들을 보이는지 주로 교차분석을 통해 좀 더 자세하게 살펴보았다.

먼저, 강원도민이 도민의 정치적 성향에 대해 서로 어떻게 생각하는지 물어봤다. 강원도민은 도민의 정치의식 성향을 '보수적 성향'으로 인식하는 사람이 가장 많았고, 그다음이 '중도 성향'이었고, '진보적 성향'으로 진단하는 사람이 가장 적었다(〈표 4-10〉과 〈그림 4-16〉).

하지만 흥미롭게도 자신의 정치의식에 대한 평가에서는 '중도 성향'이 가장 많았고, 그다음이 '진보적 성향', '보수적 성향'의 순이었다(〈표 4-11〉). 결국 강원도민은 서로 다른 사람의 정치적 성향을 '보수적인

표 4-11 ┃ 자신의 정치성향에 대한 평가 (단위: 백분율)

매우 진보적	6.2
진보적인 편	28.6
중도	42.3
보수적인 편	21.4
매우 보수적	1.6
계	100.1(1,088)

주: ( ) 안의 숫자는 실수

그림 4-16 ┃ 강원도민과 자신의 정치성향에 대한 평가

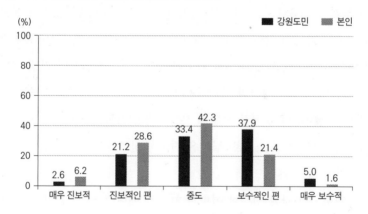

편'으로 인식하는 데 반해 자신의 정치적 성향만큼은 보수보다는 진
보 쪽이라고 생각하는 경향이 있음*을 확인할 수 있다(〈그림 4-16〉).

---

* 흥미로운 사실은 이와 유사한 경향이 춘천시민을 대상으로 한 연구에서도 확인된 바
있다는 점이다. 유팔무의 연구(2004)에 의하면, 춘천시민들은 자신의 이념적 성향을 묻는
질문에서 '보수 성향' 25.8%, '중도 성향' 43.2%, '진보 성향' 31.0%의 답변 분포를 보였다.
그에 비해 다른 시민들의 이념적 성향을 어떻게 보느냐는 물음에 대해서는 '보수 성향'

표 4-12 | 도민의 정치성향별 4·27 도지사 보궐선거에서의 투표 여부 (단위: 백분율)

	투표했음	투표하지 않았음	계	χ^2
진보적	73.5	26.5	100.0(378)	
중도	58.6	41.4	100.0(459)	22.067*
보수적	69.4	30.6	100.0(248)	

주1: ( ) 안의 숫자는 실수.
주2: * p<.001.

　자신의 정치적 성향에 대한 인식은 4·27 도지사 보궐선거에서의 실제 투표 참여율에서도 차이를 야기한 것으로 드러났다. 도민의 투표 참여율이 가장 높았던 집단은 자신의 정치적 성향을 진보적이라고 생각하는 도민이었고, 그다음이 보수적 성향의 도민이었으며 가장 낮았던 집단이 중도적 성향의 도민이었다(〈표 4-12〉).* 진보나 보수 중 어느 한쪽으로 자신의 정치적 성향을 분명하게 인식하는 도민일수록 투표 참여에 적극적이었고, 그런 경향은 진보적 성향의 도민에게서 가장 두드러지게 나타났다.

　강원도 유권자의 정치적 성향의 차이가 매니페스토운동의 인식 여부에 어떤 영향을 미쳤는지에 대해서도 살펴보았다. 그 결과, 진보적

57.0%, '중도 성향' 38.4%, '진보 성향' 4.6%의 비율로 답변했다. 춘천시민들이 지역 주민들의 이념적 성향은 대체로 보수적이라고 보면서도 자신은 진보적이거나 중도적이라고 생각하고 있음을 보여준 것이다(김원동, 2006a).
* 여기서는 원래의 질문 문항에서 '① 매우 진보적', '② 진보적인 편'을 합쳐서 '진보적'으로, '③ 중도'는 그대로, 그리고 '④ 보수적인 편', '⑤ 매우 보수적'을 합쳐서 '보수적'으로 재범주화하여 분석했다. 이하에서도 별도의 언급이 없는 것은 이런 재분류 방식을 근거로 한 분석들이다.

표 4-13 | 정치성향에 따른 매니페스토운동 인식 여부 (단위: 백분율)

구분	알았다	몰랐다	전체	x^2
진보적	39.0	61.0	100.0(377)	
중도	23.6	76.4	100.0(458)	24.435*
보수적	27.3	72.7	100.0(249)	

주1: ( ) 안의 숫자는 실수.
주2: *p<.001.

성향의 유권자들이 그렇지 않은 유권자들보다 이 운동에 대해 더 많이 알고 있었다(〈표 4-13〉). 이는 진보적 성향의 유권자들이 선거 자체에 좀 더 관심이 많음을 시사한다.

한편, 4·27 도지사 보궐선거에서는 강원도민의 정치적 성향에 따라 지지 후보를 선택한 첫 번째 기준이 다소 달랐던 것으로 나타났다(〈표 4-14〉와 〈그림 4-17〉). 진보적 성향의 도민과 중도적 성향의 도민 간에는 별다른 차이가 없었지만 진보적 성향의 도민과 보수적 성향의 도민 간에는 견해에 차이가 있었다. 진보적 유권자들은 '후보의 식견과 공약'을 가장 중시했고, 그다음이 '도덕성', '소속 정당'이었다. 하지만 보수적 유권자들은 '소속 정당'을 후보 선택의 첫 번째 기준으로 고려했고, 그다음이 '후보의 식견과 공약', '도덕성' 등의 순이었다. 자신의 정치적 성향과 연령층의 관계에 대한 분석(〈표 4-19〉)과 이를 종합해보면, 4·27 도지사 보궐선거에서 고연령층의 보수적 정치의식을 가진 유권자들은 주로 후보의 소속 정당을 기준으로 지지 후보를 선택했다고 볼 수 있다. 이것은 또한 젊은 유권자보다는 고령의 유권자집단이, 그리고 진보적 성향의 유권자보다는 보수적 성향의 유권자집단

표 4-14 | 도민의 정치성향에 따른 지지 후보 선택의 첫 번째 기준 (단위: 백분율)

구분	소속 정당	출신 지역	학력 및 경력	식견과 공약	외모	도덕성	인지도	전체	x^2
진보적	24.5%	2.6%	3.3%	39.6%	0.4%	28.6%	1.1%	100.0%(273)	
중도	22.6%	4.5%	2.3%	39.6%	0.4%	26.4%	4.2%	100.0%(265)	27.540*
보수적	40.6%	4.1%	2.9%	28.2%	0.6%	21.2%	2.4%	100.0%(170)	

주1: ( ) 안의 숫자는 실수.
주2: *p<.01.

그림 4-17 | 도민의 정치성향에 따른 지지 후보 선택의 첫 번째 기준

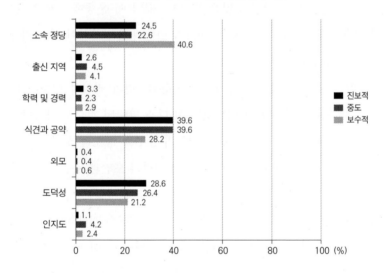

이 좀 더 강한 정당일체감을 갖고 그에 따라 투표하는 경향이 있음을 의미한다고 해석할 수도 있다.

하지만 보수적 정치의식의 유권자들은 진보적 성향의 유권자들과 마찬가지로 4·27 도지사 보궐선거에서 이전의 도지사 보궐선거 때와

표 4-15 | 4·27 보궐선거와 이전 도지사 선거의 차이점에 대한 도민의 정치성향별 견해
(단위: 백분율)

구분	지역대결 구도의 약화	소속 정당의 중요성	후보자 능력의 중요성	선거 공약의 중요성	후보자의 이념적 성향	유권자 정치 참여의 식의 향상	전체	x^2
진보적	6.2%	13.0%	34.1%	10.0%	8.7%	27.9%	100.0 (369)	
중도	8.2%	16.0%	32.3%	14.6%	11.2%	17.6%	100.0 (437)	34.872*
보수적	16.2%	14.1%	31.5%	10.0%	9.1%	19.1%	100.0 (241)	

주1: ( ) 안의 숫자는 실수.
주2: *p<.001.

달라진 점으로 '후보자 능력의 중요성'과 '유권자 정치 참여의식의 향상'을 각각 1, 2순위로 꼽았다(〈표 4-15〉). 이는 유권자들이 자신의 정치적 성향의 차이를 떠나 이제는 하나같이 후보 선택에 있어 정당 소속보다는 개인적 역량을 중시하게 되었고, 정치 참여의식도 크게 향상되었다고 스스로 인식함으로써 자신들의 정치의식이 한 단계 성숙했다고 자평하는 것이라고 볼 수 있다.

그런데 2010년 6·2 지방선거와 2011년 4·27 도지사 보궐선거를 계기로 이제 강원도가 야당 성향의 지역으로 평가된다고 한다면, 이런 점에 대해 어떻게 생각하느냐는 물음에 대해서는 응답자의 정치적 성향에 따라 확연하게 다른 결과를 보였다. 즉, 진보적 정치의식의 유권자일수록 그러한 평가에 '적극 동의'하거나 '동의하는 편'이었고, 보수적 정치의식의 유권자일수록 동의하지 않는 편이었다(〈표 4-16〉과 〈그림 4-18〉). 이처럼 같은 강원도민이라도 자신의 정치적 성향에 따라 연이은 도지사 선거에서 나타난 도민의 표심 변화의 의미를 정반대로

표 4-16 | 강원도의 야당 성향 지역으로의 정착 평가에 대한 도민의 정치성향별 견해

표 4-16 | 강원도의 야당 성향 지역으로의 정착 평가에 대한 도민의 정치성향별 견해
(단위: 백분율)

구분	적극 동의한다	동의하는 편이다	동의하지 않는 편이다	전혀 동의하지 않는다	전체	x^2
진보적	15.4%	54.6%	24.9%	5.0%	100.0(377)	
중도	7.1%	49.0%	37.7%	6.2%	100.0(451)	53.450*
보수적	5.2%	39.1%	48.0%	7.7%	100.0(248)	

주1: ( ) 안의 숫자는 실수.
주2: *p<.001

그림 4-18 | 강원도의 야당 성향 지역으로의 정착 평가에 대한 도민의 정치성향별 견해

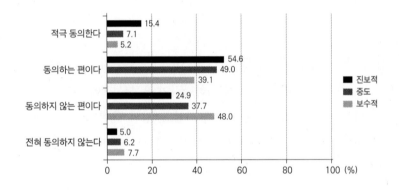

해석했다. 이는 자신의 정치성향을 어떻게 파악하고 있느냐에 따라 동일한 정치적 현상이나 결과에 대한 평가가 뚜렷하게 갈릴 수 있음을 잘 보여주는 사례라고 할 수 있다.

유권자 자신의 정치적 성향의 차이는 차기 강원도지사 선거에서 비강원도 출신의 유능한 후보가 출마했을 때 지지할 의향이 있느냐는 물음에 대한 차이로도 이어졌다. 진보적 성향의 유권자들은 중도

구분	있다	고려해보겠다	없다	전체	x^2
진보적	42.9%	39.9%	17.2%	100.0(378)	39.093*
중도	26.9%	56.2%	16.8%	100.0(457)	
보수적	26.2%	48.0%	25.8%	100.0(248)	

주1: ( ) 안의 숫자는 실수.
주2: *p<.001.

그림 4-19 ┃ 유능한 비강원도 출신 후보에 대한 도민의 정치성향별 지지 의사

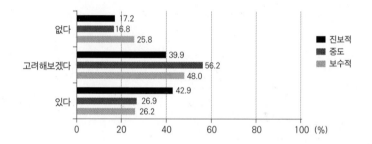

나 보수적 성향의 유권자들보다 그러한 후보에 대해 더 많은 지지 의사를 표명했고, 보수적 유권자들은 지지 의사가 '없다'는 항목에 상대적으로 많이 동의함으로써 대조를 보여주었다(〈표 4-17〉과 〈그림 4-19〉).

향후 강원도지사 선거에 출마할 후보들이 갖추어야 할 요건의 중요도 평가에서도 강원도 유권자들의 정치성향에 따른 차이가 발견되었다. 〈표 4-18〉은 도내 유권자들의 정치적 성향과 후보들이 갖추어야 할 요건 간의 관계를 파악하기 위해 일원배치 분산분석을 실시해

표 4-18 │ 도지사 후보가 갖추어야 할 요건의 중요도에 대한 도민의 정치성향별 평가

정치적 성향	평균	표준편차	F-값	후보의 자격 요건
진보적	3.57	.557		
중도	3.52	.570	4.593*	도 현안에 대한 지식
보수적	3.42	.633		
진보적	3.54	.588		
중도	3.53	.573	3.296*	인간적 신뢰감
보수적	3.43	.646		
진보적	3.67	.539		
중도	3.60	.568	4.851**	도덕성
보수적	3.53	.630		
진보적	2.57	.797		
중도	2.67	.773	4.576*	학력 및 경력
보수적	2.76	.702		
진보적	2.60	.842		
중도	2.70	.820	1.997	도 출신 여부
보수적	2.72	.828		
진보적	2.64	.891		
중도	2.63	.823	3.456*	정당 소속
보수적	2.79	.834		
진보적	2.97	.769		
중도	2.99	.768	.416	이념적 성향
보수적	3.03	.788		
진보적	3.01	.790		
중도	3.09	.797	3.278*	중앙정부와의 인맥
보수적	3.17	.729		
진보적	3.40	.690		
중도	3.37	.652	1.623	지역에서의 활동여부
보수적	3.30	.675		

주: *$p < .05$, **$p < .01$.

얻은 결과다.* 10개 항목 가운데 '도 출신 여부', '이념적 성향', '지역에서의 활동 여부'는 통계적으로 유의미하지 않았고, 나머지 7개 항목은 유의미한 것으로 나타났다. 유권자의 정치성향과 관계없이 전체적으로 보면, 강원도 유권자들은 학력 및 경력, 정당 소속, 중앙정부와의 인맥 같은 요소보다는 정책 공약, 도 현안에 대한 지식, 인간적 신뢰감, 도덕성 등을 좀 더 중요한 차기 도지사 후보의 자격 요건으로 인식하고 있는 것으로 드러났다. 하지만 그런 가운데서도 유권자의 정치적 성향에 따른 차이와 특징을 확인할 수 있었다. 즉, 유권자의 정치성향에 따른 항목별 평균 차이가 대체로 크게 벌어지지는 않았지만 진보적 성향의 유권자들은 보수적 성향의 유권자들에 비해 도덕성, 도 현안에 대한 지식, 인간적 신뢰감 등을 더 중시했다. 그에 반해 보수적 성향의 유권자들은 진보적 성향의 유권자들보다 후보의 학력과 경력, 정당 소속, 중앙정부와의 인맥을 상대적으로 더 강조하는 경향을 보였다.

그러면, 강원도민은 성·연령·학력·수입 같은 사회인구적 요인의 차이에 따라서도 투표행위와 정치의식에 있어 유의미한 차이를 보였을까? 사회인구적 요인들을 독립변수로 삼아 강원도민의 정치의식과 투표행위의 특징을 몇 가지 문항의 분석 결과와 연관지어 살펴보았다.

먼저, 성·연령·학력·수입 등과 강원도민이 생각하는 자신의 정치적 성향 간의 관계를 살펴본 결과, 성과 가구별 월수입은 도민의 정치적 성향과 통계적으로 의미가 없었지만 연령과 학력에서는 유의미한 관

---

* 〈표 4-18〉에서의 평균값은 각 요건에서의 답변 항목 중 ① 매우 중요함, ② 중요함, ③ 중요하지 않음, ④ 전혀 중요하지 않음 등에 대해 각각 순서대로 4점, 3점, 2점, 1점을 부여해 산출한 것이다.

표 4-19 | 성·연령·학력·가구 월수입에 따른 정치성향 (단위: 백분율)

구분		매우 진보적	진보 적인 편	중도	보수 적인 편	매우 보수적	전체	x^2
성	남자	7.1	27.3	40.1	23.5	2.1	100.0(524)	6.893
	여자	5.2	30.0	44.1	19.6	1.1	100.0(556)	
연령	20대	9.0	24.4	53.2	11.5	1.9	100.0(156)	91.579*
	30대	7.0	35.5	44.6	12.4	0.5	100.0(186)	
	40대	4.6	37.8	40.1	17.1	0.3	100.0(304)	
	50대	6.9	24.8	36.6	29.0	2.7	100.0(262)	
	60대 이상	4.2	13.2	42.5	37.1	3.0	100.0(167)	
학력	중졸 이하	4.3	18.3	40.9	33.3	3.2	100.0(186)	38.337*
	고졸~전문대졸	4.8	30.5	43.8	19.7	1.2	100.0(603)	
	대졸 이상	9.8	31.4	40.2	17.6	1.0	100.0(296)	
가구 월수입	100만원 미만	5.9	20.9	45.8	25.5	2.0	100.0(153)	22.115
	100만원 이상~ 200만원 미만	5.6	24.6	45.3	23.1	1.5	100.0(342)	
	200만원 이상~ 300만원 미만	6.8	32.8	43.6	16.0	0.8	100.0(250)	
	300만원 이상~ 400만원 미만	6.2	35.4	34.3	21.9	2.2	100.0(178)	
	400만원 이상	7.1	31.2	37.7	22.1	1.9	100.0(154)	

주1: ( ) 안은 실수.
주2: *p<.001.

계가 있는 것으로 나타났다(《표 4-19》). 연령 측면에서 보면, 다른 연령대에 비해 30~40대가 가장 진보적이었고, 50~60대가 가장 보수적인 것으로 나타났다. 특이한 것은 20대였다. 20대에서는 '매우 진보적'이라고 응답한 비중이 가장 컸지만 이것과 '진보적인 편'이라고 한 사람까지 합산할 경우, 30~40대에 비해 자신을 진보적 성향이라고 인식하는 비율이 낮았고, '중도'의 비율이 가장 높았다. 학력의 경우에는 대졸 이상 층에서 진보적 성향의 비율이, 그리고 중졸 이하 층에서 보수적 성향의 비율이 가장 높았다. 이런 점에서 4·27 도지사 보궐선거는 강원도의 고학력 유권자들이 저학력자들보다 진보적 정치성향을 갖고 있음을 확인해주었다고 볼 수 있다.

매니페스토운동에 대한 인식 여부도 유권자들의 성·연령·학력·가구 월수입 등에 따라 차이가 있었다(《표 4-20》). 즉, 강원도민은 여성보다는 남성이, 연령대별로는 다른 연령층보다 40~50대가 매니페스토운동을 가장 많이 알고 있었다. 또 학력별로는 고학력자일수록, 그리고 소득수준별로는 고소득가구일수록 매니페스토운동을 더 많이 인지하고 있는 것으로 나타났다.

다른 한편, 성·연령·학력·가구 월수입 등과 투표 참여 여부의 관계에서는 성별에 따른 차이는 통계적으로 유의미하지 않았고, 연령별로는 고령층으로 갈수록 투표 참여율이 높았다(《표 4-21》). 학력의 경우에는 중졸 이하의 투표 참여율이 가장 높았고, 대졸 이상이 그다음인것으로 나타나 특정한 방향의 관계를 보이지는 않았다. 수입의 경우에는 월평균 가구 수입이 높을수록 대체로 투표 참여율이 높았지만 200만 원 이상의 수입 층에서는 그 차이가 근소해 거의 비슷한 수준이었다.

'강원도의 야당 성향 지역으로의 정착 평가'에 대해 도내 유권자들은 성·연령·학력·수입 등에 따라 어떻게 생각하는지를 파악한 결과, 성과 수입의 경우에는 통계적으로 유의미한 관계가 발견되지 않았다. 연령의 경우에는 30대와 40대에서 그러한 평가에 동의하는 경

표 4-20 | 성·연령·학력·가구 월수입에 따른 매니페스토운동에 대한 인지 여부 (단위: 백분율)

구분		알았다	몰랐다	전체	x^2
성	남자	34.2	65.8	100.0(524)	9.138*
	여자	25.7	74.3	100.0(552)	
연령	20대	19.4	80.6	100.0(155)	24.396**
	30대	23.1	76.9	100.0(186)	
	40대	35.5	64.5	100.0(304)	
	50대	36.8	63.2	100.0(261)	
	60대 이상	25.5	74.5	100.0(165)	
학력	중졸이하	19.5	80.5	100.0(185)	29.649**
	고졸–전문대졸 이하	27.3	72.7	100.0(600)	
	대졸이상	41.2	58.8	100.0(296)	
수입	100만원 미만	19.1	80.9	100.0(152)	32.382**
	100만원 이상~200만원 미만	25.5	74.5	100.0(341)	
	200만원 이상~300만원 미만	29.2	70.8	100.0(250)	
	300만원 이상~400만원 미만	33.9	66.1	100.0(177)	
	400만원 이상	46.1	53.9	100.0(154)	

주1: ( ) 안은 실수.
주2: *p⟨.01, **p⟨.001.

향이 가장 두드러졌고, 50대의 경우에는 '적극 동의'하는 비율이 가장 높은 것으로 나타났다. 이와는 달리 60대 이상에서는 다른 연령대에 비해 동의하지 않는 비율이 현저하게 높았다. 결국, 강원도의 야당 성향 지역으로의 정착 평가에 대해서는 20대에서 50대에 이르기까지 거의 전 연령층에서 60% 내외의 동의 수준을 보였고, 60대 이

표 4-21 | 성·연령·학력·가구 월수입에 따른 투표 유무 (단위: 백분율)

구분		투표 했음	투표 안 했음	전체	x^2
성	남자	68.4	31.6	100.0(522)	1.991
	여자	64.3	35.7	100.0(555)	
연령	20대	31.2	68.8	100.0(154)	119.541**
	30대	58.1	41.9	100.0(186)	
	40대	73.7	26.3	100.0(304)	
	50대	75.9	24.1	100.0(261)	
	60대 이상	78.4	21.6	100.0(167)	
학력	중졸 이하	71.4	28.6	100.0(185)	6.174*
	고졸~전문대졸	63.1	36.9	100.0(602)	
	대졸 이상	69.5	30.5	100.0(295)	
수입	100만원 미만	58.2	41.8	100.0(153)	12.801*
	100만원 이상~200만원 미만	62.3	37.7	100.0(342)	
	200만원 이상~300만원 미만	71.0	29.0	100.0(248)	
	300만원 이상~400만원 미만	70.2	29.8	100.0(178)	
	400만원 이상	71.9	28.1	100.0(153)	

주1: ( ) 안의 숫자는 실수.
주2: *p<.05, **p<.001.

상에서만큼은 그와 정반대로 약 60%가 동의하지 않는 것으로 확인
되었다(《표 4-22》). 이런 답변으로 미루어볼 때, 60대 이상의 연령층
에서는 4·27 도지사 보궐선거에서 다른 연령층에 비해 여당 후보를
더 많이 지지했을 것으로 보이며, 연이어 야당 후보가 당선되기는 했
지만 그렇다고 강원도가 야당 지역으로 변모된 것으로까지 볼 수는

표 4-22 | 강원도의 야당 성향 지역으로의 정착 평가에 대한 성·연령·학력·가구 월수입별 견해
(단위: 백분율)

	구분	적극 동의	동의 하는 편	동의하지 않음	전혀 동의하지 않음	전체	x^2
성	남자	10.5	46.0	36.6	6.9	100.0(522)	3.753
	여자	8.8	51.5	34.2	5.5	100.0(546)	
연령	20대	2.6	55.5	37.4	4.5	100.0(155)	59.981**
	30대	5.9	59.1	29.6	5.4	100.0(186)	
	40대	10.2	54.1	30.0	5.6	100.0(303)	
	50대	15.2	43.4	34.8	6.6	100.0(256)	
	60대 이상	9.2	30.1	51.5	9.2	100.0(163)	
학력	중졸 이하	15.3	37.7	39.9	7.1	100.0(183)	16.465*
	고졸~전문대졸	7.9	51.9	33.9	6.2	100.0(565)	
	대졸 이상	9.5	49.5	36.3	4.7	100.0(295)	
수입	100만원 미만	8.8	44.6	37.2	9.5	100.0(148)	8.419
	100만원 이상~ 200만원 미만	8.6	47.5	38.6	5.3	100.0(337)	
	200만원 이상~ 300만원 미만	10.0	51.4	32.1	6.4	100.0(249)	
	300만원 이상~ 400만원 미만	9.6	52.2	33.1	5.1	100.0(178)	
	400만원 이상	11.1	49.0	35.3	4.6	100.0(153)	

주1: ( ) 안의 숫자는 실수.
주2: *p<.05, **p<.001.

없다는 관점에서의 보수적 의식이 여전히 강한 것으로 추정된다. 그런가 하면, 학력의 경우에는 중졸 이하에서 그러한 평가에 '적극 동의'하는 비율이 가장 높기는 했지만 '동의하는 편'이라는 응답까지 합산해서 비교해보면, 중졸 이하가 다른 학력층보다 앞서와 같은 평가에 동의하지 않는 비율이 높았고, 고졸 이상의 학력층에서는 동의하는 비율이 높았다.

맺음말

강원도민의 정치의식과 투표행위의 특징은 과연 어떻게 이해해야 할까?

먼저, 통상적으로 사용해온 '여야與野' 개념의 관점에서 4장의 분석 내용에 근거해 이 질문에 대한 답변을 찾아보면 다음과 같다. '만년 여당의 텃밭'이라는 표현에서 보듯, 강원도민은 흔히 여당지향성이 강하다는 평가를 받아왔다. 이는 선행연구에서도 많이 지적되었다. 하지만 이는 무차별적으로 지지할 수 있는 규정이라고 보기 어렵다. 규정의 대상이 되는 시점에 따라 얘기가 달라질 수 있기 때문이다. 기존 연구에서 밝혀진 것처럼, 1996년 15대 총선, 1997년 15대 대선 무렵까지를 대략적인 경계선으로 본다면, 그 시기까지의 여러 유형의 선거에서 강원도민은 대통령을 배출한 정당이라는 의미에서의 '여당' 후보를 대체로 많이 지지해왔고, 이런 점에서 강원도민의 정치의식을 여당지향성으로 설명하는 것은 타당하다. 하지만 1990년대 중반에 복원된 지방선거와 2000년대에 치러진 일련의 총선과 대선 결과들은 강원도민의 정치의식을 여당지향성으로 단정할 수 없음을 보여준다. 제1회 전국동시지방선거의 실시 이후 4·27 도지사 보궐선거에 이르기까지 강원도지사 선거 당선자가 모두 야당 후보였다는 점이나 기초자치단체장, 광역의회의원, 국회의원 선거에서 한나라당 계열의 후보들이 대거 당선되었다는 점이 그 근거다. 따라서 해방 이후 4·27 도지사 보궐선거 시점까지 강원도민의 정치의식은 여야의 관점에서는 여당지향성에서 야당지향성으로 서서히 바뀌었다고 보는 것이 좀 더 현실에 부합되는 해석이라고 할 수 있다.

그런데 여기서 제기될 수 있는 문제가 있다. 김진선 후보를 지지했을 때의 야당성과 이광재 후보나 최문순 후보를 선택했을 때의 야당성을 정치이념의 성격 측면에서 볼 때 '야당성'이라는 하나의 패키지로 묶을 수 있겠느냐는 것이다. 또 하나의 분석 축으로 '보수'와 '진보' 개념을 추가로 도입해 종합적 해석을 시도할 필요가 있다고 보는 것은 이런 맥락에서다. 물론 이것은 이번 조사에서 확인된 바와 같이 정당일체감이 낮은 우리의 정치현실에서 정당에 기초한 여야 개념만으로는 유권자들의 정치의식을 온전히 설명하기 어렵다는 점도 고려한 것이다.

앞서 언급했듯이, 대략 1990년대까지의 투표행위를 통해 드러난 강원도민의 정치의식은 여당지향성과 보수지향성을 동시에 지니고 있었다고 볼 수 있다. '보수적 여당성'으로 규정될 수 있는 이 시기의 도민 정치의식은 정당일체감이 높은 투표성향을 보였다고 할 수 있다. 하지만 2000년대의 각종 선거에서 강원도민은 '진보적 여당' 시절에는 물론이고 '보수적 여당'* 아래서도 전국 유권자들에 비해 한나라

---

* 여기서 말하는 '진보적 여당'은 김대중·노무현 정권기의 '민주당'을 염두에 둔 것이고, '보수적 여당'은 이명박 정권기의 '한나라당'과 김대중 정권 이전에 집권했던 '한나라당'의 전신을 모두 지칭한다. 물론 민주당을 민주노동당이나 진보신당 등과 나란히 놓고 비교 평가할 때 민주당을 과연 진보적 성향의 정당이라고 볼 수 있느냐는 분명히 상당한 다툼의 여

당을 훨씬 더 많이 지지해왔다. 정치이념적으로 볼 때, 이것은 강원도 민이 기본적으로 여야를 넘어 비교적 일관되게 정치적 보수성을 보인 것이라고 해석할 수 있다. 그럼에도 1990년대와 2000년대의 각종 선 거에서 드러난 강원도민의 표심을 비교하면, 정치적 보수성의 바탕 위 에서도 진보적 성향의 후보와 정당에 대한 지지세가 다소 강화되고 있음을 볼 수 있다. 물론 전국 추이보다는 그 속도가 지체되는 양상 이기는 하지만 그러한 방향으로의 점진적 전환 가능성을 보여주고 있 음은 분명하다. 이광재 후보나 최문순 후보의 당선이 대표적이다. 이렇 게 보면, 앞서 언급한 의문은 어느 정도 해소될 수 있다. 즉, 여야와 진 보·보수 개념을 조합해 김진선 후보와 이광재 및 최문순 후보 지지가 갖는 성격의 차이를 설명하면, 전자는 보수적 야당성으로 그리고 후 자는 진보적 야당성으로 구분할 수 있다는 것이다.

이상의 논의를 토대로 다음과 같은 개념적 분석 틀(〈그림 4-20〉) 아 래 4·27 도지사 보궐선거 무렵까지의 강원도민의 정치의식을 정리하 면 다음과 같다.

첫째, 강원도민의 투표행위를 통해 본 정치의식은 오랜 기간 '보수 적 여당성'(A유형)을 견지하다 '보수적 야당성'(C유형)을 거쳐 '진보적 야당성'(D유형)으로 이행하는 조짐을 보여주었다. 정당이 여전히 제 기능을 발휘하지 못하고 있는 데다 여당이 줄곧 야권 후보에 맞설 만 한 경쟁력 있는 후보를 내지 못하는 상황에서 빚어진 이런 형태의 투 표 결과는 정당보다는 후보의 개인적 역량과 도덕성을 중시하기 시작

지가 있다. 이런 점을 감안할 때, 여기서 말하는 민주당의 진보성은 어디까지나 한나라당 과의 대비선상에서 본 상대적 규정으로 이해해야 할 것이다.

그림 4-20 │ 강원도민의 정치의식 변화를 설명하기 위한 개념적 분석 틀

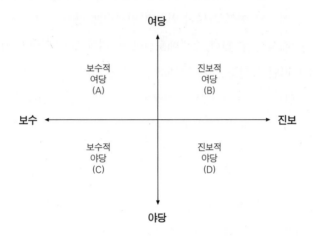

한 강원도민의 정치의식에서 연유한 것이라고 볼 수 있다. 물론 여야 성향과는 별개로 향후 강원도민이 진보와 보수 축 위에서 어떤 방향으로 이동하게 될 것인지*는 도 내외의 정세 변화와 정당구조 개편의 성격 및 결과에 따라 얼마든지 달라질 수 있을 것으로 전망된다. 제5회 지방선거와 4·27 보궐선거에서 진보적 야당 도지사 후보의 당선이 상당 부분 후보 개인의 역량에 힘입은 것임을 부인할 수 없지만 상대 후보의 역량 부진과 여당의 실정에 따른 실망감에서 비롯된 반사이익도 결코 적지 않았기 때문이다.

---

* 정확하게 예단할 수는 없지만 앞으로 강원도 유권자들이 적어도 지금보다는 진보 방향의 축으로 좀 더 이동할 개연성은 있어 보인다. 4장의 분석에서 알 수 있듯이, 강원도민의 3분의 1 이상이 자신의 정치성향을 진보적인 편으로 인식하고 있고, 향후 도지사 선거에서 비강원권 출신 후보라 하더라도 능력이 있으면 얼마든지 지지할 의사가 있다는 응답에서 그러한 근거를 확보했기 때문이다.

둘째, 여야 여부가 정당과 대통령 배출 간의 관계에 따라 결정되는 것이라고 한다면, 해방 이후 지금까지 강원도민의 정치의식의 저변에는 여야 여부와는 별개로 한나라당으로 상징되는 '정치적 보수성'이 깔려 있고, 강원도민의 이러한 성향은 여전히 전국의 일반 유권자보다 상대적으로 강한 편이었다고 볼 수 있다. 그럼에도 불구하고, 제5회 지방선거와 4·27 도지사 보궐선거를 전후로 강원도민의 정치의식이 진보 성향으로 선회하는 조짐을 보이기 시작한 이면에는 보수적 투표의 결과로 들어섰던 지난날의 강원도정이 지역에 이렇다 할 변화와 희망을 만들어내지 못했다는 성찰적 진단도 한몫을 한 것으로 보인다.

다른 한편, 강원도민은 후보의 소속 정당이나 이념적 성향보다는 후보의 개인적 역량과 인간적 신뢰감 등을 중시하는 투표성향을 보임으로써 앞서 살펴본 여야, 진보·보수의 축과는 또 다른 후보 선택 기준을 갖고 있는 것으로 나타났다. 이것은 이론적으로 보면, 정당일체감을 강조하는 사회심리학적 투표행위 이론이 강원도민의 투표행위와 정치의식을 설명하는 데 있어 이 시점까지는 뚜렷한 한계를 드러내고 있음을 의미함과 동시에 불안정한 기존 정당구조의 혁신을 통한 정당정치의 기능 회복이 지방정치 차원에서도 시급함을 시사한다. 이는 또한 강원도민이 향후 도내 주요 선거에서 후보의 정당 소속이나 이념을 넘어 후보의 역량 그 자체에 주목할 개연성이 커지고 있음을 의미한다고 볼 수 있다. 특히, 강원도민의 상당수가 적어도 자신의 정치적 성향을 좀 더 진보적이라고 생각하거나 보수 성향보다는 중도 성향이라고 인식한다는 사실은 그러한 가능성에 무게를 더해준다.

그런가 하면, 강원도민은 연령이나 학력 같은 사회인구적 변수에 따라 자신의 정치적 성향에 대한 인식, 투표 참여 여부, 매니페스토운동에 대한 인지 여부, 강원도의 야당 성향 지역으로의 정착에 대한 견해 등에 있어 유의미한 차이를 보였다. 예컨대, 30~40대가 가장 진보적 성향을 보였는가 하면, 50~60대는 가장 보수적 성향을 보임으로써 우리의 상식을 경험적으로 확인해주었다. 물론 4장에서 살펴본 조사 결과에 의하면, 투표율이나 정치의식 및 태도 등에 있어 사회인구적 변수에 따른 집단별 차이가 나타나지 않은 것들도 적지 않았다. 이는 사회학적 관점의 투표 이론이 강원도민의 투표행위와 정치의식을 밝히는 데 있어 제한적 설명력을 가지며, 이런 점에서 앞으로 좀 더 다양한 이론적 자원에 근거한 추가 분석이 요구됨을 일깨워준다.

5장

강원도의 6·13 지방선거 결과와
도민의 투표성향

문제 제기

현대 민주주의사회에서 시민이 자신의 목소리를 어떤 소통의 장에서 어떤 방식으로 표현할 수 있는가 하는 문제는 정치사회학의 핵심 연구 주제 중 하나다. 이런 맥락에서 빠지지 않고 등장하는 용어가 바로 '투표'와 '선거'다. 투표는 시민이 여러 수준의 선거를 통해 직접 정부나 대표를 자유롭게 선택함으로써 자신의 목소리를 행동으로 생생하게 전달하는 정치 참여의 방식이다(Clemens, 2017; Dalton, 2014). 그런가 하면, 선거란 사회 내의 여러 '정치세력들'이 종종 상호 갈등관계에 있는 자신들의 이해관계나 가치를 관철시키기 위해 다투는 방법

중의 하나인 동시에 그러한 이질적 선호로 인한 갈등을 특정한 규칙에 따라 처리해가는 영역을 의미한다. 또 선거는 '통치자를 선택하는 최선의 기제'이기도 하다. 선거는 유권자로부터 가장 많은 지지를 받은 후보에 의한 지배라는 규범을 내포함으로써 시민의 불만을 최소화할 수 있는 제도이기 때문이다(Przeworski, 2018: 123-129). 이런 점에서 구체적인 투표행위를 핵심적인 구성요소로 내포하고 있는 선거는 곧 민주주의의 아이콘이라고 해도 과언이 아니다.

주지하듯, 우리 사회의 주요 선거에는 대통령 선거, 국회의원 선거, 지방선거가 있다. 이 중 전국동시지방선거의 연혁을 보면, 1995년 6월 27일 처음 실시되었고, 2018년 6월 13일 제7회 지방선거가 치러졌다. 지방선거에 관한 그간의 연구들은 형식의 측면에서 볼 때 주로 다음과 같은 몇 가지 유형으로 진행되어왔다. 예컨대, 특정한 지방선거에서 나타난 투표 결과의 특징들을 여러 연구자가 다각도로 나누어 분석해 단행본의 형태로 출간한 것(강원택 편, 2015; 이내영·임성학 공편, 2011; 한국선거학회 편, 2015), 공화국별로 각 정부 임기 중에 실시된 대통령 선거나 국회의원 선거와 함께 지방선거를 다룬 개인 연구들을 단행본으로 묶어낸 것(한국선거학회 편, 2011), 개별 연구자가 다양한 선거들에 관해 분석한 자신의 논문들을 묶는 과정에서 일부 지방선거를 포함시켜 단행본의 형식으로 펴낸 것(강원택, 2010) 등이 그것이다. 요컨대, 그간의 지방선거 연구들은 대개 특정한 지방선거에서 나타난 전국적 특징을 이념, 이슈, 투표 참여, 투표행태, 중앙정치와의 관계 같은 여러 관점에서 조명한 것들이다. 그로 인해 각 지방선거의 전체적인 윤곽을 이해하는 데 도움을 준 것은 사실이지만 개별 지역 유권자들의 표심을 세세하게 파악하는 데는 많은 한계를 보였다고 할 수 있다. 물론 위의 단행본들 안에도 특정 지역의 선거를 다룬 글들이 일부 들어 있고(강원택, 2010; 한국선거학회 편, 2015), 개별 지역의 선거 과정과 현장을 집중적으로 다룬 단행본(예컨대, 이준한 외, 2007)이 없는 것은 아니다. 하지만 지방선거에 대한 전국적 수준의 개괄적 연구에 비해 개별 지역 단위의 지방선거 연구가 취약한 것은 사실이다. 따라서 지역별 지방선거 연구의 활성화를 통해 지방선거 연구를 좀 더 내실화할 필요가 있다. 그래야 지방선거의 나무와 숲에 대한 심도 있는 이해도 가능해질 것이기 때문이다. 5장의 연구는 기본적으로 이런 문제의식에서 출발한다.

그러면, 강원 지역에서의 선거와 투표 연구의 최근 동향은 어떠한가. 2000년대로 접어들어 발표된 연구들을 보면, 춘천·원주·강릉의 선거 연구(김원동, 2006a; 김종표, 2006; 김창남, 2006), 2006년 지방선거에서의 강원도 혁신도시 이슈 연구(김재한, 2007), 강원도지사 선거와 유권자 정치의식 연구(김원동, 2007, 2011, 2012a), 17대 총선·17대 대선·18대 총선·20대 총선에서의 강원도민의 투표행태와 표심 연구(김기석·이선향, 2010; 김기석, 2017), 19대 총선과 강원도민의 투표행위 연구(김원동, 2012b), 역대 대선·총선·지방선거에서의 강원도민 정치의식 연구(김원동, 2015), 2010년 이후 강원도에서의 대선, 총선, 지방선거를 분석한 연구(김기석, 2019) 등을 들 수 있다. 이 같은 선행연구들은 강원도에서도 대선, 총선, 지방선거 같은 여러 선거 유형에 대한 연구가 줄곧 조금씩이나마 이루어져왔음을 보여준다. 하지만 지방선거에 국한해 살펴봐도 지방선거별 각 시·군 지역에서의 선거 과정이나 유권자 표심에 관한 연구는 체계적으로 축적되지 못했고, 도지사 선거마저도 5회와 6회 선거에 대한 것은 아직 빈 공간으로 남겨진 실정이다.

5장에서의 논의는 강원 지역을 대상으로 한 그간의 지방선거 연구에서 미진한 점들을 염두에 두고 2018년 6·13 지방선거 결과 분석에 초점을 맞춤으로써 이를 벌충하려는 의도를 지닌다. 다시 말해, 5장의 주된 연구 목적은 강원도 6·13 지방선거 결과에 대한 검토를 통해 도민들이 어떤 투표성향을 보여주었는지를 살펴보고, 이전과는 어떤 특징적인 차이점이 있었는지를 확인하려는 데 있다. 특히, 6·13 지방선거 직전인 6회 지방선거 결과와는 어떻게 달라졌는지를 서로 비교하고, 전국 유권자의 평균적인 투표 결과와도 대조하려 한다. 문재인 정권의 국정운영과 남북정상회담이 전국뿐만 아니라 강원도 차원에서 유권자들의 표심에 어떤 영향을 미쳤고, 그것을 어떤 개념으로 해석해야 할지에 대해서도 살펴보고자 한다. 마지막 부분에서는 6·13 지방선거의 결과와 의미를 되새겨보는 가운데 우리의 여야 정치권이 앞으로 각별히 주목해야 할 과제에는 어떤 것들이 있는지를 생각해보려 한다. 물론 여기서는 무엇보다 강원도지사 선거에 초점을 맞춰 이런 문제들을 다룰 것이다. 이를 위한 연구 방법의 일환으로 주로 중앙선거관리위원회에서 제공하는 선거 통계자료들을 재가공하여 일목요연하게 도표화하는 작업을 시도하고, 그렇게 도표화된 자료들에 내재한 의미를 도출하는 데 주목하고자 한다.

이 같은 연구 목적의 이면에는 다음과 같은 일련의 물음에 대한 저자의 관심이 깔려 있다. 이를테면, 6·13 지방선거 결과는 전국적으로 어떻게 나타났고, 그것을 유권자의 투표성향의 관점에서 보면 어떤 변화가 생긴 것으로 봐야 할까? 강원도 유권자들은 그 선거에서 전국 유권자들과는 어떤 공통점과 차이점을 보였을까? 또 6·13 지방선거에서 드러난 강원도 유권자들의 투표성향을 그 직전에 실시된 제6회 지방선거 결과와 비교할 경우에는 어떤 차이점들을 발견할 수 있을까? 강원도 유권자들 사이에서도 더불어민주당보다 진보적 색채가 뚜렷한 정의당에 대한 지지세가 있었을까? 있었다면 어느 정도였고, 어느 지역에서 어떤 경향성을 띠고 있었을까? 강원도에서 6·13 지방선거를 계기로 진보적 색채가 분명한 투표성향의 확장 가능성을 엿볼 수 있다면, 정의당은 과연 어떤 전략으로 미래를 준비해야 할까? 강원도 유권자들이 가장 관심을 가졌던 도지사 선거는 그동안 어떤 특징과 변화를 보였을까? 특히, 6·13 지방선거의 강원도지사 선거를 종래의 선거와 비교한다면, 어떤 특징을 지닌 선거였다고 평가할 수 있을까? 강원도지사 선거에서 남북정상회담의 의제는 유권자들의 표심에 어떤 영향을 미쳤을까? 강원도지사 선거에서 제시되었던 주요 공약에는 어떤 것들이 있었고, 그러한 공약을 관통하는 공통분모는 무엇이었을까? 강원도 유권자들은 6·13 지방선거를 어떻게 이해했고, 연령·지역·학력·직업·지지 정당 등에 따라 그러한 이해 방식에 있어 어떤 차이를 보였을까? 강원도지사 선거에서 확인된 진보적 투표성향을 포착해낼 수 있는 적절한 개념은 무엇일까?

이번 5장에서는 이러한 세부적 질문들에 대한 답변을 찾아가는 과정에서 앞서 제시한 연구 목적들을 실현하고자 한다.

6·13 지방선거 결과의 특징과 강원도민의 투표성향

보수야당 응징과 정부·여당 지지 의사의 선명한 발현

지금까지 치러진 7차례의 지방선거에서 더불어민주당 계열의 정당이 자유한국당 계열의 정당을 상대로 6·13 지방선거에서처럼 압승을 거둔 적은 없었다. 전체 당선자 중에서 더불어민주당 후보가 차지한 비율은 광역자치단체장*의 82%, 기초자치단체장**의 67%, 광역의회의원***의 79%, 기초의회의원****의 56%였다. 자유한국당이 각각 24%, 17%, 35%, 37%를 점한 것과는 매우 대조적이다(〈표 5-1〉과 〈그림 5-1〉). 더불어민주당과 자유한국당을 보수와 진보의 이념 위에 위치시켜 비교, 서술한다면, 6·13 지방선거 결과는 전국 유권자들의 표심이 보수를 넘어 진보 쪽으로 분명하게 기울었음을 보여주었다.*****

---

* 서울특별시, 세종특별자치시, 광역시 6곳, 제주특별자치도를 포함한 9개의 도에서 일반적으로 '시·도지사 선거'라는 명칭 아래 선출되는 17명의 광역자치단체장을 의미한다. 즉, 서울특별시장, 부산광역시장, 대구광역시장, 인천광역시장, 광주광역시장, 대전광역시장, 울산광역시장, 세종특별자치시장, 경기도지사, 강원도지사, 충북도지사, 충남도지사, 전북도지사, 전남도지사, 경북도지사, 경남도지사, 제주특별자치도지사를 말한다.

** 앞서 언급한 광역자치단체장 선거 구역 가운데 세종특별자치시와 제주특별자치도를 제외한 전국 15곳의 광역자치단체 산하에 각각 속해 있는 226개 기초자치단체의 장을 말한다. 다시 말해, 이들은 이른바 '구·시·군의 장 선거'를 통해 선출되는 구청장, 시장, 군수를 의미한다.

*** 광역자치단체에 설치되는 '주민의 대의기관'으로서의 '광역의회'를 구성하는 의원들을 의미한다. 이를테면, 서울특별시의회의원, 부산광역시의회의원 등을 말한다. 광역의회의원은 '시·도의회의원 선거'를 통해 전국 17곳의 모든 광역자치단체 선거구에서 선출된다.

**** 세종특별자치시와 제주특별자치도를 제외한 광역자치단체 산하에 각각 기초자치단체별로 기초의회가 설치되어 있다. 즉, '구·시·군 의회의원 선거'를 통해 선출되는 의원들을 지칭한다.

***** 5장에서는 자유한국당과 더불어민주당에 대한 지지 투표를 각각 보수적 투표성향과 진보적 투표성향으로 대비시켜 표현하고자 한다. 그 이유는 6·13 지방선거를 비롯한 그간의 지방선거에서 표출된 투표성향을 더불어민주당과 자유한국당에 대한 지지에 초점을 맞춰 비교, 분석할 생각이기 때문이다. 더불어민주당을 '중도개혁 정당'(정태석, 2018: 55) 대신 '진보적 정당'으로 규정하는 것은 자유한국당과의 이러한 상대적 비교의 맥락에서다. 하지만 현재의 정당구도에서는 더불어민주당보다 진보적 색채가 뚜렷한 정의당이 있기 때문에 양자를 구분할 필요가 있다. 따라서 여기서는 더불어민주당에게 부여한 '상대적인 진보적 성향'과의 차별화를 위해 정의당 혹은 민주노동당 투표성향을 '진보적 색채가 강한 투표성향'으로 표현하고자 한다.

표 5-1 | 제7회 전국동시지방선거의 전국 대비 강원도 내 정당별 당선자 분포

		더불어 민주당	자유 한국당	바른 미래당	민주 평화당	정의당	민중당	무소속	계
광역자치 단체장 선거	전국	82.4 (14)	11.8 (2)	–	–	–	–	5.9 (1)	100.1 (17)
	강원도	100.0 (1)	–	–	–	–	–	–	100.0 (1)
기초자치 단체장 선거	전국	66.8 (151)	23.5 (53)	–	2.2 (5)	–	–	7.5 (17)	100.0 (226)
	강원도	61.1 (11)	27.8 (5)	–	–	–	–	11.1 (2)	100.0 (18)
광역의회 의원 선거	전 국 지역구	82.1 (605)	15.3 (113)	0.1 (1)	0.1 (1)	0.1 (1)	–	2.2 (16)	99.9 (737)
	전 국 비례 대표	54.0 (47)	27.6 (24)	4.6 (4)	2.3 (2)	11.5 (10)	–	–	100.0 (87)
	전 국 소계	79.1 (652)	16.6 (137)	0.6 (5)	0.4 (3)	1.3 (11)	–	–	98.0 (824)
	강 원 도 지역구	78.0 (32)	22.0 (9)	–	–	–	–	–	100.0 (41)
	강 원 도 비례 대표	60.0 (3)	40.0 (2)	–	–	–	–	–	100.0 (5)
	강 원 도 소계	76.1 (35)	23.9 (11)	–	–	–	–	–	100.0 (46)
기초의회 의원 선거	전 국 지역구	55.1 (1,400)	34.5 (876)	0.7 (19)	1.8 (46)	0.7 (17)	0.4 (11)	6.8 (172)	100.0 (2,541)
	전 국 비례 대표	61.8 (238)	34.5 (133)	0.5 (2)	0.8 (3)	2.3 (9)	–	–	99.9 (385)
	전 국 소계	56.0 (1,638)	34.5 (1,009)	0.7 (21)	1.7 (49)	0.9 (26)	0.4 (11)	5.9 (172)	100.1 (2,926)
	강 원 도 지역구	50.7 (74)	40.4 (59)	0.7 (1)	–	–	–	8.2 (12)	100.0 (146)
	강 원 도 비례 대표	82.6 (19)	17.4 (4)	–	–	–	–	–	100.0 (23)
	강 원 도 소계	55.0 (93)	37.3 (63)	0.6 (1)	–	–	–	7.1 (12)	100.0 (169)

주1: 단위는 백분율(%)이며 저자가 계산.
주2: ( ) 안의 숫자는 당선인 숫자.
자료: 김원동(2015: 294); 중앙선거관리위원회, '선거통계시스템'(http://info.nec.go.kr)에서 재구성.

그림 5-1 │ 제7회 전국동시지방선거의 전국 대비 강원도 내 정당별 당선자 분포

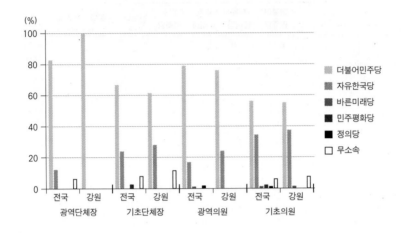

그렇다면, 강원도 유권자의 표심은 어떻게 나타났을까? 6·13 지방
선거에서의 더불어민주당 당선자 분포를 기준으로 전국 평균과 비교
하면, 강원도 유권자들도 전체적으로 전국의 유권자들과 유사한 진보
적 투표성향을 보여주었음을 알 수 있다. 더불어민주당 후보가 도지
사에 당선되었을 뿐만 아니라 기초자치단체장의 61%, 광역의회의원
의 76%, 기초의회의원의 55%를 더불어민주당 후보들이 차지했기 때
문이다(〈표 5-1〉과 〈그림 5-1〉). 그렇지만 자유한국당 후보의 당선자 비
율을 보면, 강원도 유권자들이 기초자치단체장, 지역구 광역의회의원,
지역구 기초의회의원 선거에서 전국 유권자들에 비해 자유한국당 후
보들을 좀 더 많이 지지한 것은 사실이다. 이는 곧 도내의 시장·군수,
지역구 지방의회의원 선거에서는 보수야당에 대한 신랄한 비판적 분
위기 속에서도 보수적 지방 정치인과 지역주민 간에 형성되어온 기존

사진 5-1 | 강원도선거관리위원회의 6·4 지방선거 비행선 홍보

자료: 강원도민일보사.

의 연계성이 전국의 다른 지역 이상으로 여전히 유효함을 시사한다. 하지만 유권자들의 특정한 정당 지지성향을 단적으로 보여주는 비례대표 광역의회의원과 비례대표 기초의회의원의 경우에는 강원도 유권자들이 전국 평균보다 더불어민주당 후보들을 더 뚜렷하게 지지한 것으로 드러났다. 특히, 숫자가 많은 비례대표 기초의회의원 당선자 분포에서는 그런 경향이 두드러졌다(〈표 5-1〉과 〈그림 5-1〉). 강원도 유권자들이 이례적으로 전국 유권자 평균보다 오히려 더 더불어민주당을 지지하는 진보적 투표성향을 보였다는 점은 특기할 만한 새로운 현상이다.

이 같은 극적 전환이 갖는 의미는 6·13 지방선거에서 분출된 강원도 유권자들의 진보적 투표성향을 바로 직전에 있었던 6회 지방선거

표 5-2 | 제6회 전국동시지방선거의 전국 대비 강원도 내 정당별 당선자 분포

			새누리당	새정치민주연합	노동당	통합진보당	정의당	무소속	계
광역단체장	전국		47.1(8)	52.9(9)	-	-	-	-	100.0(17)
	강원도		-	100.0(1)	-	-	-	-	100.0(1)
기초단체장선거	전국		51.8(117)	35.4(80)	-	-	-	12.8(29)	100.0(226)
	강원도		83.3(15)	5.6(1)	-	-	-	11.1(2)	100.0(18)
광역의회의원선거	전국	지역구선거	53.2(375)	43.8(309)	0.1(1)	-	-	2.8(20)	99.9(705)
		(소계)	52.7(416)	44.2(349)	0.1(1)	0.4(3)	-	2.5(20)	99.9(789)
		비례대표	48.8(41)	47.6(40)	-	3.6(3)	-	-	100.0(84)
	강원도	지역구	85.0(34)	10.0(4)	-	-	-	5.0(2)	100.0(40)
		(소계)	81.8(36)	13.6(6)	-	-	-	4.5(2)	99.9(44)
		비례대표	50.0(2)	50.0(2)	-	-	-	-	100.0(4)
기초의회의원선거	전국	지역구	47.9(1,206)	39.3(989)	0.2(6)	1.2(31)	0.4(10)	11.0(277)	100.0(2,519)
		(소계)	48.8(1,413)	39.9(1,157)	0.2(6)	1.2(34)	0.4(11)	9.6(277)	100.1(2,898)
		비례대표	54.6(207)	44.3(168)	-	0.8(3)	0.3(1)	-	100.0(379)
	강원도	지역구	58.9(86)	30.1(44)	-	-	-	11.0(16)	100.0(146)
		(소계)	62.1(105)	28.4(48)	-	-	-	9.5(16)	100.0(169)
		비례대표	82.6(19)	17.4(4)	-	-	-	-	100.0(23)

주1: 단위는 백분율(%)이며 저자가 계산.
주2: ( ) 안의 숫자는 당선인 숫자.
자료: 김원동(2015: 294).

에서의 투표성향과 비교하면 좀 더 분명하게 엿볼 수 있다.

강원도 유권자들은 제6회 지방선거에서 도지사 선거를 제외한 기초자치단체장, 광역의회의원, 기초의회의원 선거 모두에서 새누리당

그림 5-2 | 제6회와 제7회 지방선거에서 강원도의 정당별 당선자 분포 비교

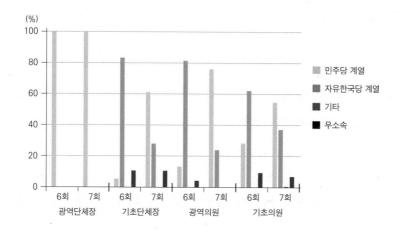

후보들에게 압도적인 지지를 보냄으로써 보수적 투표성향을 적나라하게 확인시켜주었기 때문이다. 전국과 강원도의 새누리당 당선자 비율은 각각 기초자치단체장 51.8% 대 83.3%, 광역의회의원 52.7% 대 81.8%, 기초의회의원 48.8% 대 62.1%로 나타났다. 이처럼 강원도에서는 새누리당 당선자 비율이 전국 평균보다 적게는 약 13%포인트에서 많게는 약 32%포인트까지 월등히 높았다. 이는 비례대표 기초의회의원 선거에서도 마찬가지였다(〈표 5-2〉과 〈그림 5-2〉). 말하자면, 강원도 유권자들은 6·13 지방선거에서의 투표성향과는 정반대되는 투표 결과를 제6회 지방선거에서 보여주었던 것이다. 즉, 6·13 지방선거에서 표출된 강원도 유권자들의 진보적 투표성향은 바로 직전에 실시된 6회 지방선거 때와는 판이하게 달랐다. 요컨대, 6·13 지방선거에서 강원도 유권자들은 크게 보면 전국적 추세와 궤를 같이하는 진보

적 투표성향을 보여주었다. 보수야당의 그간의 행태를 응징하고 정부·여당을 지지한다는 분명한 의사를 투표의 장에서 선명하게 드러냈던 셈이다. 전례 없는 놀라운 반전이었다. 특히, 강원도 유권자들은 비례대표 선거에서 전국 유권자들보다 오히려 더 진보적인 투표성향을 보임으로써 이전과는 확연하게 달라진 선택을 하기 시작한 게 아니냐는 궁금증을 자아내기도 했다.

진보적 색채가 강한 투표성향의 확장 가능성 확인

정의당은 제7회 전국동시지방선거의 광역의회의원 선거에서 전국적으로 지역구 1석, 비례대표 10석을 합쳐 11석을, 그리고 기초의회의원 선거에서는 지역구 17석, 비례대표 9석을 합쳐 모두 26석을 얻었다(《표 5-1》). 진보진영의 입장에서 보면, 이러한 7회 지방선거 결과는 매우 고무적인 승전보라고 할 수 있다. 정의당의 모태인 민주노동당이 3회에서 5회 지방선거 때까지 성장세를 보이다 6회 기초자치단체장 및 광역의회의원 선거에서 한 석도 차지하지 못한 채 급락하던 차에(김원동, 2007; 중앙선거관리위원회, '선거통계시스템')* 회생했기 때문이다. 정의당은 선거 직후 대변인 브리핑을 통해 정당 지지율에 있어 전체 3위를 차지함으로써 "2020년 총선에서 제1야당으로 도약

---

* 물론 6회 지방선거에서 통합진보당이 광역의회와 기초의회에서 어느 정도 의석을 확보했기 때문에(《표 5-2》) 이를 고려한다면, 진보 진영의 완전한 쇠락이라고까지 할 수는 없다. 하지만 6회까지의 지방의회 선거 결과를 종합해보면, 4회와 5회 지방선거를 거치면서 상승세를 보이던 기세가 5회를 정점으로 전국적 수준에서 꺾였던 것은 부인하기 어렵다.

할 수 있는 교두보를 마련했다고 자평한다"는 메시지를 내놓았다(최석, 2018). 비례대표 광역의회의원 선거의 정당 득표율에서는 광주에서 12.8%, 그리고 전북에서 12.9%를 얻어 '호남 정당'인 민주평화당을 제치고 '제1야당'의 자리에 올랐다. 정의당 관계자는 이를 정의당이 여당인 더불어민주당과 '개혁 경쟁'을 해야 한다는 의미로 받아들이면서 "한국 정치가 가야 할 미래를 보여준 것"이라고 확대 해석하기도 했다(〈표 5-3〉, 〈그림 5-3〉;《한겨레》, 2018. 6. 15).

한편, 강원도에서는 제3회와 4회 비례대표 광역의회의원 선거에서 민주노동당이 각각 1석씩 의석을 차지한 적이 있지만 민주노동당이나 정의당은 5회 지방선거 이후로 광역의회는 물론이고 기초의회의 비례대표 선거, 그리고 기초의회 지역구 선거에서 단 한 석도 얻지 못했다(김원동, 2007; 중앙선거관리위원회, '선거통계시스템'; 〈표 5-1〉과 〈표 5-2〉). 이와 같이 의석수를 기준으로 보면, 6·13 지방선거에서도 정의당으로 대변되는 진보정당에 대한 지지세가 강원도에서는 거의 없었던 것으로 비칠 수 있다.

하지만 민주노동당과 정의당의 득표율 추이를 주의 깊게 되짚어보면, 제7회 지방선거에서 진보적 색채가 강한 정당에 대한 도내 유권자들의 관심이 상대적으로 크게 높아졌음을 알 수 있다. 이는 정당 지지율이 단적으로 드러나는 비례대표 광역의회의원 선거를 통해 확인할 수 있다. 이를테면, 3회와 4회 지방선거*에서 상승세를 보이다 5회와

---

* 김대중 정권에서의 3회 지방선거에서 처음으로 광역의회의원 선거에 비례대표제가 도입되었다. 하지만 3회 지방선거와 노무현 정권 아래서 처러진 4회 지방선거에서 집권여당은 두 번 다 참패했다(임성호, 2011; 지병근, 2011). 그 같은 분위기에서 강원도 유권자들이 4회 지방선거에서 역대 선거를 통틀어 민주노동당을 가장 많이 지지한 이유에 대해서는 추후

표 5-3 | 제7회 지방선거에서의 비례대표 광역의회의원 선거의 정당별 득표율

	더불어민주당	자유한국당	바른미래당	정의당	민주평화당
서울특별시	50.9	25.2	11.5	9.7	0.9
부산광역시	48.8	36.7	6.7	5.4	0.4
대구광역시	35.8	46.1	10.8	4.3	-
인천광역시	55.3	26.4	6.6	9.2	0.7
광주광역시	67.5	1.4	4.4	12.8	8.2
대전광역시	55.2	26.4	8.9	7.8	-
울산광역시	47.0	33.3	5.2	6.5	-
세종특별자치시	59.0	17.4	10.7	12.9	-
경기도	52.8	25.5	7.8	11.4	0.7
강원도	48.9	33.8	6.6	6.9	0.6
충청북도	51.1	31.2	6.7	8.3	0.7
충청남도	52.5	31.6	6.4	7.7	-
전라북도	68.1	3.6	3.7	12.9	9.3
전라남도	69.1	2.5	3.5	8.7	11.5
경상북도	34.1	50.0	8.3	3.9	0.6
경상남도	45.3	38.9	5.3	7.7	-
제주특별자치도	54.3	18.1	7.5	11.9	-

주1: 단위는 백분율(%).
주2: 정당들 중 위의 5개 정당을 선별해서 표기.
자료: 중앙선거관리위원회(2018b)에서 재구성.

6회 지방선거에서 하락세로 돌아섰던 민주노동당 또는 정의당에 대한 강원도 유권자들의 지지율이 6·13 지방선거에서 크게 반전을 보인

별도의 심층 연구가 이루어져야 할 것으로 보인다.

그림 5-3 │ 제7회 지방선거에서의 비례대표 광역의회의원 선거의 정당별 득표율

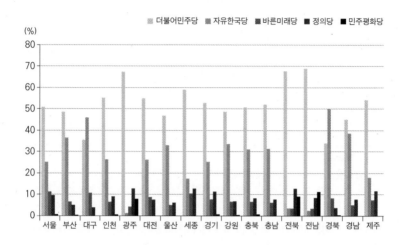

사례를 들 수 있다. 정의당은 6회 선거 때에 비해 도내 유권자들로부터 3배 이상의 지지를 받았다. 젊은 유권자가 상대적으로 많은 춘천과 원주에서의 득표율은 각각 10.3%, 8.6%로 도내 1위와 2위를 기록했다(〈표 5-4〉과 〈그림 5-4〉). 6·13 지방선거는 향후 진보적 색채가 강한 정당의 지지세 확장 가능성을 확인해준 것이다. 진보적 색깔이 뚜렷한 정당에 대한 지지가 7회 지방선거를 계기로 도내 중심도시에서 되살아났고, 그간의 하락세를 벗어나 상승세로 방향을 크게 틀었다는 사실은 진보진영 입장에서 각별히 유의할 대목이다. 춘천과 원주는 강원도에서 인구가 가장 많은 도시일 뿐만 아니라 젊은 층 중심의 인구 증가가 예상되는 지역이기 때문이다. 따라서 강원도 내의 6·13 지방선거 투표 결과는 정의당이 도내의 진보적 투표성향을 견인해가려면 춘천과 원주에 확고한 교두보를 마련하고 이를 토대로 다른 지

표 5-4 | 강원도 비례대표 광역의회의원 선거에서의 정의당(민주노동당) 득표율 (제3~7회)

	도내 전체	춘천	원주	강릉	비고
제3회 지방선거	8.6	8.7	9.6	7.4	민주노동당
제4회 지방선거	12.7	18.0	13.7	10.5	민주노동당
제5회 지방선거	6.2	7.2	7.8	5.0	민주노동당
제6회 지방선거	2.2	2.8	2.1	1.9	정의당
제7회 지방선거	6.9	10.3	8.6	6.3	정의당

주: 단위는 백분율(%).
자료: 중앙선거관리위원회(2018b)에서 재구성.

그림 5-4 | 강원도 비례대표 광역의회의원 선거에서의 정의당(민주노동당) 득표율 (제3~7회)

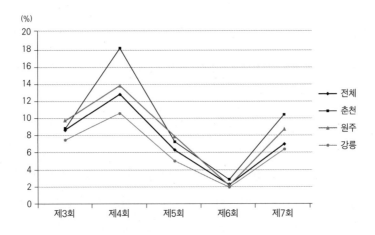

역 유권자들과의 공감대를 확충하는 전략을 적극적으로 강구할 필요
가 있음을 시사한다.

이 같은 전략의 현실 적합성은 선거 전인 6월 2일부터 5일 사이에
실시된 강원도 지방선거 여론조사 결과에서도 근거를 찾을 수 있다.

이 조사에 의하면, 당시 정의당 지지 의사를 표명한 도내 유권자는 2.9%였지만 화이트칼라 직업 종사자 사이에서 그 비중이 가장 높았고(5.7%), 그다음이 자영업 종사자(4.1%)였다. 또 '지지하는 정당이 없다'고 답한 응답자는 29.5%였다(칸타 퍼블릭, 2018). 이것이 가능성의 근거가 될 수 있다고 보는 이유는 선거 직전에 정의당 지지 의사를 표명한 사람들보다 비례대표 광역의회의원 선거에서 정의당에 표를 준 유권자가 실제로는 더 많았고, 도내의 중심도시에는 다른 지역보다 상대적으로 화이트칼라와 자영업 종사자가 많기 때문이다. 따라서 정의당이 춘천이나 원주의 화이트칼라와 자영업 부문에서 지지자를 늘려가면서 도내에 산재해 있는 무당파無黨派 유권자들에게 파고들 수 있는 차별적 정책과 정당활동을 강화한다면, 진보적 색채가 강한 투표성향을 확장해갈 개연성은 6·13 지방선거에서 검증된 셈이라고 할 수 있다.

보수적·소지역주의적 투표성향에서 진보적 투표성향으로의 전화

6·13 강원도지사 선거 결과를 제6회 지방선거를 비롯한 이전의 선거 결과들과 비교하면, 강원도 유권자들의 투표성향에서의 그간의 변화와 6·13 지방선거의 또 다른 특징들을 도출해낼 수 있다.

제1회 지방선거에서 강원도 유권자들은 보수적 야당 진영의 최각규 도지사 후보를 선택했다. 이후 진보적인 김대중 정권과 노무현 정권의 집권 아래 2회, 3회, 4회 지방선거가 실시되었지만 강원 유권자

표 5-5 | 강원도지사 선거 후보자 선거구별(시·군별) 득표율 (제5~7회)

	5회 지방선거		4.27 보궐 선거		6회 지방선거		7회 지방선거	
	이광재 (민주당)	이계진 (한나라당)	최문순 (민주당)	엄기영 (한나라당)	최문순 (새정치 민주연합)	최흥집 (새누리당)	최문순 (더불어 민주당)	정창수 (자유 한국당)
합계	54.4	45.6	51.1	46.6	49.8	48.2	64.7	35.3
춘천시	61.0	39.0	56.4	42.1	60.0	38.6	68.2	31.8
원주시	54.7	45.3	53.4	44.4	52.4	45.9	66.2	33.8
강릉시	52.3	47.7	45.8	50.6	39.5	58.8	58.6	41.4
동해시	51.2	48.8	49.5	48.0	46.4	51.5	63.4	36.6
삼척시	53.3	46.7	46.6	50.7	45.6	50.7	63.9	36.1
태백시	61.6	38.4	48.5	49.4	48.5	49.8	62.3	37.7
정선군	64.6	35.4	51.8	46.4	51.0	46.7	65.5	34.5
속초시	47.4	52.6	49.9	48.4	49.2	49.0	66.1	33.9
고성군	42.3	57.7	46.6	51.0	45.5	51.3	65.3	34.7
양양군	48.2	51.8	52.9	44.2	46.6	51.2	63.0	37.0
인제군	46.7	53.3	51.6	45.7	52.3	45.3	68.2	31.8
홍천군	47.9	52.1	53.5	43.9	51.2	46.0	65.5	34.5
횡성군	51.0	49.0	48.8	49.1	46.7	50.8	62.8	37.2
영월군	65.1	34.9	49.0	49.1	46.5	51.3	60.0	40.0
평창군	68.2	31.8	51.3	46.8	45.1	52.9	63.3	36.7
화천군	45.7	54.3	48.3	48.2	50.9	46.4	69.2	30.8
양구군	46.9	53.1	50.3	46.5	52.7	44.4	66.1	33.9
철원군	42.8	57.2	46.8	50.2	47.6	49.9	66.6	33.4

주1: 단위는 백분율(%).
주2: 4·27 보궐선거에서는 무소속 황학수 후보도 출마했지만 전체 득표율 평균이 2.3%로 낮아 여기서는 표기하지 않았음.
주3: 6회 도지사선거에서는 통합진보당 이승재 후보도 출마했으나 전체 득표율 평균이 2.1%로 낮아 여기서는 표기하지 않았음.
자료: 김원동(2007, 2011, 2012); 중앙선거관리위원회(2018b)에서 재구성.

그림 5-5 | 강원도지사 선거 후보자 정당별 득표율 (제5~7회)

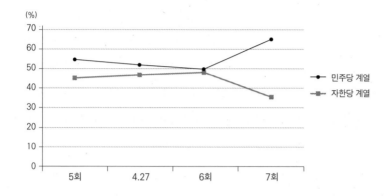

들은 줄곧 한나라당 김진선 후보를 지지함으로써 보수적 투표성향을 견지했다(김원동, 2007). 하지만 2010년 이광재 후보의 등장과 함께 변화가 시작되었다. 즉, 강원도 유권자들은 제5회 지방선거에서 한나라당 이계진 후보를 제치고 민주당 이광재 후보를 지사로 당선시켰고, 이 지사의 낙마 이후 보궐선거 때부터 지난 6·13 지방선거에 이르기까지 민주당 계열의 최문순 후보에게 연속적으로 승리를 안겨주었다(김원동, 2012a, 2015; 〈표 5-5〉, 〈그림 5-5〉). 결국 강원도 유권자들은 1995년 제1회 지방선거 이후 4회 지방선거에 이르기까지 도지사 선거에서 보수적 투표성향을, 그리고 2010년 이후로는 진보적 투표성향을 보여온 것이다.

강원도지사 선거에서 확인되는 도내 유권자들의 이러한 투표성향은 기초자치단체장이나 지방의회의원 선거에서의 투표성향과는 다소 다른 특징을 보인다. 제1회 지방선거 실시 이후로 6회 지방선거에 이르기까지 강원도 내 기초자치단체장과 지방의회의원 선거에서 유권자들을 지배한 것은 친親한나라당 정서였기 때문이다(김원동, 2007, 2012a, 2015). 그런가 하면, 기초자치단체장이나 지방의회의원 선거와 는 달리 도지사 선거에서는 강원도 유권자들이 이미 제5회 지방선거 와 보궐선거 때부터 민주당 계열의 후보를 지지함으로써 진보적 투표 성향을 보였다. 말하자면, 강원도 유권자들의 진보적 투표성향은 다 른 유형의 지방선거보다 도지사 선거에서 좀 더 빨리 발현되었던 셈 이다. 또 경험적인 조사 자료의 부재로 단언할 수는 없지만, 선거 기 간 중 이루어진 일련의 선거방송토론회에서 이계진 후보에 비해 이광 재 후보의 역량 우위가 드러났던 점을 감안한다면, 유권자들의 선택 과정에 후보자 역량 변수도 크게 영향을 미쳤던 것으로 보인다.* 물론 제5회 도지사 선거에서는 이와 다른 특징도 엿볼 수 있다. 이를테면, 접경 지역에서는 여당 후보로 출마했던 이계진 후보가 우위를 보였 고, 폐광 지역에서는 이광재 후보가 매우 우세했다. 이는 곧 제5회 강 원도지사 선거가 접경 지역의 보수성과 후보의 출신 지역에 따른 소 지역주의 투표성향이 가세했던 선거였음을 뜻한다. 4·27 보궐선거에 서는 동일한 지역인 춘천 출신의 유력한 두 후보가 나섬에 따라 소지 역주의 투표성향이 사라졌고, 후보 개인의 비교 우위에 따른 투표성 향에 의해 최문순 후보가 당선되었다고 볼 수 있다. 이런 해석은 선거

---

* 역대 대선과 총선 결과들을 분석한 한 연구에 의하면, 후보자 요인이 선거 결과에 크게 영향을 미친 선거는 대통령 선거였다(이갑윤, 2011). 2017년 5월 9일 실시된 19대 대선에서 도 전국 유권자의 45.5%가 지지 후보 선택의 가장 중요한 고려사항으로 '후보의 인물과 능 력'을 꼽은 것으로 나타났다. 이것보다는 다소 낮지만 제6회, 7회 지방선거에서도 각각 전 국 유권자들의 35.7%, 33.9%가 후보의 인물과 능력을 지지 후보 선택의 가장 중요한 고려 요인으로 삼았다고 응답했다(중앙선거관리위원회, 2018d: 188). 결국 이런 조사 결과는 대선 뿐만 아니라 지방선거에서도 적어도 최근에는 유권자들이 후보자의 개인적 역량을 자신 의 지지 후보 선택 과정에서 그 어떤 다른 요인보다 중시하고 있음을 보여준다.

표 5-6 | 제6회 강원도지사 선거 후보자 기본 정보

기호	정당명	성명	성별	출생연도 (연령)	학력	경력
1	한나라당	최흥집	남	1951 (63세)	강릉고, 관동대(경영학과), 강원대 대학원 (행정학과 석사)	강원도 산업경제국장·기획관리실장, 강원국제관광박람회조직위 총괄기획부 부장, 강원도 정무부지사, 강원랜드 대표이사
2	새정치 민주연합	최문순	남	1956 (58세)	춘천고, 강원대(영어교육과), 서울대 대학원 (영문과 석사)	MBC 사장, 한국방송협회 회장 (13대), 국회의원(18대), 민주당 2018 평창동계올림픽 유치위원회 수석부위원장, 강원도지사(36대)

자료: 중앙선거관리위원회(2014a, 2014b)에서 재구성.

그림 5-6 | 제6회 강원도지사 선거 후보자 득표율

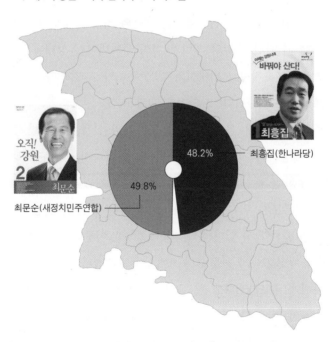

자료: 후보 사진은 중앙선거관리위원회 홈페이지(선거정보도서관/선거자료/후보자선전물/광역단체장선거)의 후보자 벽보.

후 실시한 유권자 조사 결과를 통해 유추할 수 있다. 조사에 의하면 (김원동, 2011), 강원도 유권자들은 'TV선거방송토론회에서 보여준 역량', '강원도 현안에 대한 후보의 식견과 공약', '후보의 도덕성 또는 인간적 신뢰감' 등을 기준으로 지지 후보를 선택했다고 답했다.

최문순 후보가 다시 출마한 제6회 강원도지사 선거 결과는, 춘천 출신의 최문순 후보와 지역적으로 대조를 이루는 강릉 출신의 최흥집 후보가 등장하면서 제5회 도지사 선거와는 또 다른 양상을 보였다. 투표 결과는 두 후보의 거점 지역을 중심으로 영동과 영서 지역으로 도민들의 표가 양분되는 전형적인 소지역주의 자체였다(〈표 5-5〉와 〈표 5-6〉).

제7회 강원도지사 선거는 최문순 후보와 정창수 후보의 양자 경쟁 구도 아래 지역 간 대결의 의미가 거의 무의미해진 상태에서 치러짐으로써 제6회 도지사 선거에서와 같은 후보자 효과에 따른 소지역주의 투표성향은 사라졌다(〈표 5-7〉과 〈그림 5-7〉).

제7회 강원도지사 선거에서도 유권자들의 선택을 좌우한 것은 기초자치단체장이나 지방의회의원 선거와 마찬가지로 정부·여당 지지와 보수야당 문책이라는 중앙정치 차원의 평가였다. 앞서 살펴본 선거 전의 여론조사 결과에서도 이를 뒷받침할 수 있는 간접적인 경험적 논거를 발견할 수 있다(칸타 퍼블릭, 2018). 이를테면, 더불어민주당 지지자 중에 83.7%가 최문순 후보에게 투표하겠다고 한 데 반해 정창수 후보에게 투표하겠다고 한 응답자는 1.7%에 불과했다. 또 자유한국당 지지자 중에서는 65.6%가 정창수 후보를, 그리고 15.5%가 최문순 후보를 지지하겠다는 답변을 보였다. 이는 자유한국당과 '정당일체감'을 갖고 있는 유권자들보다는 더불어민주당과 정당일체감을 느

표 5-7 | 제7회 강원도지사 선거 후보자 기본 정보

기호	정당명	성명	성별	출생연도 (연령)	학력	경력
1	더불어 민주당	최문순	남	1956 (62세)	춘천고, 강원대(영어교육과), 서울대 대학원 (영문과 석사)	MBC 사장, 전국언론노조 초대위 원장, 시도지사협의회장, 국회의원 (18대), 평창동계올림픽 조직위원 회 공동집행위원장, 강원도지사(36, 37대)
2	자유 한국당	정창수	남	1957 (61세)	경포중, 서울고, 성균관대(행정학과), 경희대 행정대학원 (행정학과 박사)	행정고시 합격, 강원도청 사무관, 대 통령비서실 건설교통비서관, 국토해 양부 제1차관, 인천국제공항공사 사 장, 한국관광공사 사장

자료: 중앙선거관리위원회(2018e, 2018f); Naver(인물정보)에서 재구성.

그림 5-7 | 제7회 강원도지사 선거 후보자 득표율

자료: 후보 사진은 중앙선거관리위원회 홈페이지(선거정보도서관/선거자료/후보자선전물/광역단체장선거)
의 후보자 벽보.

끼는 유권자들이 자당 출신 도지사 후보에 대한 지지 의사가 더 분명했음을 보여준다. 또 최문순 후보 지지자 중의 93%는 남북정상회담이나 북미정상회담에 대한 논의 등으로 인한 남북관계의 변화를 긍정적으로 평가한 데 비해 정창수 후보 지지자 중에는 63.2%만 이를 긍정적으로 평가하고 25.9%가 부정적으로 평가한 것으로 나타났다. 남북관계 변화에 대한 평가도 더불어민주당과 자유한국당 지지자별로 대체로 이와 유사했다. 선거 직전에 실시된 이런 여론조사 결과는 결국 더불어민주당을 지지하는 사람들과 최근 남북관계에 우호적인 유권자들이 거의 겹칠 뿐만 아니라 이들의 상당수가 정창수 후보보다는 최문순 후보를 지지했음을 시사한다.

결국 역대 강원도지사 선거를 종합하면, 강원도 유권자들의 표심은 5회 도지사 선거를 기점으로 보수적·소지역주의적 투표성향을 넘어 진보적 투표성향으로 점차 이동했다고 볼 수 있다. 그렇지만 6회 강원도지사 선거 결과에서 보듯, 영동과 영서 지역에서 유력한 주자들이 도지사 후보로 다시 등장해 경쟁구도를 형성하게 되면, 도내에서 소지역주의적 투표성향이 재현될 개연성을 배제할 수 없다. 향후 도지사 선거 전망에서는 전국적인 정치지형과 함께 이 점을 고려해야 할 것이다.

강원도지사 선거를 통해 본
남북정상회담 의제의 영향과 진보적 이슈 투표

여기서는 6·13 지방선거의 강원도지사 선거에서 남북정상회담을 둘러싼 의제들이 실제로 어떻게 다루어졌고, 또 어떤 영향을 미쳤으며 그 과정에서 드러난 강원도 유권자의 투표 결과를 어떻게 이해해야 할지에 대해 좀 더 살펴보려 한다.

G1강원민방, 춘천KBS, 춘천MBC, CJ헬로강원방송 등이 강원일보사나 강원도민일보사와 함께 개최한 제7회 강원도지사 선거방송토론회에서는 춘천 레고랜드 사업, 남북관계 해빙 분위기 속에서의 남북교류 활성화를 위한 강원도 차원의 전략, 북미정상회담, 일자리와 민생 문제, 평창동계올림픽 시설 활용 문제, 지방 소멸 우려에 대한 도 차원의 대책 같은 지역적 쟁점들이 여러 차례 토론 의제로 다루어졌다.* 이 같은 일련의 도지사 선거방송토론회에 대해서는 주요 쟁점을 중심으로 후보 간의 날선 공방 속에 예의를 갖춘 토론이 이루어졌다는 호평도 있었지만 지사 출신 후보의 자기반성도, 상대 후보의 날카로운 반격이나 대안 제시도 발견하기 어려웠다는 비판도 있었다(《노컷뉴스》, 2018. 5. 30; 《강원일보》, 2018. 5. 30; 《강원도민일보》, 2018. 6. 7).

이와 같이 상반된 평가 속에서 이루어진 토론회 과정에서 눈여겨봐야 할 지점은 최문순 후보가 제시한 공약들의 성격이다. 최 후보는 평창동계올림픽의 목표 중에서도 '평화올림픽'**을 부각함과 동시에 '문재인 정부와 함께 평화시대'를 만들겠다고 하면서 '평화도지사'로서

---

* 강원도지사 선거방송토론회에서 오간 토의 내용에 대해서는 강원도선거방송토론회에서 개최한 법정토론회나 G1강원민방에서 주관한 후보자 토론회 동영상을 참조하라.

** 2018평창동계올림픽조직위원회는 문화올림픽, 환경올림픽, 평화올림픽, 경제올림픽을 평창동계올림픽의 4대 목표로 제시한 바 있다(김원동, 2013: 13에서 재인용). 최문순 후보는 중앙선거관리위원회에 제출한 '선거공보'에서 김여정·김영남 등 북한 최고위급 대표단 참가, 북한선수단(508명)·응원단(720명) 방남, 남한선수단 방북과 북한선수단(32명) 방남, 북한삼지연관현악단 방한, 남북 동시 입장, 단일팀, 공동응원단 사례 등을 평화올림픽의 구성 내용으로 적시했다(중앙선거관리위원회, 2018a).

의 8대 공약을 내걸었다(중앙선거관리위원회, 2018a). 제1공약으로 제시한 '강릉~제천 간 동해북부선 바로 착공'부터 경원선 철도 복원 조기 추진, 금강산 관광 재개, 2021 동계아시안게임 남북 공동개최, 접경 지역을 평화 지역으로, 동해 남북 공동어로구역 지정, 남북을 잇는 바닷길과 하늘길(양양~백두산, 양양~원산 항공노선 취항, 백두산 크루즈항로 개척), 강원평화특별자치도 추진 등이 그것이다.* 물론 이러한 8대 공약 외에 저출산으로 인한 인구절벽과 지방소멸 위기에 대처한다는 차원에서 내건 '아동수당 50만 원, 육아전업수당 20만 원 지급', 늘어나는 노인층의 안정된 노후생활 보장을 위한 '어르신 일자리 연 4만 개 제공', 청년 취업 지원을 위한 '청년 일자리 수당 월 60만 원 지급' 등이 공약으로 등장했다. 이러한 일자리 공약이나 춘천 레고랜드 사업, 강원FC의 민간인 정치 사찰 등이 여러 토론회에서 도마에 올랐다(《강원일보》, 2018. 5. 29, 2018. 6. 14; http://www.g1tv.co.kr[2018. 6. 9]). 하지만 선거 결과를 보면, 유권자들의 관심은 남북정상회담을 계기로 기대감이 고조된 도 차원의 남북 교류사업의 향배와 연계된 이른바 '평화경제'로 기울어져 있었음을 알 수 있다.

　이런 해석의 근거는 강원도민일보사를 비롯한 강원도 내 5개 언론사가 한국리서치에 의뢰해 선거 전인 2018년 5월 26일부터 5월 28일

---

* 최문순 후보는 당선 직후 가진 도내 언론과의 인터뷰에서도 '강원도를 남북평화경제의 중심지'로 만듦으로써 강원도가 주도하는 '남북평화경제시대'를 열겠다는 의지를 재차 천명했다(《강원일보》, 2018. 6. 14; 《강원도민일보》, 2018. 6. 14). 반면, 정창수 후보는 선거 과정에서 '춘천 친환경 내수면 마리나 리조트' 사업을 비롯한 원주 스마트시티 조성, 강릉·평창군 4계절 종합휴양관광지 조성, 접경 지역 SOC 확충과 지역특화형 관광벨트화, 폐광 지역 지원기금 확충과 유럽식 도시재생사업 등을 5대 공약으로 제시했다. 이와 같이 정 후보는 남북관계나 평화 의제보다는 도내 권역별 사업에 초점을 둔 의제들을 주요 공약으로 내걸었다(중앙선거관리위원회, 2018a).

까지 3일에 걸쳐 도내 유권자 9,600명을 대상으로 실시한 유·무선통화 조사 결과에서 단서를 발견할 수 있다(한국리서치, 2018). 예컨대, 강원도 유권자들은 6월 지방선거의 의미를 '여당을 견제할 수 있게 야당에 힘을 실어줘야 한다'(27.9%)는 주장보다 '이번 지방선거를 통해 정부와 여당에 힘을 실어줘야 한다'(59.0%)는 주장에 훨씬 더 많은 공감을 표시했다. 좀 더 구체적으로 살펴보면, 정부와 여당에 힘을 실어주는 선거가 되어야 한다는 생각은 연령대로는 30대(76.1%)와 40대(72.3%), 지역적으로는 춘천(62.5%)과 원주(65.4%), 학력으로는 전문대 재학 이상(67.6%), 직업으로는 사무·관리·전문직(73.5%)과 판매·영업·서비스직(68.4%), 학생(67.5%), 지지 정당으로는 더불어민주당 지지자(87.0%), 그리고 도지사 지지 후보로는 최문순 후보 지지자들(78.5%) 사이에서 가장 높은 것으로 나타났다. 이와 대조적으로 정부와 여당을 견제할 수 있게 야당에 힘을 실어주는 선거여야 한다는 주장에 대한 공감은 각각 50대(32.6%)와 60대 이상(41.2%), 영월군(34.0%)과 횡성군(34.8%), 고졸 이하(33.9%), 농·임·어업직(40.1%)과 무직·퇴직·기타(38.5%), 자유한국당 지지자(79.1%)와 정창수 후보 지지자들(76.5%) 사이에서 높은 것으로 드러났다. 요컨대, 강원도 유권자들은 6·13 지방선거의 성격을 문재인 정권과 여당에 힘을 실어주는 선거로 규정했던 셈이다. 또 이런 인식은 춘천이나 원주 같은 거점도시 지역에 거주하면서 사무관리직이나 전문직에 종사하는 고학력의 더불어민주당 지지자들 사이에서 현저했다.

다른 한편, 2018년 4월 말 개최된 남북정상회담이 6월 지방선거에 영향을 미칠 것이라고 생각하느냐는 물음에 대해서는 '영향을 미치지 않을 것'(21.8%)이라는 응답에 비해 '영향을 미칠 것'(70.7%)이라는 답변이 3배 이상 많았다. 심지어 자유한국당 지지자들 중에서도 '영향을 미칠 것'이라고 생각하는 사람(62.5%)이 '영향을 미치지 않을 것'이라고 답한 사람(29.2%)보다 2배 이상 많았고, 이런 경향은 정창수 후보 지지자들 사이에서도 마찬가지였다. 정당 지지도는 자유한국당이 20.3%였던 데 비해 더불어민주당은 53.3%로 자유한국당의 2.5배 이상이었다. 말하자면, 6·13 지방선거를 앞둔 시점에서 도내 자유한국당 지지자들의 상당수도 지방선거에 미칠 남북정상회담의 영향을 분명하게 의식할 정도로 강원도 유권자들의 마음은 이미 더불어민주당 쪽으로 상당히 쏠려 있었다.*

이런 맥락에서 보면, 강원도 유권자들의 정치의식에까지 파고든 한반도 평화체제 구축의 전망에 토대를 둔 정부의 남북관계 개선의 성과**를 강원도와 연계시킨 최문순 후보의 평화 기조 공약들은 일단 시의적절한 것이었다고 볼 수 있다. 물론 앞서도 지적했듯이, 최 후보가 내세웠던 남북교류 활성화를 위한 공약들 자체가 강원도 유권자들의 표심을 결정적으로 좌우했다고 할 정도로 선거 과정에서 선거

---

* 당시 상황에서 남북정상회담이 지방선거에 미칠 영향이란 당연히 더불어민주당과 그 후보들에게 표를 줄 가능성이 커졌음을 의미하는 것이었다. 남북정상회담이 열리고 북미정상회담을 앞둔 급박한 변화의 시점에서 이를 '평화위장쇼'라고 평가절하하고 색깔론을 펼치던 자유한국당에 대해 유권자들은 등을 돌렸다. 이를테면, 2018년 6월 6일 발표된 언론사 공동여론조사에 의하면, 줄곧 '자유한국당의 텃밭'으로 간주되었던 부산, 울산, 대구, 경북, 경남의 유권자들 사이에서도 최근의 남북관계를 긍정적으로 평가하는 비율은 73~81%에 이를 정도로 높았다(박혁, 2018에서 재인용). 강원도 유권자들의 판단도 이와 비슷했다.
** 최근 한 좌담회는 문재인 정권의 일련의 외교안보 행보를 고무적으로 평가했다. 이를테면, 이들은 문재인 대통령이 '미국과의 공감' 아래 한미합동군사훈련의 연기와 북한의 평창동계올림픽 초청을 '선제적으로' 제안함으로써 '대결 국면'을 '협력 국면'으로 전환하고 남북정상회담까지 이끌어낸 것은 매우 의미 있는 성과였다고 보았다(구갑우·안병진·이기호·이일영, 2018).

균열의 결정적인 경쟁 지점으로 부상했던 것은 아니다.* 6·13 지방선
거에서는 강원도 유권자들의 시선도 크게 보면 전국의 다른 유권자
들과 마찬가지로 문재인 정권의 적폐청산 작업과 남북정상회담을 계
기로 예상되는 한반도 평화체제 구축과 경협 전망에 대한 강력하고
폭넓은 지지세에 포획되어 있었다고 볼 수 있기 때문이다. 이런 상황
에서 최 후보의 공약 기조가 정부·여당을 지지하는 강원도 유권자들
의 표심과 충돌하거나 갈등할 소지는 거의 없었다. 최문순 후보의 공
약들은 오히려 그러한 전국적 정세의 흐름과 분위기를 최대한 활용한
것이었다. 이런 맥락에서 최 후보의 일종의 '평화 마케팅' 선거 전략은
적어도 공약의 감표 요인을 차단하고 최 후보에 대한 호감을 뒷받침
하는 효과가 있었던 것으로 보인다. 전국적인 정부·여당 지지 분위기
에 올라탄 최 후보의 공약들이 평화올림픽 이면의 동계올림픽시설 활
용 문제나 레고랜드 사업 추진과 관련한 논란, 최 후보의 이전 공약들
에 대한 평가 문제 등**을 선거 과정에서 가려주거나 희석시켰다고 볼

---

* 즉, 6·13 지방선거의 강원도지사 선거 또한 도지사 후보들 간의 정책 경쟁에 초점을 맞
춘 온전한 정책선거였다고 보기는 힘들다는 의미다. 하지만 최문순 후보는 강원도정을 다
시 책임지게 된 만큼 한반도와 주변 정세 변화에 주목하면서 본인이 제시했던 북한과의 경
협 정책들을 재차 정교하게 가다듬고 가능한 것부터 실행해갈 수 있게 치밀하게 준비해야
한다. 이를테면, 최문순 강원도정은 동해선 연결 공사를 통해 금강산 관광 재개 계획을 구
체화하는 과정에서 '기존의 금강산 관광특구에 원산을 연계해 새롭게 원산-금강산 국제
관광지대'를 지정하여 개발하고자 하는 북한의 구상(양문수, 2008)을 정확하게 파악하여
시너지 효과를 높일 수 있는 공조체제를 형성하는 방안을 강구해야 할 것이다. 북한이 약
속한 한반도 비핵화 추진 속도, 미국을 비롯한 주변국들의 대북제재 기조의 변화, 한반도
를 둘러싼 중국, 러시아, 일본 같은 관련국들의 역학관계 등도 경협사업 계획과 추진 과정
에서 변수로 함께 결합시켜야 함은 물론이다.
** 7년째 표류 중이라는 비판을 받아온 레고랜드 사업, 정선 중봉 활강 경기장 복원 여부
를 비롯한 올림픽 시설들의 사후 운영 방향과 운영비 적자에 대한 우려, 2014년 지방선거
에서 내세웠던 '소득 2배' 슬로건의 실현 여부 등이 그것이다(http://chuncheon.kbs.co.kr;

수 있기 때문이다.

그렇다면, 적폐청산, 남북정상회담, 한반도의 평화 같은 의제들이 6·13 지방선거, 특히 강원도지사 선거에서 유권자들의 표심에 미친 영향을 이론적으로는 어떤 개념으로 포착해낼 수 있을까? 유력한 개념이 '이슈 투표issue voting'*다. 지난 6·13 지방선거에서는 경제적 요인보다는 남북정상회담이 유권자들의 이목을 집중시킨 이슈였다. 2000년 남북정상회담이나 2007년 남북정상회담과는 달리,** 6·13 지방선거의 강원도지사 선거에서는 남북정상회담 개최와 그에 따른 판문점선언의 영향이 컸다. 이는 2010년 6·2 지방선거 전인 3월 26일 터졌던 '천안함 침몰' 사건이나 2014년 6·4 지방선거 한 달 보름쯤 전인 4월 16일에 일어난 '세월호 참사'가 당시 언론과 세간의 집중적인 관심을 받았음에도 불구하고 정작 선거 균열의 중심축이 되지 못했던 것(강원택, 2011, 2015)과도 대조적이다. 이는 유사한 성격의 이슈라고 해서 유권자들의 표심에 언제나 같은 반응을 야기하지는 않음을 경험적으로 확인해준다.

강원도 유권자들은 6·13 지방선거에서 '보수야당에 대한 응징', 현정부의 '적폐청산' 정책 지지, '안정적 국정운영을 위한 문재인 정부 힘실어주기', '한반도 평화체제의 구축과 남북관계 활성화' 같은 이슈들

---

http://www.g1tv.co.kr).

* 이슈 투표란 원래 특정한 '후보가 제시한 정책 공약에 입각해 투표하는 것'을 말한다. 선거 국면에서 유권자가 현 정부의 경제정책의 실적 평가를 근거로 하는 '회고적 투표'나 향후 경제 상황에 대한 기대를 고려해 하는 '전망적 투표'와 같은 '경제 투표'가 이슈 투표의 대표적 유형으로 간주된다(최준영, 2009).

** 강원택은 2000년 총선 전에 있었던 남북정상회담과 2007년 대선 전에 개최되었던 남북정상회담이 둘 다 유권자의 투표에 이렇다 할 영향을 미치지 못했다(강원택, 2003; 김영태, 2007)는 연구 결과들을 상기시킨다(강원택, 2011: 40).

에 동참한다는 중앙정치 차원의 관점에서 최 후보에게 힘을 실어주었다고 볼 수 있다. 다시 말해, 강원도 유권자들은 촛불혁명 이후 추진되어온 정부의 적폐청산 정책, 남북정책, 보수야당의 정치행태에 대한 평가에 기초한 '회고적 투표retrospective voting'와 남북관계의 획기적인 개선과 평화체제의 도래에 대한 기대감에 토대를 둔 '전망적 투표prospective voting'를 지난 6·13 지방선거의 도지사 선거의 표심에 함께 녹였던 것이다.* 이런 측면에서도 6·13 지방선거의 도지사 선거에서 드러난 진보적 투표성향은 기본적으로 이슈 투표의 특징을 지닌 것이라고 평가할 수 있다. 최 후보의 공약 중 일부는 물론 중앙정치적 이슈와 공유되는 부분이 있지만 유권자들의 투표에 미친 일차적 규정 요인은 어디까지나 그러한 중앙정치적 이슈였다고 봐야 할 것이다.**

6·13 지방선거의 의미와 강원도 정치권의 과제

최순실 국정농단 사건의 경악스러운 실체가 하나둘 드러나면서 국민들의 발걸음은 연일 광장으로 이어졌고, 촛불의 열기는 마침내 박근혜 대통령의 탄핵과 정권교체로 귀결되었다. 박근혜 정권의 국정 운

---

* 원론적으로 보면, 유권자의 투표 결정에는 '회고적 평가'와 '전망적 판단'이 모두 포함되어야 한다(Dalton, 2014: 208-212). 6·13 지방선거의 투표 결정 과정에서는 박근혜 정권의 적폐, 문재인 정권의 지방선거 무렵까지의 대북 정책, 한반도의 미래 전망 등이 실제로 유권자의 회고적·전망적 판단의 근거로 활용되었다고 볼 수 있다.
** 이와 같이 6·13 지방선거 결과가 전국적으로 중앙정치적 이슈에 영향을 받은 것이라는 점에서 보면, 종래의 지방선거와 마찬가지로 6·13 지방선거도 지역의 '생활정치'의 측면보다는 '중앙정치의 대리전'(강신구, 2015; 경제희, 2015) 양상으로 전개되었다고 평가할 수 있다.

영 방식과 부패에 격분한 국민과 정치적 기득권세력 간의 갈등이 촛불혁명을 거쳐 정당 간의 선거 경쟁이라는 제도적 틀 속으로 흡수되었던 것이다.[*]

문재인 정권은 출범 직후부터 9년간의 보수정권에서 누적된 적폐청산을 주도했다. 그로 인해 문 대통령의 행보와 정부의 주요 시책에는 국민의 애정 어린 이목이 집중되곤 했다. 특히, 문재인 정권은 6·13 지방선거를 앞둔 시점에서 남북정상회담과 4·27 판문점선언을 이끌어냈고, 6·12 북미정상회담이라고 하는 외교안보적 성과를 국민에게 선사했다. 한반도 평화체제 구축과 남북관계의 획기적인 개선 전망이 가시화되면서 정부·여당에 대한 국민적 지지는 고공행진을 이어갔다. 이와는 대조적으로 여당의 위치에 있던 보수 정치세력은 최순실 국정농단과 탄핵정국에서 진정성 있는 반성이나 개혁의지를 보여주지 못했다. 게다가, 정권교체 이후 전개된 남북관계의 해빙 국면에서도 구태의연한 '색깔론'과 '발목 잡기'로 일관했을 뿐 건전한 보수야당으로 거듭나는 모습을 국민에게 보여주지 못했다. 유권자들은 대선에 이어 대거 투표장을 찾았고,[**] 제도적인 정치 참여의 장에서 야당으로 전

---

[*] "촛불이 투표를 통해 대의민주주의의 내부로 진입하지 못한다면, 촛불의 성과는 결국 촛불의 실패로 귀결되고 말 것이다"(홍성태, 2008: 32)라는 관점에서 보면, 2016년 촛불은 탄핵과 대선을 통해 부패한 정치세력을 퇴진시키고 새로운 정부를 출범시킴으로써 대의민주주의를 견고히 한 혁명적 성과라고 할 수 있다. 시민과 정권 간의 격렬한 갈등이 거리와 광장에서의 평화스러운 집단적 정치행동으로 자유롭게 표출되고, 그러한 갈등이 정당을 매개로 민주적 선거를 통해 역시 평화적인 방식으로 해소되었다고 볼 수 있기 때문이다. 이런 해석의 경험적·이론적 단서는 대의제, 갈등의 제도적·비제도적 표현 양식, 정당, 선거 등의 관계를 다루고 있는 애덤 쉐보르스키Adam Przeworski의 신간(2018)에서도 발견할 수 있다.

[**] 제7회 지방선거의 전국 투표율은 60.2%였다. 이는 전 국민적 관심 아래 실시된 제1회 전국동시지방선거 때의 68.4%를 예외로 한다면, 제2회 지방선거 이후로 가장 높은 투표

락한 보수세력을 또 한 번 응징함과 동시에 새 정부와 여당의 국정운영에 힘을 실어주었다(《노컷뉴스》, 2018. 7. 4).

강원도 유권자들도 종래의 친親한나라당(자유한국당) 정서를 무색하게 할 정도로 6·13 지방선거에서는 전국의 유권자들 못지않게 진보적 투표 대열에 동참했다. 비례대표 광역의회의원 선거에서는 정의당이 의석수를 확보하는 단계까지 나가지는 못했지만 춘천과 원주를 중심으로 이전보다 훨씬 높은 지지율을 얻음으로써 강원도 유권자들에게 전형적인 진보적 투표성향의 잠재력이 있음을 확인시켜주었다. 최문순 후보의 정책들이 갖는 성격도 이 맥락에서 새겨볼 필요가 있다. 최문순 후보가 선거 과정에서 강조했던 평화올림픽의 이미지, 동해선 착공을 포함한 각종 남북교류 활성화를 위한 사업 등은 강원도의 특징을 담은 것이기도 하지만 한반도 평화체제 구축과 남북관계의 획기적인 개선을 지향하는 중앙정치의 연장선상에 있는 이슈들이었다. 물론 6·13 지방선거의 강원도지사 선거에서 강원도 유권자들이 도지사 후보의 정책을 보고 자신의 표심을 결정했다고 단언할 수는 없다. 중앙정치적 이슈가 전국을 뒤덮었던 6·13 지방선거를 두고, 강원도지사 선거만큼은 그와 차별성을 갖는 지역정책의 경연장이었다고 평가하는 것은 현실성이 크게 떨어지기 때문이다. 하지만 적어도 최 후보가 표방한 평화도지사로서의 공약들은 기본적으로 정부·여당의 한반도 평화정책 기조와 연계된 강원도형 정책들이었다. 최 후보의 공약이 갖는 그러한 성격으로 인해 강원도 유권자들이 이전과 달리 정부·여당을 지지하는 방향으로 표심을 대대적으로 전환하는 과정에서 최 후

_____

율이었다(중앙선거관리위원회. 2018b; 2018c: 17).

보의 공약과 갈등을 겪거나 거부감을 느낄 이유는 없었던 것이다. 더불어민주당 출신 도지사 후보의 정책이 문재인 정권의 대북정책과 맞닿아 있었기 때문이다. 6·13 지방선거에서는 정책선거가 실종되었다고 할 정도로 유권자의 표심에 미치는 지역정책의 영향력이 작았다 하더라도 강원도에서는 이 점이 나름 중요성을 갖는다고 볼 수 있다. 강원도는 다른 곳보다 남북관계에 민감한 지역이 많기 때문이다. 더군다나 남북관계의 개선 전망이 이전보다는 훨씬 선명하게 펼쳐지는 환경 속에서 6·13 지방선거가 치러졌다는 점에서 보면 이는 더 말할 나위가 없다.

문재인 정권과 더불어민주당은 6·13 지방선거를 통해 국민적 신뢰를 재차 부여받았지만 시급히 해결해야 할 과제들도 적지 않다. 4·27 판문점선언에서 밝힌 것처럼, 한반도 평화체제 구축과 남북관계 개선에서 실질적인 성과를 축적해가야 한다. 또 주52시간 근무제, 최저임금 인상, 소득주도 성장 같은 주요 정책들이 이해관계자들과의 충분한 교감 속에 추진될 수 있게 조정력을 발휘하면서 침체된 경제에 활기를 불어넣어야 한다. 지방선거 전에 추진하다 중단된 '분권형 개헌'도 국회와의 긴밀한 협력 아래 다시 불씨를 살려 어떤 형식으로든 성사시켜야 한다. 더불어민주당은 노무현 정권의 미결 과제이기도 한 분권과 지역균형 발전의 과제에 현 정부의 의지를 반영하여 한 차원 높게 완결할 수 있도록 야당과 국민을 상대로 정치력을 발휘해야 한다. 이것이 "전국의 지방권력까지 더불어민주당에 맡겨 대한민국 중심정당으로 우뚝 설 기회를"(박혁, 2018) 준 6·13 지방선거의 민의에 답하는 길임을 명심해야 한다. 정부·여당이 앞서 언급한 정책들에서 제대로 성과를 내지 못한다거나 실책을 거듭할 경우에는 6·13 지방선거에서와는 정반대로 이후 선거에서 보수야당에게 반사이익을 안겨줄 수도 있다. 이는 정부·여당이 느슨해지려 할 때마다 보수야당의 완패를 긴장감을 갖고 되새겨봐야 하는 이유이기도 하다. 요컨대, 여당은 보수야당의 실패를 반면교사로 삼아 혁신적 입법들을 통해 의회정치의 동력과 주도권을 살려내고, 정부는 '거시적 개혁정치'와 '미시적 생활정치'(홍성태, 2008)의 성과를 담보로 국민적 지지를 확장하려는 각오를 새롭게 다져야 할 시점에 서 있다.

각고의 노력이 있어야겠지만, 보수야당이 앞으로 건전한 보수세력으로 거듭난다면 강원도뿐만 아니라 전국의 다른 지역에서 재기할 개연성은 여전히 남아 있다. 이는 6·13 지방선거 결과의 의미를 곱씹어 보면 얼마든지 추론할 수 있다. 앞서도 언급했듯이, 6·13 지방선거에서 보여준 유권자들의 진보적 투표는 정부·여당에 대한 지지의 표현만은 아니었다. 진지한 자기반성과 혁신의 노력도 없이 무력감과 무능함을 노정해온 보수야당에 대해 보수적 유권자들마저 채찍을 들었던 것이 6·13 지방선거의 성적표였다. 말하자면, 지난 지방선거에서 주목해야 할 것은 정부·여당에 대한 지지보다는 보수야당을 심판한 선거였다는 점이다. 9년간 보수정권을 떠받쳐온 보수적 유권자들과 보수지역에서의 표심 이반이 이를 입증해준다. 따라서 보수야당이 유권자들의 엄중한 질책을 되새기면서 건전한 혁신보수세력으로 환골탈태한다면, 상식적인 보수 유권자들의 신뢰와 지지를 되찾을 수 있는 여지는 여전히 남아 있다. 아직도 갈피를 잡지 못하고 있는 보수야당이 제대로 읽어내야 할 것은 6·13 지방선거를 통해 표출된 유권자의 표심에 담겨 있는 이러한 핵심 메시지다.

제3부

강원도지사 선거의
회고와 전망

6장
지방선거의 개괄과
광역자치단체장 선거의 특징

　1952년부터 2018년까지 전국적으로 지방선거가 실시된 햇수를 꼽아보면 11차례에 이른다. 지방선거의 분수령은 1995년 6·27 지방선거라고 할 수 있다. 이때부터 기초와 광역 단위의 자치단체장과 의원들을 모두 주민 직선으로 선출하기 시작했기 때문이다. 이런 점을 고려해 6장에서는 지방선거의 변천 과정을 1995년 지방선거 이전과 그 이후로 대별해 살펴보려 한다.

　1995년 6·27 지방선거 이전에 실시되었던 지방선거의 연혁을 검토하는 과정에서는 어떤 단위의 지방의회의원과 자치단체장을 어떻게 선임해왔는지에 대해 각별히 주목하고자 한다. 이 과정에서 직접선거 방식으로 선출했던 지방의회의원도 그 적용 대상이 시기별로 다소 달랐고, 지방자치단체장의 경우에는 간선제, 직선제, 임명제가 뒤섞여 있었음을 재확인할 수 있을 것이다. 이어서 지방선거에서 광역자치단체장 선거가 갖는 위상을 짚어보고, 역대 광역자치단체장 선거 당선자의 정당별·성별 분포를 개괄해보려 한다. 이와 관련된 여러 기초 자료들을 취합하고 표와 그림의 형태로 재정리 작업을 시도함으로써 그간에 진행된 광역자치단체장 선거의 궤적, 특징 및 문제점에 대한 이해도를 제고하고자 한다. 이런 의미에서 6장은 강원도지사 선거 연구의 의의를 좀 더 명확하게 드러내고, 이 책의 마지막 장인 7장의 이해를 돕기 위한 선결 작업으로 설계된 것이라고 할 수 있다.

전국동시지방선거 이전의 지방선거와 전국동시지방선거

1995년이 전국동시지방선거의 원년이라고 해서 그 이전에 지방선거가 없었던 것은 아니다. 이 책의 1장에서 살펴보았듯이, 지방선거의 법적 근거는 정부 수립 후 곧바로 제정된 지방자치법을 통해 1949년 이미 확보된 바 있다. 다만, 이승만 정권이 건국 초기의 정국 불안정과 전쟁 등을 명분 삼아 이를 즉각 시행하지 않았을 뿐이다. 1952년 전격적으로 우리 사회에 처음 등장한 지방선거는 1960년까지 이어졌으나 1961년 5·16 군사쿠데타로 중단되었다. 특히, 이승만 정권에 뒤이은 장면 정권에서는 지방의회의원과 지방자치단체장을 모두 주민 직선으로 선출함으로써 지방선거 제도의 진전을 이루었지만 실효를 검증해볼 겨를도 없이 군사쿠데타로 중단되고 말았다. 이후 지방선거는 박정희 정권과 전두환 정권 내내 시행되지 못했다. 지방선거가 불완전

표 6-1 | 지방의회의원과 지방자치단체장의 선임 방식 (1952~1991년)

선거 회수	법적 근거	지방의회의원			지방자치단체장			정권
		명칭	선임 방식	선거 일시	명칭	선임 방식	선거 일시	
제1회	지방 자치법 (국회의원 선거준용)	시·읍·면 의원	직선제	1952. 4. 25	시장·읍장 ·면장	간선제(각급 의회에서 선출)	–	이승만 정권
		도의원	직선제	1952. 5. 10	광역자치 단체장	임명제 (중앙정부)	–	
제2회	지방 자치법 (국회의원 선거준용)	시·읍·면 의원	직선제	1956. 8. 8	시장·읍장 ·면장	직선제	1956. 8.8	이승만 정권
		서울특별시 ·도의원	직선제	1956. 8. 13	서울특별시 장·도지사	임명제 (중앙정부)	–	
제3회	지방 자치법 (국회의원 선거준용)	서울특별시 ·도의원	직선제	1960. 12. 12	서울특별시 장·도지사	직선제	1960. 12.29	장면 정권
		시·읍·면 의원	직선제	1960. 12. 19	시장·읍장 ·면장	직선제	1960. 12.26	
제4회	지방의회 의원 선거법	시·군·구 의원	직선제	1991. 3. 26	시장·군수 ·구청장	임명제 (중앙정부)	–	노태우 정권
		서울특별시 ·도의원	직선제	1991. 6. 20	서울특별시 장·광역시장 ·도지사	임명제 (중앙정부)	–	

주1: 1952년 지방선거는 서울, 경기, 강원을 제외한 선거 가능 지역에서 실시.
주2: 1960년 지방선거는 4·19 이후 집권한 장면 정권 아래서 실시.
자료: 이 책의 1장, 국가기록원.(http://theme.archives.go.kr/next/localSelf/vote.do; http://theme.archives.go.kr/next/localSelf/chief.do).

하게나마 부활한 것은 노태우 정권에서였다. 노태우 정권이 1991년 지방의회의원 선거를 단행함에 따라 지방선거는 30여 년간의 긴 동면기에서 깨어나 기지개를 폈다.

〈표 6-1〉은 이승만 정권 시기부터 전국동시지방선거 실시 이전까지의 40여 년 사이에 치러진 지방선거에서 지방의회의원과 지방자치단체장의 선임 방식을 정리한 것이다.

그림 6-1 | 지방의회의원과 지방자치단체장의 선임 방식 (1952~1991년)

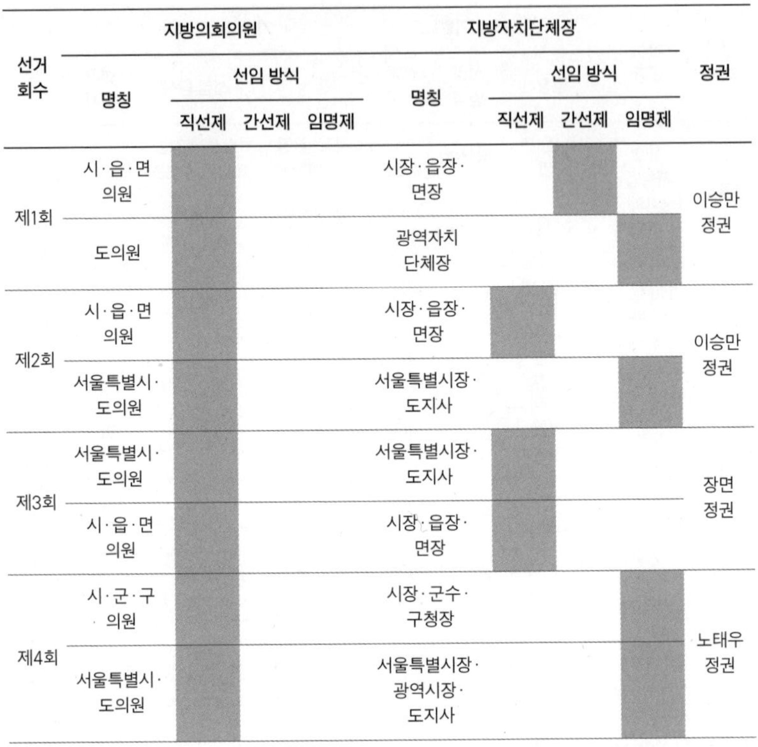

선거 회수	지방의회의원				지방자치단체장				정권
	명칭	선임 방식			명칭	선임 방식			
		직선제	간선제	임명제		직선제	간선제	임명제	
제1회	시·읍·면 의원	■			시장·읍장· 면장		■		이승만 정권
	도의원	■			광역자치 단체장			■	
제2회	시·읍·면 의원	■			시장·읍장· 면장	■			이승만 정권
	서울특별시· 도의원	■			서울특별시장· 도지사			■	
제3회	서울특별시· 도의원	■			서울특별시장· 도지사	■			장면 정권
	시·읍·면 의원	■			시장·읍장· 면장	■			
제4회	시·군·구 의원	■			시장·군수· 구청장			■	노태우 정권
	서울특별시· 도의원	■			서울특별시장· 광역시장· 도지사			■	

여기서 드러나는 초기 지방선거의 몇 가지 특징을 짚어보면 다음과 같다.

우선, 지방의회의원은 기초자치단체든 광역자치단체든 관계없이 모두 주민 직선에 의해 선출되었다. 물론 시기별로 보면, 그 내용에 있어 다소 변화가 있었다. 이를테면, 기초의회의원의 경우, 1960년까지는 읍의원과 면의원까지 선출했지만 그 이후 중단되었다가 복원된 1991년 지방선거부터는 군 단위의 의원(군의회의원)을 뽑는 것으로 바뀌었다.

기초자치단체장과 광역자치단체장은 시기별로 모두 선임 방식이 달랐을 뿐만 아니라 굴곡이 있었다. 예컨대, 기초자치단체장으로서의 시장, 읍장, 면장은 처음에는 의회에서 간선제로 선출하다 2회 지방선거부터는 주민 직선제로 전환되었다. 하지만 박정희 정권이 들어서면서 오늘날 기초자치단체장에 해당하는 자리들은 전부 중앙정부에 의한 임명제로 변경되었고, 전두환 정권, 노태우 정권을 지나 김영삼 정권에서 비로소 단행된 1995년 지방선거 때까지 지속되었다. 광역자치단체장은 처음부터 임명제였지만 장면 정권에서 직선제로 잠시 바뀌었다가 박정희 정권 이후 다시 임명제로 되돌아갔고, 기초자치단체장의 경우와 마찬가지로 6·27 지방선거 때까지 전혀 변화가 없었다. 노태우 정권 후반기에 '지방의회의원선거법'에 근거해 지방선거가 실시되었지만 지방의회의원 선거에 국한된 것이었기 때문이다.

지방자치와 지방선거의 역사에서 획기적인 제도적 변화가 생긴 것은 1995년 지방선거에서였다. 바로 앞서 있었던 1991년 지방선거에서 제외되었던 각급 단위의 기초 및 광역자치단체장 직선제 실시라는 일대 변혁이 약 35년 만에 일어났던 것이다. 6·27 지방선거 때부터 지역주민들이 기초와 광역의 지방의회의원과 자치단체장 전원을 직접 선출할 수 있게 된 것은 지방자치의 역사에서 불가역적인 진화의 좌표를 마련한 것이나 진배없는 큰 성과였다.

지방자치의 정착을 위한 제도적 개혁 과제들이 여전히 많이 남아 있지만 1995년 6·27 지방선거는 적어도 지방선거제도의 기본 틀을 마련한 계기라는 의미가 있다. 특히, 1995년 지방선거 시점부터는 전국의 지방의회의원과 자치단체장을 모두 같은 날 동시에 뽑게 되면서 '전국동시지방선거'라는 새로운 공식 명칭이 붙었다. 제1회 전국동시지방선거로 명명된 1995년 6·27 지방선거를 시작으로 2018년 6월 13일 제7회 전국동시지방선거가 치러짐에 따라 전국동시지방선거의 역사도 2019년 현재 통산 7회를 기록하기에 이르렀다.

광역자치단체장 선거의 위상과 역대 선거 결과의 특징

광역자치단체장 선거가 지방선거에서 차지하는 위상은 어느 정도일까? 유권자들의 관심을 기준으로 할 때, 유권자들은 기초자치단체장 선거나 지방의회의원 선거, 교육감 선거에 비해 광역자치단체장 선거에 더 큰 관심을 갖고 있는 것으로 나타났다. 일례로 제7회 전국동시지방선거에서 전국 유권자들의 지방선거 유형별 관심도를 보면, 교육감 선거 43.6%, 지방의회의원 선거 46.9%, 기초자치단체장 선거 66.9%였던 데 비해, 광역자치단체장 선거에 대해서는 72.3%가 '관심이 있다'고 응답했다(중앙선거관리위원회, 2018d: 207-210).

이와 같이 유권자들은 교육감이나 지방의회의원 선거보다 광역자치단체장 선거에 관심이 훨씬 많았고, 광역자치단체장 선거에 대한 관심도는 기초자치단체장 선거와도 제법 차이가 있었다.[*] 이런 점에서 지방선거에서 광역자치단체장 선거가 갖는 비중이나 위상은 다른 선거 유형보다 압도적 우위에 있다고 할 수 있다. 따라서 광역자치단체장 선거를 중심으로 특정한 지역 주민들의 투표성향이나 정치의

---

[*] 이와 유사한 조사 결과는 이전 지방선거 시기에도 있었다. 이 책의 3장에서 언급했듯이, 제1, 2회 전국동시지방선거 때에도 4대 지방선거 중 유권자들의 관심이 가장 집중되었던 선거는 광역자치단체장 선거였다(한국갤럽, 1999).

식의 특징을 가늠해보는 것은 이들의 정치사회적 관심을 현실적으로 가장 잘 반영한 접근 방법이 될 수 있다.

1960년 처음으로 주민 직선에 의해 서울특별시장과 도지사 선거가 치러졌다. 하지만 광역자치단체장 선거는 곧바로 중단되었고, 35년이 지난 1995년 전국동시지방선거가 실시되면서 복원되었다. 역대 광역자치단체장 선거 당선자의 정당별·성별 분포를 정리하면 〈표 6-2〉와 같다.

우선, 광역자치단체장 당선자의 정당별 분포에서 몇 가지 특징을 엿볼 수 있다. 1960년 서울특별시장과 도지사 선거는 바로 직전 2주일 정도의 짧은 기간에 이미 세 차례나 치러진 지방선거 후에 실시되었다. 게다가 선거 당일 기온마저 뚝 떨어져 투표율은 30%대로 12월 한 달 사이에 있었던 네 번의 지방선거 중 최저 수준을 기록했다. 잦은 선거와 민주당 신·구파 간의 권력싸움에 대한 염증으로 앞서의 선거들에서는 무소속이 확실한 강세를 보였지만 서울특별시장과 도지사 선거에서는 유권자들이 신생 공화국의 여당 손을 들어주었다. 광역자치단체장 선거에서만큼은 여대야소의 구도가 만들어졌던 것이다 (《경향신문》, 1960. 12. 30; 이 책의 1장).

전국동시지방선거 이후 일곱 차례 시행된 광역자치단체장 선거 결과를 보면, 여당은 제2회와 7회 선거에서는 대승했지만 나머지 다섯 번의 선거에서는 모두 패배했다. 여당의 입장에서 승리한 선거와 패배한 선거를 실시 시점에 유의해 살펴보면, 후자와는 달리 전자는 정권 출범 초기에 치러졌음을 알 수 있다. 결과적으로 광역자치단체장 선거에서의 여당 승리가 새 정부에 대한 유권자들의 기대감이 반영된 결과라고 한다면, 패배는 대체로 집권여당에 대한 중간평가적 성격의 투표 결과라고 해석할 수 있다.

표 6-2 | 역대 광역자치단체장 선거 당선자의 정당별·성별 분포

지방선거 (선거연도)	광역자치단체장	정당별			성별
		출신 정당 분포	집권여당	여야구도	
제3회 지방선거 (1960년)	서울특별시장(1)· 도지사(9)	민주당(6), 신민당(3), 무소속(1)	민주당	여대야소	전원 남성
제1회 전국 동시지방선거 (1995년)	서울특별시장(1)· 광역시장(5)· 도지사(9)	민자당(5), 민주당(4), 자민련(4), 무소속(2)	민자당	여소야대	전원 남성
제2회 전국 동시지방선거 (1998년)	서울특별시장(1)· 광역시장(6)· 도지사(9)	국민회의(6), 자민련(4), 한나라당(6)	국민회의·자민련	여대야소	전원 남성
제3회 전국 동시지방선거 (2002년)	서울특별시장(1)· 광역시장(6)· 도지사(9)	새천년민주당(4), 자민련(1), 한나라당(11)	새천년민주당· 자민련	여소야대	전원 남성
제4회 전국 동시지방선거 (2006년)	서울특별시장(1)· 광역시장(6)· 도지사(9)	열린우리당(1), 한나라당(12), 민주당(2), 무소속(1)	열린우리당	여소야대	전원 남성
제5회 전국 동시지방선거 (2010년)	서울특별시장(1)· 광역시장(6)· 도지사(9)	한나라당(6), 민주당(7), 자유선진당(1), 무소속(2)	한나라당	여소야대	전원 남성
제6회 전국 동시지방선거 (2014년)	서울특별시장(1)· 광역시장(6)· 세종시장(1)· 도지사(9)	새누리당(8), 새정치민주연합(9)	새누리당	여소야대	전원 남성
제7회 전국 동시지방선거 (2018년)	서울특별시장(1)· 광역시장(6)· 세종시장(1)· 도지사(9)	더불어민주당(14), 자유한국당(2), 무소속(1)	더불어민주당	여대야소	전원 남성

주1: 광역자치단체장 항목의 ( ) 안 숫자는 정원.
주2: 여기서의 여야구도란 광역자치단체장의 출신 정당별 분포 기준.
주3: 도지사는 줄곧 경기, 강원, 충북, 충남, 경북, 경남, 전북, 전남, 제주의 9곳이었고, 다만 제주도의 명칭이
    2006년 7월 '제주특별자치도'로 변경되었음.
주4: 경남 울산시가 1997년 7월 '울산광역시'로 출범함에 따라 제2회 지방선거는 때부터 기존 5곳의 광역시
    장(부산, 대구, 인천, 대전, 광주)에 울산시장이 추가되어 광역시장은 6명이 됨.
주5: 2012년 7월 '세종특별자치시'의 출범으로 6회 지방선거 때부터는 '세종특별자치시장'이 광역자치단체장
    에 추가됨.
자료: 중앙선거관리위원회 홈페이지; 장성훈(2011); 이 책의 1장, 3장, 5장을 참조해서 재구성.

그림 6-2 | 역대 광역자치단체장 선거 당선자의 정당별·성별 분포

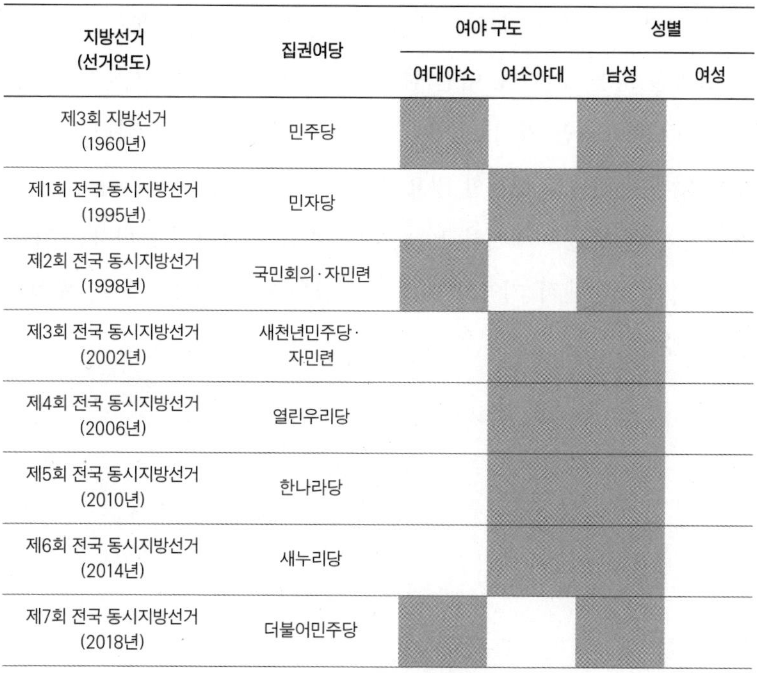

지방선거 (선거연도)	집권여당	여야 구도		성별	
		여대야소	여소야대	남성	여성
제3회 지방선거 (1960년)	민주당	■		■	
제1회 전국 동시지방선거 (1995년)	민자당			■	
제2회 전국 동시지방선거 (1998년)	국민회의·자민련	■		■	
제3회 전국 동시지방선거 (2002년)	새천년민주당·자민련		■	■	
제4회 전국 동시지방선거 (2006년)	열린우리당		■	■	
제5회 전국 동시지방선거 (2010년)	한나라당		■	■	
제6회 전국 동시지방선거 (2014년)	새누리당		■	■	
제7회 전국 동시지방선거 (2018년)	더불어민주당	■		■	

〈표 6-2〉는 직선 광역자치단체장 선거 당선자가 최근까지 단 한 명의 예외도 없이 모두 남성이라는 남성편향성의 특징을 드러내준다. 60여 년 전에 실시된 지방선거에서 남성 일색이었던 광역자치단체장이 전국동시지방선거로 새로 문을 연 이후 거의 사반세기를 경과하면서도 전체적인 성별 불균형에 있어 아무런 변화가 없었다는 얘기다.*

---

* 광역자치단체장 선거 이외의 각급 선거에서는 여성의 진출이 꾸준히 증가해왔다. 이를 테면, 제1대 국회에서 여성 의원은 1명이었지만 20대 국회에서는 51명으로 늘었다. 그런가 하면, 제1회 전국동시지방선거에서 입성한 광역의회 여성 의원은 54명(5.6%)이었지만 7회

이 같은 현실은 '광역자치단체장=남성'이라는 이미지를 고착화시키고, 지역적·국가적 차원에서 여성의 '정치적 대표성'을 극도로 제약하는 결과를 낳을 수 있다. 이런 점에서 학계와 정당 및 정치사회단체들은 좀 더 적극적인 자세로 이런 실태를 쟁점화하고 공론화하는 것을 주요 의제의 하나로 설정할 필요가 있다. 특히 여성 유권자와 관련 단체들은 이런 현실을 직시하고 관심의 지평을 확장하려 노력하는 가운데 장기적 관점에서 지역의 여성 정치인을 지속적으로 발굴, 육성해야 할 것이다.

광역의회에서는 160명(19.4%)으로 증가했다. 또 제1회 전국동시지방선거에서 기초의회의원으로 진출한 여성은 72명(1.6%)에 불과했으나 7회 기초의회 여성 의원은 그간의 지속적인 성장세에 발맞추어 900명(30.7%)으로 늘어났다(여성의정, 2018, 2019). 여성의정과 여성계의 전문가들은 국회의원의 '남녀 동수'를 여성의 정치적 대표성을 확대하기 위한 21대 총선 전략으로 내세우고 있다(김혜성, 2019; 박기남, 2019).

투표율과 강원도지사 선거를 통해 본
강원도민의 정치의식과 표심 전망

7장에서는 제1회 전국동시지방선거에서 2018년 지방선거 시점까지 시행된 각급 선거들에서 나타난 투표율을 지방선거에 초점을 두고 비교함으로써 강원도민의 정치의식의 특징을 도출해보고자 한다. 또 전국동시지방선거의 흐름 속에서 강원도 18개 시·군별 투표율을 시계열적으로 살펴봄으로써 유권자들의 투표 참여도에 있어 어떤 지역별 차이와 특징이 있는지 알아볼 것이다. 여기서는 특히 강원도지사 선거 결과에서 유추해낼 수 있는 도민 정치의식의 주요 특징들을 제시하려 한다. 마지막 부분에서는 강원도민의 향후 표심을 전망하고, 최근의 지방선거 결과에서 어떤 문제점들이 있었는지를 지방자치와 지방정치의 시각에서 되짚어보고자 한다. 이와 함께 지방자치의 정착을 위해 시급히 요구되는 핵심 과제도 환기하고자 한다.

전국동시지방선거 이후의 투표율과
강원도민의 정치의식

1995년 제1회 전국동시지방선거 이후로 2018년 6·13 전국동시지방선거에 이르기까지 최근 약 25년간 실시된 주요 선거에서의 투표율을 개관하면 〈표 7-1〉과 같다.

이런 일련의 선거에서 드러난 강원도 유권자의 투표율과 전국 평균 투표율 간의 비교를 통해 강원도민의 정치의식의 특징을 살펴보면 다음과 같다.

〈표 7-1〉, 〈그림 7-1〉에서 먼저 눈길이 가는 대목은 강원도 유권자들의 투표율이 지방선거와 총선에서 대체로 전국 평균을 웃돌았다는 점이다. 그와는 달리 대선에서 강원도민의 투표율은 늘 전국 평균을 밑돌았다. 왜 그런 걸까?

이는 강원도 유권자들의 관심이 대선 국면에서 저조해졌음을 의미한다기보다는 대선의 경우에는 전국 유권자들의 관심이 지역을 불문하고 매우 높았기 때문에 나타난 현상*이라고 보아야 할 듯하다. 대선 투표율은 실제로 각 대선이 치러진 시기 전후의 총선이나 지방선거의 투표율에 비해 모두 현저하게 높았다. 총선이나 지방선거에서 거의

---

* 대통령에게 막강한 권한이 집중되어 있는 우리나라 정치 권력구조의 특성으로 인해 정치에 큰 관심이 없는 사람들도 대선에 대해서만큼은 관심이 많고 참여도도 높은 편이다.

표 7-1 | 강원도의 전국 대비 주요 선거 투표율 추이 비교 (1995~2018년, 단위: 백분율)

선거유형			투표율			선거일	정권
			강원도	전국	차이		
제1회 전국 동시지방선거			74.8	68.4	6.4	1995. 6. 27	김영삼 정권
	제15대 국회의원 선거		69.3	63.9	5.4	1996. 4. 11	김영삼 정권
		제15대 대통령 선거	78.5	80.7	-2.2	1997. 12. 18	
제2회 전국 동시지방선거			64.3	52.7	11.6	1998. 6. 4	김대중 정권
	제16대 국회의원 선거		62.9	57.2	5.7	2000. 4. 13	
제3회 전국 동시지방선거			59.4	48.9	10.5	2002. 6. 13	
		제16대 대통령 선거	68.4	70.8	-2.4	2002. 12. 19	
	제17대 국회의원 선거		59.7	60.6	-0.9	2004. 4. 15	노무현 정권
제4회 전국 동시지방선거			58.7	51.6	7.1	2006. 5. 31	
		제17대 대통령 선거	62.6	63.0	-0.4	2007. 12. 19	
	제18대 국회의원 선거		51.5	46.1	5.4	2008. 4. 9	이명박 정권
제5회 전국 동시지방선거			62.3	54.5	7.8	2010. 6. 2	
4·27강원도지사 보궐선거			47.5	-	-	2011. 4. 27	
	제19대 국회의원선거		55.7	54.2	1.5	2012. 4. 11	
		제18대 대통령 선거	73.8	75.8	-2.0	2012. 12. 19	
제6회 전국 동시지방선거			62.2	56.8	5.4	2014. 6. 4	박근혜 정권
	제20대 국회의원 선거		57.7	58.0	-0.3	2016. 4. 13	
		제19대 대통령 선거	74.3	77.2	-2.9	2017. 5. 9	
제7회 전국 동시지방선거			63.2	60.2	3.0	2018. 6. 13	문재인 정권

주: 투표율 차이는 '강원도 투표율-전국 투표율'을 의미.
자료: 중앙선거관리위원회 홈페이지; 김원동(2002, 2011, 2012a, 2015)에서 발췌하여 재구성.

그림 7-1 | 강원도의 전국 대비 주요 선거 투표율 추이 비교

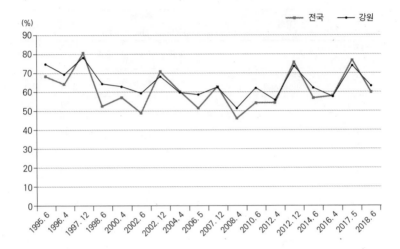

대부분 전국 평균 이상의 관심을 보인 강원도 유권자들도 이 점에 있어서는 마찬가지였다. 결국 대선에서 강원도 유권자들이 지방선거나 총선 때보다 더 높은 참여도를 보인 것도 맞지만 전국의 유권자들이 전반적으로 그보다 훨씬 더 높은 참여의지를 드러낸 결과라고 할 수 있다. 다시 말해, 강원도민이 다른 선거 때보다 대선에서 더 많이 투표에 참여했지만 전국의 유권자들은 그 이상의 열의를 갖고 대선 투표장을 찾았기 때문에 위와 같은 결과가 나타났던 셈이다.

이와 같이 전국 유권자들은 대선에 관해서는 거주 지역과는 무관하게 대체로 비슷한 수준의 큰 관심을 보였다고 할 수 있다. 따라서 선거 유형별 투표율에서 특정 지역 유권자들의 특징을 찾고자 한다면, 대선보다는 지방선거*나 총선 투표율이 더 적합한 주목 대상이

---

* 2011년 4·27 강원도지사 보궐선거의 투표율도 이와 관련된 한 예가 될 수 있다. 이에 대

표 7-2 | 전국동시지방선거의 강원도 18개 시·군별 투표율 (단위: 백분율)

선거	도전체	춘천시갑	춘천시을	원주시갑	원주시을	강릉시갑	강릉시을	동해시	삼척시	태백시	정선군
1회	74.8	69.3	78.1	71.5	74.1	73.7	74.8	75.3	79.0	75.9	75.9
2회	64.3	58.5	57.1	51.7	56.8	62.6	61.1	64.9	76.1	67.7	70.1
3회	59.0	52.4		47.8		54.0		56.8	70.0	62.0	70.3
4회	58.7	54.1		49.5		54.1		57.8	68.9	67.3	70.0
5회	62.3	60.6		57.0		58.1		61.0	68.9	66.4	72.5
6회	62.2	59.5		55.6		59.1		60.2	68.8	67.6	71.7
7회	63.2	62.3		57.1		60.5		61.9	69.4	65.9	69.4

속초시	고성군	양양군	인제군	홍천군	횡성군	영월군	평창군	화천군	양구군	철원군	전국
73.1	79.0	82.8	80.3	75.3	75.9	74.9	76.7	78.3	80.7	77.5	68.4
58.3	74.1	77.7	75.5	69.3	71.9	67.8	72.5	74.4	76.9	71.5	52.7
56.8	73.5	77.0	74.2	64.1	69.8	64.6	69.8	74.9	73.6	69.2	48.9
52.7	72.8	71.7	72.6	60.9	68.5	67.9	64.8	71.1	73.2	66.8	51.6
58.2	74.8	73.1	71.2	63.4	68.4	66.8	68.3	69.6	70.6	63.7	54.5
58.6	73.1	73.8	74.0	65.4	68.5	68.0	68.4	71.1	75.8	66.1	56.8
59.3	72.0	74.2	72.1	66.2	68.9	68.1	67.9	74.5	73.4	66.7	60.2

주: 2011년 4·27 도지사 보궐선거는 제외.
자료: 중앙선거관리위원회, '선거통계시스템'(http://info.nec.go.kr); 김원동(2011)에서 발췌.

된다고 할 수 있다. 이런 관점에서 〈표 7-1〉, 〈그림 7-1〉에 제시된 각급 선거의 투표율을 되짚어보면, 이 기간에 실시된 지방선거, 국회의원 선거, 대통령 선거 가운데 강원도와 전국 간의 투표율 격차가 상대

─────────

한 자세한 논의는 이 책의 4장을 참조하라.

표 7-3 │ 전국동시지방선거의 강원도 18개 시·군의 투표율 순위 (제1~7회)

선거	춘천시갑	춘천시을	원주시갑	원주시을	강릉시갑	강릉시을	동해시	삼척시	태백시	정선군	속초시	고성군	양양군	인제군	홍천군	횡성군	영월군	평창군	화천군	양구군	철원군
1회	21	7	20	17	18	16	13	4	10	10	19	4	1	3	13	10	15	9	6	2	8
2회	17	19	21	20	15	16	14	3	13	10	18	6	1	4	11	8	12	7	5	2	9
3회	17		18		16		14	7	13	6	14	5	1	3	12	8	11	8	2	4	10
4회	15		18		15		14	7	10	6	17	2	4	3	13	8	9	12	5	1	11
5회	15		18		17		14	7	11	3	16	1	2	4	13	8	10	9	6	5	12
6회	15		18		16		14	7	11	5	17	4	3	2	13	8	10	9	6	1	12
7회	14		18		16		15	6	13	6	17	5	2	4	12	8	9	10	1	3	11
순위 평균	15.4		18.4		16.1		14.0	5.9	11.6	6.6	16.9	3.9	2.0	3.3	12.4	8.3	10.9	9.1	4.4	2.6	10.4
전체 순위	15		18		16		14	6	12	7	17	4	1	3	13	8	11	9	5	2	10

주1: 〈표 7-2〉에 근거해 저자가 계산한 도내 시·군별 투표율 순위.
주2: (　) 안의 전체 순위 평균은 제1회부터 7회 선거까지 7번에 걸친 선거에서의 순위에 대한 산술 평균이고, 춘천, 원주, 강릉의 1회와 2회 선거는 각각 2개 선거구의 평균 순위 값을 산출하여 대입.
주3: 전체 순위는 순위 평균에 기초해 순서대로 표시한 서열.

그림 7-2 │ 전국동시지방선거의 강원도 18개 시·군의 투표율 평균 순위 (제1~7회)

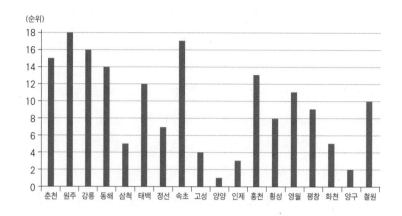

적으로 가장 많이 벌어진 선거는 지방선거였음을 확인할 수 있다. 특히, 강원도의 지방선거 투표율은 대통령 선거나 국회의원 선거와는 달리 제1회 지방선거 이후로 제7회 지방선거 때까지 전국 평균 투표율보다 항상 높았다. 이는 강원도 유권자들이 전국 유권자들에 비해 다른 선거보다도 지방선거에 언제나 더 큰 관심을 보였음을 의미한다. 이 점은 강원도 유권자들의 정치의식에서 발견할 수 있는 또 하나의 특징이라고 할 수 있다.

이 같은 특징에 비추어보면, 강원도민은 전국의 일반 유권자들에 비해 지방선거에서 자신의 정치적 의사를 좀 더 적극적으로 표출해 왔다고 할 수 있다. 이런 점에서 지방선거는 강원도 유권자들의 정치의식을 다각도로 조명해볼 수 있는 대표적인 지표 중 하나가 될 수 있다.

그러면 강원도의 18개 시·군별 투표율에서 도출할 수 있는 강원도 유권자 정치의식의 또 다른 특징에는 어떤 것이 있을까?

시기를 달리하며 7차례나 치러진 전국동시지방선거의 투표율에서 도내 18개 시·군은 다음과 같은 특징적 경향성을 보여주었다(〈표 7-2〉, 〈표 7-3〉, 〈그림 7-2〉).

첫째, 강원도에서 투표율에 있어 줄곧 최하위권을 형성한 지역은 3대 거점 도시인 춘천, 원주, 강릉이었다. 특히, 원주의 투표율은 18개 시·군 중 부동의 최하위였다. 둘째, 도내 7개 시 중 춘천, 원주, 강릉에 이어 계속 투표율 하위권 지역임이 드러난 곳은 동해와 속초였다. 셋째, 11개 군 지역 중에서 투표율이 전반적으로 높은 곳은 영동의 양양과 고성, 그리고 접경 지역에 속하는 양구, 인제, 화천 등이었다.

요컨대, 전국동시지방선거가 실시된 1995년 이후 최근까지의 지방선거에서 강원도의 시·군별 투표율은 뚜렷한 변화 없이 일정한 특징적 유형을 지닌 것으로 확인되었다. 즉, 전국동시지방선거에서 강원도의 그간의 시·군별 투표율은 양양군·양구군·인제군·화천군·고성군 등의 농촌 지역에서는 상대적으로 높고, 원주시·춘천시·강릉시·속초시 같은 도시 지역에서는 낮은 이른바 '도저촌고' 현상을 전형적으로 보여주었다. 그런 가운데 지역적으로는 대개 농촌 지역이면서 강원도의 정치지정학적 특성을 담고 있는 접경 지역의 투표율이 도내의 다른 시·군 지역보다 전반적으로 높다는 특징도 내포하고 있는 것으로 드러났다.

강원도지사 선거 결과를 통해 본
강원도민의 정치의식

　광역자치단체장인 강원도지사 선거 결과에서 이끌어낼 수 있는 강원도민의 정치의식의 특징을 정리하면 다음과 같다.[*]

　〈표 7-4〉에서 보듯, 제1회 전국동시지방선거에서는 야당의 최각규 후보가 여당의 이상룡 후보를 거의 2배 가까운 차이로 따돌리고 압승했다. 당시 지방선거에서는 김영삼 정권에 대한 민심 이반으로 인해 여당인 민자당이 전국적으로 참패했다. 강원도에서도 그간의 '강원도 푸대접·무대접론'이 '반민자 정서'로 이어지면서 야당 도지사를 탄생시켰다. 이 선거에서는 각 후보의 연고지에서 지지도가 확연하게 높은 소지역주의적 투표성향이 나타났다. 하지만 그런 가운데서도 최각규 후보는 영서의 여러 지역에서 비교적 고른 지지를 받았다. 최각규 후보가 중앙정치와 관료 경력 면에서 이 후보보다 다소 앞서 있었다는 점에서 보면, 당시 선거 결과는 강원도민이 '후보의 인물과 경력'도 후보 선택의 중요한 요인으로 고려했음을 시사한다.

　한나라당 김진선 후보가 연이어 당선된 2, 3, 4회 도지사 선거에서 강원도민은 정치적 보수성을 표출했다. 하지만 앞서 제1회 도지사 선거에서의 최각규 후보 경우처럼, 김진선 후보는 영동 지역을 기반으로 했음에도 영서 지역을 비롯한 도 전역에서 전반적으로 높은 지지를 받았다. 이런 점에서 김진선 후보가 나섰던 세 차례의 도지사 선거에

---

[*] 제1회 지방선거에서 4·27 보궐선거까지 도지사 선거의 시·군별 투표 결과와 그에 대한 자세한 논의는 이 책의 3장과 4장을 참조하라.

표 7-4 | 전국동시지방선거에서의 역대 강원도지사 선거 1, 2위 후보 득표율 (제1~7회)

선거일	후보자	소속 정당	득표율	선거 시점의 집권여당 (현직 대통령)
제1회 (1995. 6. 27)	최각규	자민련	65.8	민자당 (김영삼)
	이상룡	민자당	34.2	
제2회 (1998. 6. 4)	김진선	한나라당	39.3	국민회의·자민련 (김대중)
	한호선	자민련	33.8	
제3회 (2002. 6. 13)	김진선	한나라당	71.1	새천년민주당·자민련 (김대중)
	남동우	새천년민주당	28.9	
제4회 (2006. 5. 31)	김진선	한나라당	70.6	열린우리당 (노무현)
	이창복	열린우리당	22.2	
제5회 (2010. 6. 2)	이광재	민주당	54.4	한나라당 (이명박)
	이계진	한나라당	45.6	
보궐선거 (2011. 4. 27)	최문순	민주당	51.1	한나라당 (이명박)
	엄기영	한나라당	46.6	
제6회 (2014. 6. 4)	최문순	새정치민주연합	49.8	새누리당 (박근혜)
	최흥집	새누리당	48.2	
제7회 (2018. 6. 13)	최문순	더불어민주당	64.7	더불어민주당 (문재인)
	정창수	자유한국당	35.3	

주: 득표율은 백분율.
자료: 중앙선거관리위원회, '선거통계시스템'(http://info.nec.go.kr)에서 발췌하여 재구성.

서는 강원도민의 정치적 보수성과 더불어 후보의 인물과 능력을 중시하는 합리적 투표성향을 동시에 적출해낼 수 있다.

제5회 강원도지사 선거에서는 이광재 후보가 당선되었고, 이광재 지사의 낙마로 실시된 4·27 보궐선거와 제6회 강원도지사 선거에서는 야당의 최문순 후보가 연이어 당선되었다. 강원도민들이 도지사 선거에서 한나라당 계열(새누리당)의 후보를 제쳐두고 민주당 계열(새정치민주연합)의 이광재 후보와 최문순 후보를 잇따라 당선시킨 것은 후보의 정당 배경의 측면에서 보더라도 종래와는 달리 상대적으로 진보적인 투표성향을 보인 것이라고 볼 수 있다. 이 세 선거에서 강원도 유권자들이 TV선거방송토론회*를 비롯한 선거 과정에서 드러난 후보의 '강원도 현안에 대한 식견과 공약', '도덕성 또는 인간적 신뢰감' 같은 측면에서의 후보 역량을 선택의 중요한 기준으로 삼았던 점도 주목할 만하다. 물론 제6회 도지사 선거에서 강원도 유권자들은 후보의 출신 지역에 따른 소지역주의적 투표성향을 여전히 탈피하지 못했음을 보여주기도 했다(김원동, 2011, 2012a).

이 같은 그간의 도지사 선거 결과들은 강원도민들의 정치의식 속에 정치적 보수성, 소지역주의적 투표성향과 함께 후보의 개인적 역량을 중시하는 합리적이면서도 진보적인 정치적 성향의 특징이 혼재되어 있음을 보여준다. 그러면서도 최근으로 올수록 도지사 선거에서는 도민들의 표심이 후보 개인의 역량을 중시함과 동시에 적어도 외견상 점차 민주당 쪽으로 기우는 경향을 감지할 수 있다. 2018년 6·13 지방선거에서 그런 경향은 더욱 두드러지게 나타났다.

5장에서 살펴본 바와 같이, 6·13 지방선거에서 더불어민주당은 그간의 전국동시지방선거에서 볼 수 없었던 압승을 거뒀다. 전국 17석의 시·도지사 자리 중 14석을 쟁취했을 뿐만 아니라 패배한 대구시장

---

* 우리나라의 후보자 TV토론은 1995년 지방선거에서 처음 실시된 이래 점차 활성화되고 있고 있다(네이버 지식백과, '선거캠페인 커뮤니케이션 〈후보자 토론〉').

선거와 경북도지사 선거에서도 자유한국당 계열 당선자와의 격차를 이례적으로 현격하게 줄이는 성과를 냈다(중앙선거관리위원회 홈페이지, '선거통계시스템').* 강원도지사 선거에서도 최문순 후보의 득표력은 상당했다. 그렇다면, 무엇이 강원도민의 표심을 전국 유권자의 투표성향과 동일선상에 서게 했을까? 무엇보다도 문재인 정권이 추진한 정책과 그 성과의 확장 가능성에 대한 우호적 평가가 그것을 가능하게 했다고 볼 수 있다. 말하자면, 강원도민들도 적폐청산 정책과 대북정책을 전폭적으로 지지하고 한반도 평화체제의 구축을 기대하는 마음을 6·13 지방선거의 도지사 선거 표심에 담아 표현했던 것이다. 물론 최문순 후보의 공약 중에는 중앙정치적 이슈와 연계되면서 동시에 지역적 관심을 반영한 공약들이 적지 않았다. 그럼에도 강원도 유권자들의 최 후보 지지를 이끌어낸 배경에는 중앙정부 주도의 정치적 이슈가 강력하게 작동했음을 부인하기는 어렵다.

---

* 더불어민주당이 6·13 지방선거에서 보수의 아성으로 간주되던 대구와 경북에서도 선전했다는 점은 광역자치단체장 선거 결과에 국한된 얘기는 아니다. 더불어민주당 계열의 후보가 20년 만에 처음으로 경북에서 기초자치단체장에, 그것도 박정희 전 대통령의 고향인 구미에서 시장에 당선되었고, 대구시 기초의회는 더불어민주당이 무려 41%를 차지했다. 또 대구 수성구의회에서는 더불어민주당이 전체 의석 20석 중 10석을 차지함으로써 자유한국당을 제치고 의회 내 다수당이 되었다(《한겨레》, 2018. 6. 15). 이런 점에서 대구와 경북을 진보적 투표성향의 발현 지역 범주에서 아예 빼버리는 것은 자의적 해석이 되기 쉽다. 이런 시각은 6·13 지방선거 결과의 정치사적 의미를 민주당을 전국 정당으로 만든 데 있다고 보는 평가(박혁, 2018)와도 일맥상통한다.

강원도민의 표심에 대한 전망과 과제[*]

지금까지의 지방선거 중에서 향후 강원도민의 표심 전망과 관련지어 가장 주목할 만한 선거는 역시 6·13 지방선거 결과다. 국내외 정세의 변화와 흐름 속에서 가장 최근에 치러진 지방선거이고 강원도민의 누적된 표심을 엿볼 수 있는 선거 결과이기도 하기 때문이다.

과연 강원도 유권자들은 앞으로도 6·13 지방선거 때와 같은 진보적 투표성향을 보일까? 전망은 유보적일 수밖에 없다. 그 이유는 6·13 지방선거 결과를 야기한 원인과 이슈 투표의 특징에서 발견할 수 있다. 먼저, 6·13 지방선거 결과는 유권자들이 상대적으로 진보적인 더불어민주당이라는 정당과의 견고한 정당일체감에서 비롯된 것이 아니었다는 점[**]을 상기할 필요가 있다. 즉, 그것은 진보적 정당에 대한 오랜 충성심에서 빚어진 투표가 아니라 보수야당의 존재감 상실, 정부·여당의 정책과 중앙정치적 선거 이슈에 대한 공감의 결과로 나타난 진보적 이슈 투표였다는 것이다. 또 이슈 투표는 '단기성'과 '비구조성'(강원택, 2015: 19에서 재인용)을 내포하고 있다는 점에도 유의할 필요가 있다. 이런 점들에 비추어볼 때, 6·13 지방선거 결과는 강원도 유권자들의 표심이 진보적 방향으로 완전히 전환되었다기보다는 향후 여야의 정치역량과 정국 변화에 따라 얼마든지 유동적일 수 있음을 시사한다. 다시 말해, 정부·여당의 개혁 추진과 소통 및 대중적 공감 능력이 보수야당

---

[*] 이 부분은 김원동(2018a)에서 논의했던 내용을 부분적으로 수정, 보완한 것이다.
[**] 강원택(2019)은 6·13 지방선거에서 더불어민주당의 부산, 울산, 경남에서의 승리를 지역 유권자들의 '자유한국당 지지로부터의 이탈의 결과'로 해석함과 동시에 그것이 곧바로 더불어민주당에 대한 공고한 지지로 이어진 것은 아니라는 점을 환기시킨다.

의 체제 정비와 대안세력으로서의 정체성 확립 노력에 견주어 주요 선거 국면에서 얼마나 비교우위를 확보할 수 있을 것이냐가 강원도 유권자들의 미래 표심에도 크게 영향을 미칠 것이라는 얘기다. 특히, 정부·여당 주도의 한반도 평화체제 구축과 경제정책의 성과, 그리고 보수야당의 존재감 회복 중 어느 쪽이 경쟁력을 갖춘 성과로 유권자에게 다가서느냐가 표심 장악의 관건이 될 공산이 크다.

물론 이런 중앙정치적 변수가 강원도 유권자들의 표심을 결정할 것이라고 단정할 수는 없다. 그럼에도 불구하고 2018년 6·13 지방선거 결과를 보면, 강원도민의 표심을 전망함에 있어 중앙정치의 강력한 영향력을 우려하지 않을 수 없다. 6·13 지방선거 때처럼, 정부·여당에 대한 지지 여하에 따라 지방선거의 표심이 크게 좌우된다면, 지방정부의 책임성이나 지방정치의 자율성이 선거 과정에서 고려의 대상이 될 개연성은 극도로 낮아질 수밖에 없기 때문이다. 법적·제도적 차원에서 '분권개혁'의 적극적 추진이 절실히 요구되는 것은 이 때문이다 (황아란, 2018; 장승진, 2019). 도내 지방권력의 중심부로 진입한 더불어민주당 출신 자치단체장들과 지방의회의원들의 성과, 도내 야권의 대안세력으로서의 인지도 회복 같은 지역정치적 변수가 도내 유권자들의 앞으로의 표심에 의미 있는 영향을 미칠 수 있으려면, 국가적 차원에서 이러한 분권개혁이 강력하게 추진되어 지방정치가 활기를 띨 수 있는 환경이 먼저 조성되어야 할 것이다.[*]

---

[*] 2018년 제7회 전국동시지방선거를 앞두고 문재인 정권은 대선 공약인 '지방선거와 지방분권형 개헌 국민투표의 동시실시'를 추진했지만 야당의 반대로 무산되고 말았다. 지방선거 이후 중앙정치권에서 분권형 개헌 논의는 아예 사라졌다고 해도 과언이 아니다(김원동, 2018b, 2019). 국회의원 선거제도 개편 문제가 이를 대체해버렸고, '패스트트랙' 논쟁의 형

그런가 하면, 지역공동체의 민주화를 통해 지역 주요 현안들의 결정 과정에 시민들의 의사를 반영할 수 있는 정치적 기회구조를 얼마나 확장하느냐 하는 것도 중요한 변수가 될 수 있다. 그러한 기회구조가 제도적으로 확충되면 될수록 유권자들은 지역적 이슈들을 중앙정치적 이슈보다 중시할 개연성이 커지기 때문이다.** 강원도 유권자들의 향후 표심은 결국 중앙정치와 지방정치의 주요 세력들이 보여주는 성과에 대한 유권자들의 종합 평가에 따라 다시 결정될 것으로 전망된다. 어느 쪽이 도민들의 표심에 더 영향력을 행사할 것인지는 이후 전개될 분권개혁과 지방정치의 수준에 따라 크게 좌우될 것이다. 또 강원도 내의 다양한 정치 참여 방식의 제도화와 실질적인 참여 체험이 그러한 평가 과정을 매개할 것으로 예상된다. 2020년 제21대 4·15 총선은 6·13 지방선거, 특히 강원도지사 선거에서 표출된 강원도 유권자들의 진보적 투표성향의 향배를 다시 한 번 가늠할 수 있는 관문이 될 것이다.

태로 진행 중에 있다. 본문에서 지적한 분권개혁의 시급성과 분권운동권의 외침에도 불구하고, 지방분권형 국가로의 전환을 위한 분권개혁은 핵심적인 정치의제로 부각되지 못한 채 지체되고 있는 게 현실이다. 이 같은 상황에서 분권개혁의 실효성을 확보하려면 무엇보다도 지방자치단체 간 연대의 내실화, 중앙정치권과의 강력한 소통 경로의 제도화, 분권개혁에 대한 공감대의 전국적 확충을 주요 운동과제로 설정, 추진해가야 할 것이다.

** 지역 문제를 다루는 과정에 참여하면서 '정치적 효능감sense of political efficacy'을 체감한 시민들은 선거 과정에서 당연히 정당과 후보들의 지역공약에 이전보다 더 관심을 기울이게 마련이다. 여기서 말하는 정치적 효능감이란 시민 개인이 자신에게 권한이 부여되어 있어 자신의 행동이 성치과성에 영향을 미칠 수 있다고 느끼는 것을 의미한다. '정치직 무관심'을 초래할 수 있는 '정치적 냉소주의'와는 달리, 정치적 효능감은 '정치적 소외감'을 줄임과 동시에 투표를 비롯한 다양한 정치과정에 보다 적극적으로 참여할 동인을 제공할 수 있다(쿠르베타리스, 1998: 222-258; Dalton, 2014: 65)는 점에서 시민의 정치 참여도에 영향을 미치는 중요한 변수가 될 수 있다.

참고문헌

강경태. 2016. "지방자치: 선진국 사례."《지방정치의 이해》. 박영사.

강명구. 1994. "지방자치와 주민투표제: 비교(지방) 정치적 함의를 중심으로."《한국행정학보》28(3): 903-918.

강성훈. 2016. "지방권력의 구조(이론)."《지방정치의 이해》. 박영사.

강신구. 2015. "지방선거는 지방정부의 구성을 위한 것인가? 중앙정치의 대리전인가?"《2014년 지방선거분석》. 나남.

강우석 컨설팅 그룹 엮음. 1995.《6·27 4대 선거 백서》. 정보여행.

강원도선거관리위원회. 1995.《제1회 전국동시지방선거총람》.

_____. 1998.《제2회 전국동시지방선거결과》.

_____. 2002.《제3회 전국동시지방선거결과》.

강원택. 2003.《한국의 선거정치: 이념, 지역, 세대와 미디어》. 푸른길.

_____. 2006. "2002년 지방선거의 정치적 의미: 중간평가 혹은 대선 전초전?"《한국정치연구》15(2): 61-83.

_____. 2010.《한국 선거정치의 변화와 지속》. 나남.

_____. 2011. "천안함사건과 지방선거."《변화하는 한국유권자4—패널조사를 통해본 2010 지방선거》. 동아시아연구원.

_____. 2015. "2014년 지방선거에서 이슈의 영향—세월호 사건을 중심으로."《2014년 지방선거 분석》. 나남.

_____. 2019. "정당 지지의 재편성과 지역주의의 변화: 영남 지역의 2018년 지방선거 결과를 중심으로."《한국정당학회보》18(2): 5-27.

강원택 편. 2015.《2014년 지방선거 분석》. 나남.

경제희. 2015. "지방선거와 정부: 중앙정부 대 지방정부." 《한국의 선거 VI—2014년 지방선거 분석》. 오름.

구갑우. 2018. "평창 임시 평화체제에서 판문점 선언으로-북한의 개혁·개방 선언과 제3차 남북정상회담, '연합적 평화'의 길." 《동향과 전망》 103(여름호): 32-62.

구갑우·안병진·이기호·이일영. 2018. "좌담: 한반도 정세의 대변화와 대안 체제." 《동향과 전망》 103(여름호): 9-31.

권해수. 1995. "지방의회의 의정활동 평가와 의회기능 강화 방안—제1기 지방의회 4년간의 활동을 중심으로." 《지방자치 이렇게 해야 된다》. 한겨레신문사.

김기석. 2017. "20대 총선거: 강원도 정치지형 변화와 표심의 향방." 《사회과학연구》 56(2): 3-36.

_____. 2019. 《강원도의 선거 2010~2018》. 강원연구원.

김기석·김대건. 2011. 《4·27 강원도지사 보궐선거 매니페스토 정책선거》. 강원매니페스토추진본부.

김기석·이선향. 2010. 《강원정치의 성찰과 새로운 모색》. 강원대학교출판부.

김당. 1995. "성당과 법당에 울려 퍼지는 분노의 종소리." 《시사저널》(6월 22일자).

김도현. 1981. "1950년대의 이승만론." 진덕규 외. 《1950년대의 인식》. 한길사.

김만흠. 1994. "지방자치 논리의 역사적 배경과 한국의 지방자치." 《동향과 전망》(겨울호): 7-31.

김병준. 1995. "6·27선거, 무얼 남겼나." 《지방자치》(7월호). 현대사회연구소.

김영래. 1991. "지방의회 의원 선거와 이익집단의 참여." 《현대사회》(봄/여름호).

김영명. 1994. 《한국 현대 정치사: 정치 변동의 역학》. 을유문화사.

김영태. 2007. "제17대 대통령선거와 북한 변수." 《정치정보연구》 10(2): 65-77.

김욱. 2016. "지방정치와 직접 참여 민주주의: 심의민주주의를 중심으로." 《지방정치의 이해》. 박영사.

김원동. 1996. "6·27 지방선거 결과 분석과 지방자치." 《지방자치와 지역발전의 비교연구》(대우재단 공동연구 최종보고서).

_____. 1997. "한국의 지방선거와 지방자치." 《지방자치와 지역발전》. 민음사.

_____. 2002. 《한국사회의 불평등과 정치변동》. 일신사.

_____. 2004. "춘천의 권력구조와 지방자치." 《춘천리포트3》. 나남.

_____. 2006a. "춘천시민의 정치의식—5·31 지방선거결과를 중심으로." 《강원학연구》 2: 1-24.

_____. 2006b. "춘천시 읍면지역의 사회적 현실과 5·31 지방선거." 《농촌사회》 16(2): 213-259.

_____. 2007. "강원도민의 정치의식—강원도지사 선거 결과 분석을 중심으로."《전환기의 강원사회: 10년의 변화와 전망》. 한울.

_____. 2009. "춘천시 도농지역 주민의 사회의식에 대한 탐색."《한국사회》10(1): 63-93.

_____. 2011. "강원도민의 투표행위와 정치의식—강원도지사 선거를 중심으로." 이태원 외.《2011 강원도—지역의식, 엘리트 충원구조, 그리고 정치성향》(G1 강원민방 보고서).

_____. 2012a. "강원도민의 투표행위와 정치의식—4·27 도지사 보궐선거를 중심으로."《지역사회학》13(2): 295-337.

_____. 2012b. "19대 총선과 강원도민의 투표행위—유권자의 연령대별 구성과 투표율 차이를 중심으로."《지역사회학》14(1): 237-281.

_____. 2013.《강원도 문화도민운동의 활성화 방안(연구보고서)》. 강원발전연구원.

_____. 2015. "사회와 정치."《한국지리지 강원도》. 강원도.

_____. 2018a. "강원도 6·13 지방선거 결과를 통해 본 유권자 투표성향의 변화와 전망—강원도지사 선거 결과를 중심으로."《지역사회학》19(3): 142-172

_____. 2018b. "지방분권형개헌의 함의."《강원도민일보》(2018. 1. 5).

_____. 2019. "지방분권형 개혁의 비전, 실종인가 외면인가?"《강원도민일보》(2019. 1. 9).

김원동·이태원. 2013.《강원인 당신은 누구십니까(도민 정체성 조사 보고서)》. 강원일보사·하이원리조트.

김장권. 1992. "정당정치, 지방자치의 발전과 시민사회."《한국의 국가와 시민사회》. 한울.

김종표. 2006. "선거와 원주시민의 정치의식."《강원학연구》2: 25-46.

김주원·곽현근·김병국·김순은·김중석·김찬동·김필두·박철·신윤창·전용태. 2019.《한국 주민자치 이론과 실제》. 대영문화사.

김재한. 2007. "혁신도시 이슈: 강원도."《제4회 지방선거 현장 리포트》. 푸른길.

김창남. 2006. "강릉시 유권자의 투표경향 연구."《강원학연구》2: 47-55.

김태일. 1990. "민주당의 성격과 역할."《한국현대정치론 I》. 나남출판.

김한나·성예진·오태환. 2015. "합리적 유권자와 지방선거 투표참여의 논리."《2014년 지방선거 분석》. 나남.

김형준. 2007. "제16대 대통령선거와 북한 변수."《정치정보연구》10(2): 47-64.

김형철. 2015. "누가, 왜 분할투표를 했는가?: 2014년 광역의회선거를 중심으로."《한국의 선거 VI—2014년 지방선거 분석》. 오름.

김호진. 1990. "장면의 정치이념과 리더십."《현대사를 어떻게 볼 것인가3》. 동아일보사.

김혜성. 2019. "이제는 '남녀동수'—20대 총선 평가와 21대 총선 전략."《21대 총선, 이제는 남녀동수(21대 총선 전략 모색 토론회)》(한국여성의정 주최 토론회 자료집).

노동부. 1994.《노동통계연감》.

노동청. 1974.《한국노동통계연감 1973》.

동아일보 사설편찬위원회. 1977.《동아일보 사설 선집》2권. 동아일보사.

박기남. 2019. "2020 총선과 강원 여성의 정치적 대표성 확대."《21대 총선, 이제는 남녀동수(21대 총선 전략 모색 토론회)》(한국여성의정 주최 토론회 자료집).

박길성. 1996.《세계화: 자본과 문화의 구조변동》. 사회비평사.

박명호. 2006. "재보궐 선거 정치참여에 관한 시론."《한국정당학회보》5(1): 129-146.

박재창. 1991. "광역선거는 우리에게 무엇을 남겼는가."《지방자치》(7월호). 현대사회연구소.

_____. 1995. "제2기 지방의회의 과제와 발전방향."《지방자치》(12월호). 현대사회연구소.

박찬욱. 1994. "선거과정과 의회정치."《전환기의 한국 민주주의: 1987-1992》. 법문사.

박혁. 2018. "6·13 지방선거 결과의 5대 포인트."《이슈브리핑》14호. 민주연구원.

백종국. 1992. "14대 총선의 역사적 의의."《한국의 정치와 선거문화》. 사회문화연구소.

서강대 현대정치연구소. 2011.《2011 4·27 재보궐선거 '방문 홍보단' 활동 백서》(2011 강원도선거관리위원회 용역보고서).

서명숙. 1995. "또다시 '3김3할' 내각제가 보인다."《시사저널》(7월 6일자).

손봉숙. 1987. "이박사와 자유당의 독주."《한국의 정당》. 한국일보사.

_____. 1991.《한국지방자치연구》. 삼영사.

신광영. 1992. "춘천지역에서의 지역주의와 투표행위: 두 가지 투표행위 논리의 경험적 검증."《한국사회학》26(여름호): 35-58.

_____. 1997. "강원지역의 시민사회와 시민의식."《강원사회의 이해》. 한울.

신병식. 1998a. "역대 선거를 통해 본 강원 지역 투표성향."《정치비평》4: 106-122.

_____. 1998b. "원주시민의 사회·정치의식 조사연구."《원주사회연구I》. 한울.

_____. 2002. "지역주의와 강원도—여당투표와 지역주의투표의 관계를 중심으로."《정치비평》(상반기): 223-251.

안병만. 1990. "민주당의 정치이념과 정당구조."《현대사를 어떻게 볼 것인가3》. 동아일보사.

안철현. 1995. "제1·2공화국 정당정치의 전개과정과 특성."《한국 정당 정치론》. 나남출판.

안청시·김만흠. 1994. "지방자치와 지방선거."《전환기의 한국 민주주의: 1987-1992》. 사회문화연구소.

양문수. 2018. "판문점 선언, 동해선·경의선, 그리고 남북 경협."《동향과 전망》103(여름호): 63-67.

엄태석. 2016. "우리나라의 지방정치 발전사." 《지방정치의 이해》. 박영사.

오민수. 1995. "'조순 당선' 일등공신 이해찬 의원." 《시사저널》(7월 6일자).

오현주·송진미·길정아. 2015. "정당호감도와 회고적 평가." 《2014년 지방선거분석》. 나남.

유재원. 1994. "지방자치의 정치: 정당의 역할을 중심으로." 《한국행정학보》 28(2): 499-523.

유팔무. 2004. "춘천지역의 발전과 시민들의 정치사회의식." 《한국사회학평론》 8: 101-116.

윤광일. 2015. "지방선거와 분할투표—광역단체장과 광역의회선거를 중심으로." 《2014년 지방선거 분석》. 나남.

윤용희. 1995. 《지방자치론》. 대왕사.

이갑윤. 2011. 《한국인의 투표 행태》. 후마니타스.

이내영. 1995. "세계화와 한국정치." 《계간 사상》(봄호).

이내영·임성학 공편. 2011. 《변화하는 한국유권자4—패널조사를 통해 본 2010 지방선거》. 동아시아연구원.

이달곤. 1995. "지방정치의 의의와 자율성 확립 방안." 《지방자치 이렇게 해야 된다》. 한겨레신문사.

이동윤. 2009. "사회적 균열과 투표행태, 그리고 정당체제: 정치사회학적 관점." 《투표행태의 이해》. 한울.

이승종. 1995. "지방정부의 정책결정과 주민참여 제도화 방안." 《한국형 지방자치의 청사진》. 길벗.

이은진. 1994. "국가·계급·지역공동체의 각축장으로서의 지방권력: 마산 및 경남의 사례연구." 《국제화시대의 한국사회와 지방화》. 나남출판.

이정진. 2018. "지방선거와 정당의 역할: 지방정치 활성화를 위한 제도적 개선방안." 《지방분권과 균형발전—정치학자들의 관찰》. 푸른길.

이종수. 1995. "우리나라 지방자치의 과거, 현재, 미래." 《지방자치 이렇게 해야 된다》. 한겨레신문사.

이준한. 2007. "5·31 지방선거: 변화와 지속성." 《제4회 지방선거 현장리포트》. 푸른길.

_____. 2015. "이념의 변화와 지속: 2006~2014년 지방선거를 중심으로." 《한국의 선거VI—2014년 지방선거 분석》. 오름.

이준한·강경태·고선규·김용복·김용철. 2007. 《제4회 지방선거 현장 리포트》. 푸른길.

임성학. 2009. "유권자의 사회경제적 배경과 투표행태: 사회학적 관점." 《투표행태의 이해》. 한울.

임호영 외. 1995. "전국 취재: 6·27 지자제 선거 현장에서 본 1995년 한국의 민심." 《월

간조선》(8월호).

장노순. 1994.《영국 지방자치의 이해》. 강원대출판부.

장성훈. 2011. "제2공화국의 선거."《한국 선거 60년—이론과 실제》. 오름.

장승진. 2019. "한국 지방선거의 다층적 회고적 투표: 2018년 광역단체장선거를 중심
으로."《한국정당학회보》18(1): 5-27.

전상인. 1992. "한국전쟁과 정계구도의 변화."《한국전쟁과 한국사회변동》. 풀빛.

_____. 1997. "지방자치와 민주주의의 이론과 역사."《지방자치와 지역발전》. 민음사.

전용주·임성학·이동윤·한정택·엄기홍·최준영·이소영·조진만·조성대. 2009.《투표행태
의 이해》. 한울.

정대화. 1997. "해방 이후 한국정치와 강원지역."《강원사회의 이해》. 한울.

정인학. 1995. "'꺼지지 않는 불씨' 지방의원 보수와 보좌관제 논란."《지방자치》(11월
호). 현대사회연구소.

정태석. 2018. "87년 체제와 시민사회 이데올로기—가치들의 변화: 촛불혁명과 사회체
제 전환의 전망."《경제와 사회》(봄호): 18-61.

정한울. 2011. "50퍼센트 지지율 대통령이 왜 심판받았을까?—수도권 상충적 유권자
의 선택을 중심으로."《변화하는 한국유권자4: 패널조사를 통해 본 2010 지방선
거》. 동아시아연구원.

조선일보사. 1992.《제14대 국회의원선거 자료집》.

조성대. 2009. "투표참여와 기권."《투표행태의 이해》. 한울.

_____. 2011. "제6장 노태우 정부 시기의 선거."《한국 선거 60년—이론과 실제》. 도
서출판 오름.

조진만. 2009. "민주화 이후 한국 재·보궐선거의 투표율 결정요인 분석."《한국정당학
회보》8(2): 5-34.

_____. 2017. "투표와 촛불집회: 참여 요인 비교와 관계 분석."《의정논총》12(2): 117-136.

조창현. 1991.《지방자치사전》. 청계연구소.

_____. 1994. "지방자치제의 어제와 오늘."《사회발전을 향한 지방자치》. 한울.

_____. 1995.《조창현 교수의 지방자치특강》. 경향신문사.

중앙선거관리위원회. 1973a.《대한민국 선거사》1집.

_____. 1973b.《대한민국정당사(1945-1972)》1집.

_____. 1995a.《제1회 전국동시지방선거 투표율 분석('95. 6. 27 시행)》.

_____. 1995b. '이상룡 후보자선전물(벽보와 공보).'

_____. 1995c. '최각규 후보자선전물(벽보와 공보).'

_____. 1998a.《투표율 분석(제2회 전국동시지방선거('98. 6. 4), 국회의원

재·보궐선거(´98. 7. 21)》.

_____. 1998b. '김진선 후보자선전물(벽보와 공보).'

_____. 1998c. '한호선 후보자선전물(벽보와 공보).'

_____. 1998d. '이상룡 후보자선전물(벽보와 공보).'

_____. 2002a.《제3회 전국동시지방선거 투표율 분석(2002. 6. 13 시행)》.

_____. 2002b. '김진선 후보자선전물(벽보와 공보).'

_____. 2002c. '남동우 후보자선전물(벽보와 공보).'

_____. 2006a.《제4회 전국동시지방선거 투표율 분석(2006. 5. 31 시행)》.

_____. 2006b.《제4회 전국동시지방선거총람(CD)》.

_____. 2006c. '이창복 후보자선전물(벽보와 공보).'

_____. 2006d. '김진선 후보자선전물(벽보와 공보).'

_____. 2006e. '유재규 후보자선전물(벽보와 공보).'

_____. 2006f. '유승규 후보자선전물(벽보와 공보).'

_____. 2007.《역대선거정보시스템》. http://www.nec.go.kr.

_____. 2010a.《제5회 전국동시지방선거 투표율 분석(2010. 6. 2 시행)》.

_____. 2010b.《제5회 전국동시지방선거총람(2010. 6. 2 시행)》.

_____. 2010c. '이계진 후보자선전물(벽보와 공보).'

_____. 2010d. '이광재 후보자선전물(벽보와 공보).'

_____. 2011a.《20110427재보선 투표구별 개표자료(시도지사)》.

_____. 2011b.《역대선거정보시스템》. http://www.nec.go.kr.

_____. 2011c. '엄기영 후보자선전물(벽보와 공보).'

_____. 2011d. '최문순 후보자선전물(벽보와 공보).'

_____. 2011e. '황학수 후보자선전물(벽보와 공보).'

_____. 2014a. '최문순 후보자선전물(벽보와 공보).'

_____. 2014b. '최흥집 후보자선전물(벽보와 공보).'

_____. 2018a. "시도지사 후보자 공약(강원도: 기호1 최문순. 기호2 정창수)." http://policy.nec.go.kr/svc/policy/PolicyList.do.(검색일: 2018. 6. 12).

_____. 2018b.《선거통계시스템》. '제1회~6회 투표현황.'; '2018년 6월 13일 제7회 전국동시지방선거 투표 진행 상황.'(검색일: 2018. 8. 3).

_____. 2018c.《제7회 전국동시지방선거 투표율 분석(2018. 6. 13 시행)》.

_____. 2018d.《제7회 전국동시지방선거(2018. 6. 13)에 관한 유권자의 식조사》.

_____. 2018e. '최문순 후보자선전물(벽보와 공보).'

_____. 2018f. '정창수 후보자선전물(벽보와 공보).'

지병근. 2015. "영호남 유권자들의 정당편향성: 6·4 지방선거 사례 분석." 《한국의 선거VI—2014년 지방선거 분석》. 오름.

최계영. 2013. 《지방자치단체 장의 고유권한을 침해하는 조례 규정 판단 기준 연구》 (법제처 용역보고서).

최석. 2018. "[브리핑] 최석 대변인, '6·13 지방선거, 제1야당 도약의 교두보 마련'." https://www.justice21.org.(검색일: 2018. 7. 1).

최장원. 1995. "반민자가 아닌 반YS감정이 지역감정을 폭발시켰다." 《월간조선》(8월호).

최준영. 2009. "선거 이슈와 투표행태." 《투표행태의 이해》. 한울.

칸타 퍼블릭KANTAR PUBLIC. 2018. 《2018 KEP 강원도 지방선거 여론조사 통계표》. 중앙선거여론조사심의위원회.

쿠르베타리스, 게오르게 AKourvetaris, George A. 1998. 《정치사회학》. 박형신·정헌주 옮김. 일신사.

한국갤럽. 1996. 《한국인의 투표행동—'95지방선거를 중심으로》.

_____. 1999. 《제2회 지방선거 투표행태》.

_____. 2003. 《제3회 지방선거 투표행태('95년, '98년 지방선거 결과 비교)》.

한국여성의정. 2018. 《정치는 동행입니다》.

_____. 2019. 《여성의정》 8.

한정택. 2009. "정당일체감과 투표행태: 사회심리학적 관점." 《투표행태의 이해》. 한울.

한국리서치. 2018. 《강원도 지방선거 여론조사 요약 결과표》. 중앙선거여론조사심의위원회.

한국지방자치연감 편찬위원회 편저. 1992. 《한국지방자치연감 1993》. 현대사회연구소.

한국지방자치학회. 1995. 《한국지방자치론》. 삼영사.

한국지방행정사 편찬위원회. 1987. 《한국지방행정사(1948-1986)》(하권). 한국지방행정연구원.

한길사 편집실. 1981. "사료: 1950년대의 정치적 중요 사건." 《1950년대의 인식》. 한길사.

한정일. 1992. "한국 지방자치와 주민의 정치참여에 관한 연구—제6공화국의 기초와 광역의회의원 선거를 중심으로." 《한국정치학회보》 25(2): 319-341.

허광준. 1995. "한국통신 분규 '강경 진압'의 모순." 《시사저널》(6월 22일자).

현대사회연구소. 1995. 《지방자치관련법령집(한국지방자치총람별책)》.

한국선거학회. 2011. 《한국의 선거 60년—이론과 실제》. 오름.

_____. 2015. 《한국의 선거VI—2014년 지방선거 분석》. 오름.

한정택. 2009. "정당일체감과 투표행태: 사회심리학적 관점." 《투표행태의 이해》. 한울.

홍성태. 2008. "촛불집회와 민주주의."《경제와 사회》80(겨울호): 10-39.

황아란. 2015. "한국 지방선거 연구의 동향과 과제: 선거제도의 정치적 효과와 투표행 태 분석."《한국의 선거VI—2014년 지방선거 분석》. 오름.

_____. 2018. "2018년 지방선거의 특징과 변화."《21세기정치학회보》28(4): 1-27.

Campbell, Andrea Louise. 2007. "Parties, Electoral Participation, and Shifting Voting Blocs." in Paul Pierson & Theda Skocpol. (eds.), *The Transformation of American Politics*. Princeton University Press.

Chandler, J. A. (ed.). 1993. *Local government in liberal democracies*. Routledge.

Clemens, Elisabeth S. 2017. *What is Political Sociology?* Polity Press.

Dalton, Russell J. 2014. *Citizen Politics: Public Opinion and Political Parties in Advanced Industrial Democracies(Sixth Edition)*. Sage.

Domhoff, G. William. 2010. *Who rules America? The Triumph of the Corporate Rich(Seventh edition)*. McGraw-Hill.

Evans, Jocelyn A.J. 2004. *Voters & Voting*. Sage.

Goetz, E. G. and Susan E. Clarke.(eds.). 1993. *The New Localism*. Sage.

Hesse, J. J.(ed.). 1991. *Local Government and Urban Affairs in International Perspective: Analyses of Twenty Western Industrialised Countries*. Nomos Verlagsgesellschaft Baden-Baden.

Jacobs, Lawrence R. and Theda Skocpol. 2005. "American Democracy in an Era of Rising Inequality." in Lawrence R. Jacobs & Theda Skocpol.(eds.), *Inequality and American Democracy*. Russell Sage Foundation.

Keating, M. 1991. *Comparative Urban Politics: Power and the City in the United States*. Edward Elgar.

Lipset, S. M. 1994. "The Social Requisites of Democracy Revisited: 1993 Presidential Address." *American Sociological Review* 59(1): 1-22.

McDonald, Michael P. 2011. "Voter Turnout: Eligibility Has Its Benefits." in Richard G. Niemi, Herbert F. Weisberg and David C. Kimball.(eds.), *Controversies in Voting Behavior(Fifth Edition)*. CQ Press.

Niemi, Richard G., Herbert F. Weisberg and David C. Kimball. 2011a. "Is Political Participation Declining or Simply Changing Form?" in Richard G. Niemi, Herbert F. Weisberg and David C. Kimball.(eds.), *Controversies in Voting Behavior(Fifth Edition)*. CQ Press.

Niemi, Richard G., Herbert F. Weisberg and David C. Kimball. 2011b. "Is the American Electorate Polarized?" in Richard G. Niemi, Herbert F. Weisberg and David C. Kimball.(eds.), *Controversies in Voting Behavior(Fifth Edition)*. CQ Press.

Norton, A. 1994. *International Handbook of Local and Regional Government: A Comparative Analysis of Advanced Democracies*. Elward Elgar.

Pickvance, C. and Edmond Peteceille.(eds.). 1991. *State Restructuring and Local Power: A Comparative Perspective*. Pinter.

Pierson, Paul and Theda Skocpol. 2007. "American Politics in the Long Run." in Paul Pierson & Theda Skocpol. (eds.), *The Transformation of American Politics*. Princeton University Press.

Przeworski, Adam. 2018. *Why Bother with Elections?* Polity Press.

Schlozman, Kay Lehman, Benjamin I. Page, Sidney Verba & Morris P. Fiorina. 2005. "Inequalities of Political Voice." in Lawrence R. Jacobs & Theda Skocpol.(eds.), *Inequality and American Democracy*. Russell Sage Foundation.

Wright, Erik Olin and Joel Rogers. 2011. *American Society*. W.W. Norton & Company, Inc.

《강원일보》. 1995. 6. 29, 2011. 4. 29, 2018. 5. 29, 2018. 5. 30, 2018. 6. 14.

《강원도민일보》. 1995. 6. 28, 1995. 7. 4, 2006. 6. 2, 2018. 1. 5, 2018. 6. 6, 2018. 6. 7, 2018. 6. 14, 2019. 1. 9.

《경향신문》. 1956. 8. 10, 1956. 8. 12, 1956. 8. 14, 1956. 8. 15, 1956. 8. 16, 1960. 12. 13, 1960. 12. 14, 1960. 12. 26, 1960. 12. 27, 1960. 12. 28, 1960. 12. 29, 1960. 12. 30.

《노컷뉴스》. 2018. 5. 30, 2018. 7. 4.

《동아일보》. 1952. 2. 18, 1952. 6. 14, 1952. 6. 16, 1991. 3. 27, 1995. 6. 6, 1995. 6. 24, 1995. 6. 28, 1995. 6. 29, 1995. 7. 1, 1995. 7. 5.

《조선일보》. 1952. 4. 24, 1952. 4. 26, 1952. 4. 30, 1952. 6. 13.

《중앙일보》. 2012. 1. 14.

《한겨레》. 1991. 3. 28, 1995.6. 27, 1995. 6. 28, 1995. 6. 29, 2018. 6. 15.

http://chuncheon.kbs.co.kr. 2018. 6. 7(2018 지방선거 도지사 후보 법정토론[동영상]).

http://info.nec.go.kr(중앙선거관리위원회 선거통계시스템).

http://www.archives.go.kr/next/viewMain.do(행정안전부 국가기록원).

http://www.g1tv.co.kr, 2018. 6. 9(6·13 지방선거 후보자 토론회-강원도지사[동영상]).

http://www.election.go.kr(강원도선거관리위원회 홈페이지).

http://www.jeju.go.kr(제주특별자치도 홈페이지).

http://www.kwpn.co.kr(한국여성의정 홈페이지).

http://www.nec.go.kr(중앙선거관리위원회 홈페이지).

http://www.provin.gangwon.kr(강원도 홈페이지).

http://www.ulsan.go.kr(울산광역시 홈페이지).

http://elecinfo.nec.go.kr/neweps/3/1/papermain.do(중앙선거관리위원회 선거정보도
    서관의 '후보자선전물').

https://www.sejong.go.kr(세종특별자치시 홈페이지).

https://search.naver.com(인물정보).

https://terms.naver.com(Naver 지식백과).

찾아보기

ㄱ

간선제 · 22, 25, 224~227

강경대 · 46

강원도민 · 70, 87~219, 233~247

강원도선거관리위원회 · 143, 193

강원도 유권자 · 87~219, 233~247

강원도지사 · 87~247

강원도지사 선거 · 87~247

곽상훈 · 35

관권선거 · 27, 30, 31

광역시 · 48, 60, 128, 190, 198, 225, 226, 230

광역시장 · 48, 60, 190, 225, 230

광역자치단체 · 39, 41, 48, 70, 75, 190, 226

광역자치단체장 · 40, 56, 57, 60, 62~64, 66, 67, 72, 73, 78, 79, 88, 93~95, 103, 104, 113, 118, 123, 127, 148, 190, 223~232

교육감 선거 · 228

국회의원

    국회의원 선거 · 88, 89, 126, 127, 131, 135, 137, 148, 149, 180, 186, 235, 239, 246

    국회의원 소환운동 · 22

군수 · 38, 48, 60, 97, 104, 105, 113, 115, 120, 190, 192, 225, 226

기초자치단체장 · 40, 56, 60, 62, 64~67, 69, 70, 73, 78 79, 88, 89, 93~96, 103, 104, 113, 118, 128, 180, 190, 192, 195, 196, 203, 204, 206, 226~228, 244

김덕영 · 63, 72

김도연 · 35

김대중 · 63, 71, 72, 81, 135

    김대중 정권 · 103, 104, 112, 136, 137, 180, 197, 201, 235

김영삼 · 63, 68

    김영삼 정권 · 48, 49, 93, 135, 227, 235, 241

김종필 · 71, 72, 81

김진선 · 107~111, 14~117, 120~125, 129, 130, 131, 180, 181, 203, 241, 242

김태호 · 148

ㄴ

남동우 · 114, 115, 116, 117, 242

노무현 · 63, 72

    노무현 정권 · 117, 118, 136, 137, 180,

198, 201, 218, 235, 242

노태우 정권 · 39, 40, 47, 49, 54, 135, 225, 227

ㄷ

더불어민주당 · 189~193, 197~199, 206, 208, 211, 212, 218, 230, 231, 242, 243~246

도덕성 · 152, 154, 155, 161, 167, 168, 172, 173, 181, 206, 243

도의회
    도의회의원 · 23
    도의회의원 선거 · 22, 24, 27~29, 33, 34, 36, 41, 190

도저촌고 · 42, 43, 59, 60, 240

도지사 · 38, 48, 60, 190

도지사 보궐선거
    4·27 도지사 보궐선거 · 34, 89, 132~184, 202~204, 236, 241, 242

도지사 선거 · 33~36, 41, 70, 87~247

대통령 선거(대선) · 25, 42, 47, 48, 54, 57, 62, 63, 68, 74, 81, 88, 12, 126, 127, 135~137, 140, 179, 186, 187, 204, 214, 216, 234~236, 239, 246

대통합민주신당 · 136

ㅁ

매니페스토운동 · 155, 157~160, 166, 167, 175, 176, 183

면장 · 25, 27~29, 31~34, 36, 37, 225~227

문재인 정권 · 188, 209, 211~216, 218, 235, 242, 244, 246

민국당 · 23, 31, 35

민주노동당 · 113, 119, 132, 180, 190, 196~

200

민주자유당(민자당) · 43~45, 47, 62~73, 77~79, 93, 94, 96~101, 103, 129, 230, 231, 241, 242

민주당
    민주당 구파 · 35
    민주당 신파 · 35

민주정의당 · 62

ㅂ

박근혜 정권 · 215, 235, 242

박순천 · 35

박정희 정권 · 39, 49, 53, 135, 224, 227, 244

보수
    보수야당 · 189, 192, 196, 206, 214~216, 219, 245, 246
    보수적 성향 · 106, 129, 135~137, 142, 150, 164~167, 171, 173, 175, 183, 184
    보수적 정치의식 · 106, 112, 115, 123, 125, 129, 130, 167~169

백남훈 · 35

ㅅ

사사오입 개헌 · 25, 26, 34

서울특별시
    서울특별시의회
    서울특별시의회의원 · 38, 190
    서울특별시의회의원 선거 · 28, 29

서울특별시장 · 33, 34, 36, 38, 41, 56, 57, 60, 66, 71, 72, 93, 190, 225, 226, 229, 230

선거 공약 · 54, 162, 169

선거 토론회 · 102, 209, 210
    TV선거방송토론회 · 72, 155, 156, 161,

204, 206, 209, 243

선거제도 · 26, 80, 138, 227, 246

소지역주의

    소지역주의적 투표의식 · 124, 125, 130

    소지역주의적 투표행태 · 109, 124, 126,

    130, 131, 201~208, 241, 243

손학규 · 148

시장 · 28, 31, 36, 38, 60, 97, 104, 105, 113,

    115, 119, 120, 190, 192, 225~227,

    244

시·읍·면의회

    시·읍·면의회의원 · 23

    시·읍·면의회의원 선거 · 22, 27~29, 33,

    34, 36

시·읍·면장 · 25, 31

    시·읍·면장 선거 · 27~29, 32~34, 36,

    37, 225~227

세종특별자치시 · 190, 198, 199, 230

새누리당 · 194, 195, 202, 230, 231, 242,

    243

새정치국민회의 · 103~107, 230, 231, 242

새천년민주당 · 112~117

신민당 · 35~37, 44, 45, 230

신민주공화당 · 40, 63

신익희 · 26, 35

신한국당 · 135

ㅇ

엄기영 · 133, 144~146, 149, 150, 158, 161,

    202, 242

여당편향성 · 106, 135

여대야소 · 229~231

여소야대 · 40, 53, 73, 81, 230, 231

여촌야도 · 29

열린우리당 · 117, 119, 121~123, 135, 136,

230, 231, 242

염홍철 · 63, 72

유신헌법 · 39

윤보선 · 35

읍장 · 28, 36, 225~227

이광재 · 132~134, 144, 148, 152, 180, 181,

    202~204, 242, 243

이기붕 · 26, 135

이계진 · 132~134, 148, 152, 202~204, 242

이명박 정권 · 137, 144, 180, 235, 242

이상룡 · 96~102, 107~111, 124, 241, 242

이승만 정권 · 22, 23, 25~27, 32, 49,

    52~54, 135, 224~226

이창복 · 120~124, 242

이회창 · 135

인간적 신뢰감 · 152, 154, 161, 172, 173,

    183, 206, 243

인물 · 45, 72, 80, 81, 103, 112, 115, 125,

    131, 204, 241, 242

    인물론 · 62, 70, 71, 73, 102, 115, 125,

    126

임명제 · 27, 31, 32, 38, 225~227

ㅈ

자유당 · 23, 24, 26, 28~32, 35

자유민주연합(자민련) · 62~73, 77, 94,

    96~101, 103, 105~107, 109~113, 150

자유한국당 · 190, 192, 195, 198, 199, 203,

    206~208, 211, 212, 217, 230, 242,

    244, 245

장면 · 26, 35, 135

    장면 정권 · 32, 33, 34~37, 224~227

적폐청산 · 213~216, 244

전국동시지방선거 · 21, 55, 87~131, 179, 186,

    191, 192, 194, 196, 216, 224~228,

229, 231~234, 237~243, 246

전국동시지방선거

　제1회 1995년 6·27 · 52~83, 93~103

　제2회 1998년 6·4 · 103~112

　제3회 2002년 6·13 · 112~117, 185~219

　제4회 2006년 5·31 · 117~126

　제5회 2010년 6·2 · 132~134, 182~184,
　196~208, 230, 231, 235~238, 242

　제6회 2014년 6·4 · 194~208, 230, 231,
　235~238, 242, 243

　제7회 2018년 6·13 · 185~219, 228~
　232, 235, 237~239, 242, 246

전두환 정권 · 49, 53, 135, 224, 227

정당

　소속 정당 · 63, 65, 67, 152, 154, 162,
　163, 167~169, 183, 242

　정당일체감 · 141, 142, 153, 168, 180,
　183, 206, 245

　정당정치 · 57, 79, 81, 139, 183

정동영 · 136

정상회담

　남북정상회담 · 188, 189, 208, 210~214,
　216

　북미정상회담 · 208, 209, 212, 216

　6·12 북미정상회담 · 216

정원식 · 46, 63, 66, 93

정일형 · 35

정의당 · 189~192, 194, 196~201, 217

정창수 · 202, 206~208, 210~212, 242

정치의식

　보수적 정치의식 · 106, 111, 112, 115,
　123, 125, 129, 130, 164, 167~169, 243

　비판적·저항적 정치의식 · 125, 129, 130,
　150

정치적 대표성 · 139, 232

정치적 보수성 · 106, 128, 129, 135, 142,

153, 181, 181, 241~243

정치적 정통성 · 139

정치 참여 · 59, 139, 140, 185, 216, 247

　정치 참여의식 · 162, 169

조병옥 · 35

조순 · 56, 63, 64, 66, 69, 71, 72, 93, 133

중도(적) 성향 · 164~172, 174, 175, 183

중앙선거관리위원회 홈페이지 · 143, 155, 188

중앙정부 · 27, 38, 39, 49, 50, 53, 76, 77,
　82, 172, 174, 225, 227, 244

　중앙정부 권력 · 54

중앙정치 · 49, 52, 76, 77, 81, 102, 186,
　206, 215, 217, 241, 244~247

중앙집권 · 25, 49, 50, 53, 59, 82

지방분권 · 50, 59, 246, 247

지방선거제도 · 26, 227

지방자치

　지방자치단체 · 21, 27, 33, 38~41, 47, 48,
　53~55, 58, 60, 75~77, 80, 224~226,
　247

　지방자치 시대 · 25, 49

　지방자치 이념 · 32, 50

지방자치법 · 22, 25~27, 31~33, 39~41,
　47~49, 52, 53, 60, 224

지방자치에관한임시조치법 · 38

지방자치제 · 32, 38~48, 53, 54, 81, 83

지방정치 · 50, 53, 73~79, 81, 130, 183,
　233, 246, 247

지역분할 지배구도 · 62~73, 94, 95

지역주의

　지역주의 투표성향 · 71, 72, 74, 78, 80,
　103, 106, 109, 124, 201~208

지역주의적 정당 · 74, 78

진보

　진보적 성향 · 201~208

제주특별자치도 · 198, 230

직선제 · 22, 23, 25, 32, 33, 40, 52, 78, 80, 224~227

ㅊ

청문회정국 · 40
촛불혁명 · 215, 216
총선
  21대 4·15 총선 · 247
최각규 · 63, 64, 69, 70, 96~102, 124, 145, 201, 241, 242
최문순 · 133, 144~147, 149, 150, 158, 161, 180, 181, 202~213, 217, 242~244
최홍집 · 202, 205, 206, 242
충청도 핫바지론 · 72

ㅌ

통일민주당 · 40
투표
  경제 투표 · 214
  이슈 투표 · 208~215, 245
  전망적 투표 · 214, 215
  투표권 · 92, 138
  투표성향 · 60, 74, 78~80, 103, 109, 126, 131, 136, 137, 180, 185~219, 228, 241~245, 247
  회고적 투표 · 214, 215
투표율
  성별 투표율 · 91, 92

연령대별 투표율 · 91, 92, 127
투표 참여 · 34, 59, 92, 93, 128, 139, 159, 160, 166, 175, 183, 186, 233
  투표 참여의식 90, 127
투표행위 · 132~184, 187

ㅍ

판문점선언
  4·27 판문점선언 · 214, 216, 218
평창동계올림픽 · 209, 212, 213
평화경제 · 210
평화민주당 · 40, 43, 63
표심 · 99, 125, 126, 169, 181, 186~190, 192, 208, 212~215, 217~219, 233~247

ㅎ

한국갤럽 · 88, 90, 115
한나라당 · 103~107, 109~123, 126, 129, 132~134, 136, 137, 144~146, 150, 161, 180~182, 202~205, 217, 230, 231, 241~243
한민당 · 35
한반도 평화체제 · 212~218, 244, 246
한청 · 23
한호선 · 107~111, 124, 242
혁신도시 · 125, 129, 130, 187
호헌동지회 · 34, 35